图书在版编目（CIP）数据

把古文教活：激活文言文课堂的教学策略 /
华著．—南京 ：江苏凤凰教育出版社，2017. 4
ISBN 978-7-5499-6396-6

Ⅰ．①把…　Ⅱ．①刘…　Ⅲ．①文言文—课堂教学—教
—中小学　Ⅳ．①G633. 302

国版本图书馆 CIP 数据核字（2017）第 091976 号

把古文教活——激活文言文课堂的教学策略
刘小华
利军　李媛媛
苏凤凰教育出版社（南京市湖南路 1 号 A 楼　邮编 210009）
p：//www. 1088. com. cn
京世纪鸿文制版技术有限公司
河市九洲财鑫印刷有限公司
省三河市灵山大口
毫米 × 1092 毫米　1/16

字
8 月第 1 版　2017 年 8 月第 1 次印刷
8-7-5499-6396-6

sfhjycbs. tmall. com
265，85400774　短信　02585420909
163. com
79

误可向承印厂调换
给予重奖

把古文教

激活文言文课堂

刘小华

BA GUWEN

JIHUO WENYANWEN KE

刘小

学研究

中

书　　名

作　　者　刘

责任编辑　雷

出版发行　江

苏教网址　htt

照　　排　北京

印　　刷　三河

厂　　址　河北

开　　本　787

印　　张　17.5

字　　数　278 千

版　　次　2017 年

书　　号　ISBN 97

定　　价　35.00 元

网店地址　http://j

邮购电话　025-85406

E - mail　jsep@vip.

盗版举报　025-836585

序言

且行且思，做出精彩

时代赋予教育以新内涵，传统文化已逐渐在生活中显示出它举足轻重的地位。文言文作为中国传统文化的重要载体之一，肩负着传承优秀民族文化、提升学生综合素养的重任。

但在当前的中学文言文教学中，还存在着一些误区：许多教师过于重视对词句的分析与解读，忽视了赏析文言的典雅与精致，至于词句背后所蕴含的中国传统文化及精神因子更是甚少挖掘。这种功利化的教学方式造成了学生对传统文化的了解不足、赏析不够、人文精神缺失，古代优秀的传统美德无法得到弘扬。如何在初中文言文教学中走出一片文道合一的广阔天地，成了每个语文教师义不容辞的责任。刘小华老师与工作室成员一道，殚精三年，对初中文言文教学做了一些有益的探索。

在本书中，我们看到，他用纯净透明的语言为我们映射出一个多彩的初中文言文教学的语文世界。为了让文言文教学焕发出岁月沉淀的魅力，刘老师一贯坚持他在语文课堂教学中提出的“情”“趣”“活”“实”四字原则，即寓情于教，陶冶情操；寓趣于教，活跃气氛；寓活于教，启迪思维；寓实于教，培养能力。这让我们看到了一位语文名师的独特视角和聪慧见地。针对初中文言文教学经常陷入在“死”与“活”之间拼命挣扎的困境，刘老师提出文言文教学应该在正确解读文本的基础上选取恰当的教学内容，以诵读为主线，铺设由“言”到“文”的平台；以主问题为抓手，带动课堂，推进“言”“文”合一；以语言品味为核心，架起由“言”品“文”、由“言”悟“文”的桥梁；以学生活动为主要方式，培养学生探究的兴趣与能力。

本书客观、真实地记录了刘老师所带领的研究集体对课堂教学的探讨和交流。这里，充满了研究的眼光；这里，充满了创新的思考；这里，充满了高效的设计；这里，宛如一部悦耳的课堂交响乐，演奏出文言文课堂教学优质高效的华美乐章。朱子云：“旧学商量加邃密，新知涵养转深沉。”共同的兴趣，不同的激发，深层的感悟，成就了今天巨大的收获。黑格尔说：“美就是理念的感性显现。”语文的终极目的在于人文，有了理念支持的美，才会有理念的更为丰富多彩的呈现。初中文言文教学与研究，是他们多年心血的结晶，是语文的多棱镜所折射出的美丽光谱，真切且充满了生机与活力。

在本书中，我们看到作为名师，刘老师时刻牢记把“传道、授业、解惑”当作自己的天职，注重在传授知识、提高语文学习能力的同时塑造学生健康的人格和积极向上的人生观。他特别重视从语言品味的角度出发，注重“言”与“文”的结合，引导学生推敲传神的字眼，品评优美的句式，剖析独到的表现手法，玩味精妙的构思，领悟含义丰富的句子，咀嚼富有个性的对话，从中获得文言篇章的意蕴主旨。这样，不仅教会了学生大量的知识，更重要的是教会学生进行自主合作与学习、自主探索与发现，培养了学生乐观、豁达的性格和高度的社会责任感。本书的理论支撑在于尊重学生的主体地位，从语言品味入手，培养学生的创新思维能力，让创新思维的种子在学生心中开出最美丽的花。

作为一名现代教师，刘老师认为，既不能“死于章句，废于清议”，又不能总是沿袭过去的教育教学模式。在本书中，我们看到刘老师在传统文言教学“字字落实”的基础上，大力提倡“言”“文”结合，“实”“活”并用，要求结合点落到“言”而不是“文”上。他借助名师工作室这个阵地，开展工作室成员的示范课、观摩课等教学研讨活动，有意识地灌输“言文结合，实活并用”的文言文教学策略，团结、引领工作室的中青年骨干教师在文言文的“言”上，注重字词句落实，不玩“花拳绣腿”，不走形式主义；在“文”上，忠实文本，品“言”赏“文”，落实文本思想内容；在方法指导上，切合学生实际，坚持主问题教学。通过这些活动，他们为探索文言文教学闯出了一条新路，同时打造了一个学习型、研究型、示范型的工作团队。刘老师与工作室成员行走在文言文教学的探究之路上，忙碌并快乐着。

本书分为两大板块：第一板块涉及初中文言文教学内容的确定及教学实践策略等理论知识；第二板块则是工作室学员编写的文言文教学设计。值得一提的是第二板块，此处的文言文教学设计按照一定的体例来编写，每篇教学设计又分为5个栏目：教学目标、教学重难点、教学过程（前三个栏目完整呈现本篇的执教思路与过程）、教学反思（个人在执教后的得与失）、精彩链接（名家或个人对本文独到的见解、精彩的执教片段等）。其中，最值得注意的栏目是教学过程，这个过程具体明晰，主问题教学贯穿课堂，使得教学步步推进，真正体现了“言”中解“文”、“文”中解“言”、“言”“文”并举。而且，在主问题的带动下，学生的读、赏、说、写等活动得到了真正的落实，体现了教师的引导作用和学生的主体地位。这些来自一线的理论与实践凝结了刘老师及工作室成员的睿智哲思，也可以看作是他们心路历程的瞬间定格。

生活之流何曾间断，思维之舟不可停止。祝愿刘老师和他的团队在语文的世界里，多用心，多感悟，且行且思，脚踏实地，把平凡的事做精彩，把简单的事做精致，一如既往地追寻语文的梦想，让信念如磐情似火，成就更精彩的语文人生！祝愿读到这本书的朋友们每天都有新发现和新感悟！

是为序！

特级教师、广东省名师工作室主持人　杨秀珍

2017年8月

目录

文言文教学之理论篇

文言文教学之实践篇

文言文教学之理论篇

初中文言文教学困境及其对策

内容要点

出于多种原因，初中文言文教学经常陷入教师教得苦、学生学得累的困境之中。要走出这种困境，笔者以为，文言文教学应该在正确解读文本的基础上选取恰当的教学内容，以诵读为主线，铺设由“言”到“文”的平台；以主问题为抓手，带动课堂，推进“言”“文”合一；以语言品味为核心，架起由“言”品“文”、由“言”悟“文”的桥梁；以学生活动为主要方式，培养学生探究的兴趣与能力。这样的文言文教学才会有实效，才会有语文的味道。

当前，面对语文课堂，学生中广泛流传着这么一句话：一怕文言文，二怕写作文，三怕周树人。本应充满情趣的文言文成了学生的“最怕”之一，也成了语文教学中一块难啃的“硬骨头”。那么，形成这种学与教的尴尬教学困境的原因究竟是什么呢？

一、初中文言文教学困境的原因分析

（一）选材数量的原因

《义务教育语文课程标准（2011年版）》（以下简称“语文新课标”）中指出，初中阶段的目标之一是学生“阅读浅易文言文，能借助注释和工具书理解基本内容”。其中，“理解基本内容”指的是通过阅读文言文，能够知道文章表达了什么意思，如写了什么事，描写了什么人，表达了什么道理，仅此而已，无须做深入分析和评价。总之，语文新课标对初中阶段文言文教学的目标定位是不高的。

由于初中生对文言文的接触还不是很多，文言知识还比较匮乏，文言语感还比较弱，因此教材中的选文往往是篇幅较短、结构层次简单、语言较为浅近的文言文。人教版初中语文教材共六册，涉及的文言文有43篇

(见下表，不含古诗词)。其中，七年级14篇，八年级18篇，九年级11篇，每个学期为5～8篇文言文。这样的定位符合初中生的身心发展规律，体现了初中阶段文言文学习的特点，有利于呵护学生对文言文的好奇心，激发他们学习文言文的兴趣。

人教版初中语文课本里的文言篇目

册数	序号	篇名	作者（编者）及朝代	类别
七年级上册	1	咏雪	南朝刘义庆等人	叙事
	2	陈太丘与友期	南朝刘义庆等人	叙事
	3	《论语》十二章	孔子弟子及其再传弟子	议论明志
	4	虽有嘉肴	西汉戴圣	议论说理
	5	河中石兽	清代纪昀	叙事
	6	智子疑邻	战国末期韩非	寓言
	7	塞翁失马	西汉刘安等人	寓言
七年级下册	8	伤仲永	北宋王安石	叙事
	9	木兰诗	北宋郭茂倩	叙事
	10	孙权劝学	北宋司马光	叙事
	11	口技	清代林嗣环	叙事
	12	夸父逐日		神话
	13	共公怒触不周山	西汉刘安及其门客	神话
	14	狼	清代蒲松龄	叙事
八年级上册	15	桃花源记	晋代陶渊明	叙事
	16	陋室铭	唐代刘禹锡	议论明志
	17	爱莲说	北宋周敦颐	议论明志
	18	核舟记	明末魏学洢	说明文
	19	大道之行也	西汉戴圣	说理散文
	20	三峡	北魏郦道元	写景
八年级下册	21	答谢中书书	南朝陶弘景	写景
	22	记承天寺夜游	北宋苏轼	写景
	23	观潮	南宋周密	写景
	24	湖心亭看雪	明末清初张岱	写景

（续表）

册数	序号	篇名	作者（编者）及朝代	类别
八年级下册	25	与朱元思书	南朝吴均	写景
	26	五柳先生传	晋代陶渊明	人物传记
	27	马说	唐代韩愈	议论明志
	28	送东阳马生序	明代宋濂	叙事
	29	小石潭记	唐代柳宗元	写景
	30	岳阳楼记	北宋范仲淹	写景
	31	醉翁亭记	北宋欧阳修	写景
	32	满井游记	明代袁宏道	写景
九年级上册	33	陈涉世家	西汉司马迁	传记
	34	唐雎不辱使命	西汉刘向	策士言论
	35	隆中对	晋代陈寿	传记
	36	出师表	三国诸葛亮	表
九年级下册	37	公输	墨子弟子及其再传弟子	叙事记言
	38	《孟子》两章	孟子及其门人	议论
	39	鱼我所欲也	孟子及其门人	议论
	40	《庄子》故事两则	庄周及其后学	叙事
	41	曹刿论战	春秋左丘明	叙事
	42	邹忌讽齐王纳谏	西汉刘向	策士言论
	43	愚公移山	列子、列子弟子及其后学	寓言

但如果我们仅着眼于一学期，一学期大约有 5 个月，那么每个月差不多只学习一篇文言文，以这种量的积累，想让学生读懂浅显文言文还是有些费力。何况初中生如果只以这 43 篇选文作为文言文学习的主要内容的话，效果显然是不能令人满意的。文言作品浩如烟海，而教材所选的只有 43 篇，就算加上平时考试、练习中的文言文，阅读量也是有限的，学生能否具备阅读浅显文言文的能力还是很难说。若没有大量的文言文阅读作为基础，学生是很难获得一定的文言文学习能力的，学习过程很大程度上只能是对碎片化知识的重复记忆。

（二）文言文自身的原因

文言文年代久远，有自己独特的话语系统，它不像现代文那样接近学生的生活，学生对文言文确实存有陌生感，特别是阅读过程中还会遇到词义变化、特殊的语法现象、典故的运用、特殊的文化常识等问题。

1. 词义变化

古代汉语以单音节词为主，现代汉语以双音节词为主。随着时代的发展，一些旧词变得越来越生僻，远离了学生的生活。在由单音节词向双音节词发展的过程中，有些词的意思发生了很大的变化，如“妻子”在文言文中指的是“妻子和孩子”，现在仅仅指“男子的配偶”。还有些词的意思变得更丰富了，如《塞翁失马》中“人皆吊之”的“吊”，古义为“安慰”，今天除了表示“安慰”，还有“悬挂”“收回”等意思……这些词义的扩大、缩小、变异等都增加了学生学习文言文的困难。

2. 特殊的语法现象

此外，古代汉语中还保存着现代汉语中所没有的语法现象。比如，倒装句（“甚矣，汝之不惠”）、宾语前置句（“何陋之有”）、定语后置句（“近塞上之人有善术者”）等都有着区别于现代汉语的固定用法。这些特殊的语法现象与现代汉语相差甚远，没有经过专门的学习是不容易看懂的，这些都给刚刚接触文言文的学生带来了很大的阅读困难。

文言文中还有词类活用现象，这也是学生学习文言文的一大难题。初中常见的词类活用现象有以下几种：（1）名词活用。名词作动词，如“棹数小舟”中的“棹”；名词作状语，如“从小丘西行百二十步”中的“西”；名词作形容词，如“其色墨”中的“墨”。（2）动词活用。动词作名词，如“虽乘奔御风”中的“奔”。（3）形容词活用。形容词作名词，如“温故而知新”中的“故”；形容词作动词，如“心乐之”中的“乐”。

3. 典故的运用

文言文中有时还会运用典故。作者在特定的时代背景下，有些话不便明说，只好用典故加以影射；或者要抒发的感情比较复杂深厚，又要做到言简意赅，只能用典故来表达。由于典故年代久远、来源广泛，不仅需要学生有广博的知识积累，而且需要学生对典故有一定的解读能力，这无形中加大了文言文的阅读难度。

4. 特殊的文化常识

文言文中经常有特殊的文化常识。由于时代变迁，当时人们生活中的各个方面都与现在存在着巨大的差异。文学反映生活，文言文自然要记载那些时期的内容，不可避免地带有特定的文化常识，如人的姓、名、字、号方面的称谓，古代官员的称呼（如“寡人”“孤”“朕”等都是皇帝对自己的称呼），古代官员升迁贬谪用语（如“庆历四年春，滕子京谪守巴陵郡”中的“谪”），敬辞与谦辞（如“尊君”与“家君”），各种表、铭，等等。由于年代久远，学生对古人的生活方式几乎全然不知，光想弄清这些文化常识都得花很多时间，更别说读通、读透文言文了。而且，今天处于信息化时代，各种传媒争奇斗艳，快餐式阅读、网络阅读大行其道，相比之下，较艰涩难懂的文言文自然让学生敬而远之。

（三）学生自身的原因

学生是学习的主体，要分析初中文言文教学的困境也应该从学生入手，找到其问题所在，从而总结出切实可行的措施来调动学生学习文言文的积极性。

多数学生喜欢小说、记叙文和散文，对难懂的文言文则敬而远之。有一个很有趣的现象：每学期语文教材发到手中，学生首先翻阅的是里面的小说篇目，然后是记人记事的篇目，接着是散文类篇目，对于文言文只是看一下题目就放到一边，等到教师要讲这方面的内容时才会耐着性子读完。对学生进行抽样访谈及调查后发现，随着就读年级的升高，学生对文言文的兴趣反而逐渐降低。加上受应试因素的影响，学生很大程度上都是被动地学习文言文的。此外，文言文教学中往往仅是教师讲解、学生记笔记而已，这种单一的学习方式也在很大程度上减少了学生学习的乐趣。

（四）教师方面的原因

教师在教学过程中应该充分发挥主导作用，但教师主导作用的发挥受到很多因素的影响。虽然教师为文言文教学付出很多，收获却很小，这说明教师的主导作用没有达到良好的效果。那么，哪些因素制约了教师在文言文教学中主导作用的发挥呢？

1. 教学的思想、观念陈旧

传统的文言文教学中，教师主张字字讲解、句句疏通。新课程改革后，很多教师对文言文教学做了许多有益的探索，取得了一定成效。但传统的逐词逐句串讲的做法仍在教师中盛行，其根本原因在于教师的教学观念陈旧，思想认识上存在着误区。

黄厚江老师曾对这种情况做了非常到位的分析：一是认为文言文的教学目的就只在于让学生理解文义，认为中学生学习文言文，会翻译就算是完成了任务，所以整个教学过程直接指向这一目标。而传统的考试中，考查文言文也只是考查词语的解释、句子的翻译。在教学和考试中，都很少着眼于语文的全面内涵来理解文言文的教学。二是认为文言文的教学任务就在于语言。一些教师对文言文教学目的的理解失之偏颇，导致文言文教学仅仅关注语言本身（即完成由文言到白话的转换）。教学过程常常纠缠于词语细微意义的区别和一些古代汉语知识的传授，而对古代汉语独有的语言魅力，学习古代汉语对于提高语言素养的价值，文言文中强烈的文学因素、文化因素和人文因素都较为漠视。三是认为只有串讲才有实实在在的效果。有人认为采用其他教学方法费时费力，节奏缓慢，难以完成教学任务；有人认为其他教学方法比较虚，比较空，无法做到句句落实、字字落实，难以保证教学效果；有人认为就文言文而言，学生还不具备自主学习、合作学习的条件；有人甚至认为文言文的特点决定了没有其他更好的方法可以取代串讲式的教学。这些陈旧的观念窄化了教师对文言文教学内容和方式的选取，扼杀了学生学习文言文的兴趣，也制约了教师对文言文教学的探索。

2. 评价方式单一

文言文教学的根本问题是文言文教学的评价方式单一。在中考的指挥棒下，教师是为了应付考试而教，学生是为了应付考试而学，而且学生的考试水平成了教师评模、评先、评职称的重要衡量标准。在如此功利的目的的驱动下，文言文及文言文教学也就无法让人感受其美妙之处了。另外，中考中文言文题目的类型主要是实词解释、句子翻译和围绕选文的内容或形式的比较题，只要教师教得实在，学生在这一块就比较好拿分。因此，教师在课堂教学中对课内文言文反复讲，学生反复练。在这种近乎折腾式的讲与练中，文言文所蕴含的充满个性的体悟、启人心智的智慧、富有诗意的意境也就消失殆尽了，剩下的只是师生对字句的落实、对朗读停顿的分析了。文言文教学正是因为大多数教师太过考虑考试得分及评价这一眼前利益，才充满了功利气息，最终得到了小利，却失去了大美。

3. 教师专业素养不高

文言文教学本身要求教师既要有渊博的学识和丰富的人文底蕴，又要对古代文化和历史有相当的了解。可令人遗憾的是，有的语文教师读书不多，修养不够，被问及琴棋书画、诗词歌赋、梅兰竹菊，皆茫然不解，兴趣全无。因而，他们在文言文教学中只关注字、词、句的疏通，忽视了文言文教学应当关注“一体四面”（即文言、文章、文学、文化），忽视了课堂教学中的学习主体是学生，没有引导学生关注文本、走进文本，只是以结论代替过程，以整体把握代替细致品味，以泛泛理解代替深入思考。这样的教师拿什么来感染学生？拿什么来对学生进行审美及理性教育？这样的教师只有技术，缺乏艺术；只有知识，缺乏见识；只有学历，缺乏能力；只有苦力，缺乏魅力；只有表面，缺乏风格；只愿做题目，不愿做学问；只会纠缠于字面，不能深入意旨；只会要求学生提升，自己却常常不如学生；只关注学生成绩提高，不注重学生人格塑造；只顾眼前利益，缺少远大理想……实在令人触目惊心。

4. 文本分析能力不足

钱梦龙老师认为，解读文本是一件最能显示语文教师功力的事情。面对同样的文本，有的教师或激情洋溢，或情思绵绵，使得词句散发着热量，也使得学生有身临其境之感；而有的教师只是客观剖析、平板解读，于是语言里的情感被挤掉了，仅剩下骨骼与外壳，使学生失去了品味语言的快乐、汲取教师语言养料的机会。从某种意义上说，一篇课文教什么，怎样教，能否教到点子上，能否让学生真正受益，很大程度上取决于教师解读文本的功力，正所谓“这功那功，解读不透文本没功”。很多教师认为，凭自己的阅历和学识应付初中文言文教学绰绰有余，不肯继续学习，一拿到文本，就马上想到教学参考书，最终而且一味依赖甚至迷信教学参考书，成了教学参考书的传声筒。他们解读文言文本时，既不愿读“厚”教材（通读有关资料），也不能读“进”教材（文本应该写什么，文本究竟写了什么，作者这样是写为了什么，作者是怎样写的），更不能读“出”教材（围绕教学目标拓展，有自己的见解），自然就无法高屋建瓴地带领学生读出文章的妙处。

5. 教学技艺僵化保守

初中对文言文的检测往往只考查学生对文言实词、断句、句子翻译和内容概括的掌握程度，虽然这属于对文言基本功的考查，但客观上影响了文言文教学，使之形成了一种单调的、僵化的文言文教学模式。学生不是积极探索、主动解难，而是消极等待、被动接受。课堂上，理解词句含义、梳理文章内容几乎成为文言文教学的全部，讲究字词的落实、注重词句的用法、追求词句的翻译成为课堂教学的核心。如此一来，富有情趣和灵性的整篇文章被肢解为零碎的文字，美感全无，雅致尽失。

更为糟糕的是，除去串讲课文消耗的大量时间，教师又把所剩不多的宝贵时间浪费在大而无当的拓展上，这样不但打消了学生的兴趣，更疏离了学生与语文的情感，偏废了学生对文学、文化的学习，让学生产生了枯燥乏味感，甚至“谈文言色变”。

教师教授文言文的目的不单单是让学生了解文言文的语法现象，也不只是让学生背一些名句和片段，更重要的是让他们学习文章的思想内容、文化常识、文学常识和人文精神等，提高自身的文化品位及文学修养。如果教师的教学技艺高一些，真正以学生为主体，围绕教学内容开展丰富的学习活动，文言文教学就能变得有趣、有味，学生学习文言文的能力就会得以提升。

二、当前初中文言文教学现状

文言文是陶冶学生情感、丰富学生文化内涵的重要载体，也是提高学生语文水平及整体素质的重要途径。当前文言文教学的现状体现在“六重六轻”上。

（一）重字词理解，轻文章诵读

“书读百遍，其义自见。”诵读是学生学习文言文最有效的方式之一。反复诵读能让学生走进文言文之中，培养语感，理解内容。然而，由于文言文距今年代久远，学生多感生疏，学习时格外吃力，常为大量晦涩难懂的字词所困惑。于是，教师就把大量的时间花在对字、词、句的解释和翻译上，课堂上追求字字落实、句句讲解，很少留出时间让学生反复诵读，更少针对文本特点寻找策略来让学生变着样式（如有韵味地诵读、有思味地默读、有深味地赏读等）诵读。久而久之，学生无形中也受到了影响，认为学习文言文只要掌握字词就行了，而不愿意花足够的时间通过诵读去领略文言文的语言简洁之美、句式整齐之美、文化丰富之美。

（二）重课文分析，轻情感感悟

文言文教学既要关注课文里写了什么，更要关注是怎么写的，为什么要这样写。教师要循着作者的写作思路去引导学生触摸其中潜藏的情感，进而从读文深入到读人。但在当前的文言文教学中，教师普遍存在着这样一种做法，就是按照现代文的教学方法从段落大意、中心思想到写作特点，对课文条分缕析，全然不顾及文言文体的特殊性，不顾及选文的文本特点。于是，一篇篇完美的文章被肢解得七零八落，令人感到索然无味。教师更没有利用文中的人文因素，引导学生走进作品，学习文中所蕴含的丰富的历史文化知识，领悟、体会作品中的思想感情和人生哲理。

（三）重教师灌输，轻学生自学

语文课堂既是教师教的课堂，更是学生学的课堂。有些教师讲现代文还会关注这一点，但一到文言文教学，马上就下意识地低估学生的自主学习能力，一味地灌输。加上以教师串讲为主的“满堂灌”的教学方法沿用多年，且其应付应试教育屡试不爽，因此文言文教学一般都是疏通文义，一味地串讲、直译，使文言文教学停留在识记、理解的层面上，赏析、评价等能力则被弃于脑后。学生看不懂文言文，本来兴致就不高，而教师又不能因势利导，不能采用灵活、有效的教学手段如合作探究等来激发学生的兴趣，以致学生的积极性越来越低，只能消极等待、被动学习。日复一日，让学生享受文言文的目标就渐行渐远了。这种重灌输轻自学的僵化、呆板的教学模式正是导致学生“谈文言文色变”的根源。

（四）重课内知识，轻课外联系

出于应试的需要，教师对教材中所选的文言文极其重视，花了大量的时间来精讲细讲，设计练习题时也殚精竭虑，目的就是让学生掌握课堂上所学的知识。这样做固然是好事，但对于学生而言，这种方式所造成的结果仅仅是知识记忆的机械叠加。而且这样做是否就意味着学生已掌握了文言知识，具备了阅读文言文的能力呢？事实并不是这样的。一旦拿一篇课外文言文来考查学生，学生照样还是不明其义。究其原因，就在于教师仅重视课内知识，而忽视课外联系与知识迁移，如不考虑如何将课内内容拓展到课外、将实词解释与成语中的某些语法现象联系起来等。学生无法立足课内学习到的知识，能力自然得不到真正的提升。

（五）重形式华美，少扎实务实

新课程改革以来，不少一线教师也力图改变传统的文言文教学方式，采用诸如多媒体技术、小组合作学习等形式，力求让学生喜欢上文言文。但在运用时教师没有从语文学科的特点出发，没有立足文本循着语言去触摸作者的情感和作品的内涵，于是，文本还没有熟悉，赏析还没有深入，便游离文本做所谓的课外拓展、无价值的合作学习，架空语言去概念化地读文读人。虽运用了多媒体技术，却往往美而不实；虽有小组的合作学习，但含金量太低；虽容得学生各抒己见，但这些见解最终仍被教师的标准答案所覆盖。课堂只是表面热闹，致使学生知识的积累与技能的提高得不到落实，对文言文的学习浮于表面，文言基础不扎实，想象空间太逼仄，阅读能力低下。

（六）重怎样教，轻教什么

文言文教学一直是语文教学的重点和难点，学生普遍对文言文缺乏兴趣，大多数教师只考虑自己如何教得清楚、教得畅快、教得精彩，却很少考虑教什么。这就导致在文言文教学内容的确定上，只把重点放在应考的文言字词、句法的落实上。王荣生教授一直强调“教什么比怎么教更重要”，在文言文教学上提出“一体四面”，并且在业界形成了一种共识。当然，这种认识的统一并不意味着给具体文言文教学内容的确定提供了包治百病的良药。

三、走出初中文言文教学困境的策略

文言文教学究竟要教什么？究竟怎样教才能走出困境？是以“文”率“言”还是以“言”率“文”？有没有什么策略能将文言文教得实在、教得有趣、教得有语文味道？……我们用了近两年的时间对初中文言文教学做了有益的探索，并取得了一定的成效。

（一）以正确解读文本为前提

对于语文教师来说，要上好课，文本解读是第一步。正确、准确地解读文本，是教师执教每篇课文的基础。为了避免误读，很多教师奉教学参考书为圭臬，依赖且依靠教学参考书。他们不是先阅读文本，而是先阅读教学参考书和各种资料再阅读文本，甚至根本不阅读文本（尤其是自以为熟悉的课文），照本宣科，现学现卖，缺乏独立钻研教材的习惯，久而久之也就丧失了解读文本的能力。有些教师本末倒置，对文本走马观花，倒是把更多的时间花在了收集资料、构思教法、设计练习上，从不循着文本语言、作者情思等去细读文本、潜心会文，让人惋惜。

叶圣陶提出："作者思有路，遵路识其真。作者胸有境，入境始与亲。"可见，文本是"文""脉""质"的和谐统一体。因此，解读文本，就应解读文本之"文"、文本之"脉"、文本之"质"。这里的"文"，指语言文字；"脉"，指情思脉络；"质"，指内容特质。也就是说，解读文本要从"文""脉""质"三方面入手，不可偏废。

以《木兰诗》为例。全诗以"木兰是女郎"来构思木兰的传奇故事，文脉清晰，富有浪漫色彩。文本大致可分为三部分：第一部分是出征前，第二部分是从军生活，第三部分是立功归来。三个部分有详有略，繁简安排极具匠心，写的虽然是战争题材，着墨较多的却是生活场景和儿女情态，富有生活气息。因此，从"脉"的角度来细读，作品重在写巾帼而非英雄。如果只从英雄的角度去品读课文，教学目标就会出现偏差。仔细阅读文本，文中只有短短的几句话在描写木兰的英雄事迹："万里赴戎机，关山度若飞。朔气传金柝，寒光照铁衣。将军百战死，壮士十年归。"这几句话简单地写出了征战之艰苦，留给读者一个广阔的想象空间。但这只是木兰与其他英雄的共性所在。读《木兰诗》，更多的要在"巾帼"二字上做文章，要读出木兰的女儿心。在作者看来，木兰首先是一个人，一个女人，一个思亲想家、并非天生顽强的女人，然后才是英雄。课文也用了大量篇幅来突出她女儿心的一面。明代谭元春评价道："尤妙在语带香奁，无男子征戍气。""香奁"，即梳妆用的镜盒。"无男子征戍气"，正是作者的高明之处。这才是《木兰诗》赢得美誉的关键原因。

另外，《木兰诗》作为“乐府双璧”之一，肯定体现了乐府诗的特点及“璧”一般的品质。如果不从“质”上去解读，那这首诗就毫无意义了。只要立足“质”和“文”来细致解读，就会发现《木兰诗》具有乐府民歌的独特风格，大多是五言，穿插了少数的七言和九言；长短句交替，隔几句换一个韵；问答、铺排、互文等形式的运用，使整篇文章有明快的节奏，有摇曳变化的韵律，有丰盈隽永的情味；语言生动质朴，极少雕饰斧凿。教学时，教师应抓住这些特质选择诵读的方法，引领学生读出全诗的音韵之美，读出骈句的整齐之美，读出句式变化的参差之美，进而读出问答背后生动细致的人物心理，读出铺陈、排比背后的行为情态，等等，而绝不能仅仅停留在翻译几个句子及对木兰英雄形象的讴歌上。

如果没能从“文”“脉”“质”三个方面去解读、领略，《木兰诗》的音韵美和人物的英雄气与女儿情就无从体会了，那实在是一种浪费。

（二）以准确选取教学内容为要点

“教什么比怎么教更重要。”“教什么”其实就是选取教学内容。只有多角度地去考虑、选取教学内容，才能更好地进行教学设计，才能提升学生的语言素养、文化素养。

仍以《木兰诗》为例。《木兰诗》是一篇“事奇诗奇”之文，这就决定了要从两个方面设定教学目标：一是品味诗歌的民歌情味，二是欣赏花木兰的巾帼英雄形象。这样的设定既考虑了文言乐府的体，又考虑了本文借助乐府这一形式传达出来的语言特质；既考虑了学生只关注“英雄”而忽略“女郎”的生情，又兼顾了考试中的知识点如“朔气”“旦”等的落实。要注意，两个目标都要落实在品读而不是分析上，落实在语言而不是空说上。教师应引导学生在品读中体会民歌语言的音韵和谐之美，体会长短句式的参差错落之美，体会互文见义，体会排比、重叠之气势。同样要引导学生通过品读，理解“巾帼英雄”四个字的含义。“教什么”弄明白了，“怎么教”就好办了。

（三）以诵读为主线

诵读是文言文教学的主要策略。文言文诵读最基本的要求是读准字音，读对句读。但仅仅如此还不够，还要能读出文言文的情味，在读中发现问题。要读出情味，就要体会文章表达的情感，揣摩语言的运用；要在读中发现问题，就要有自己的独立思考，有自己的独特发现。因此文言文的诵读，不仅要用口，更要用心。用心，才能感受到字里行间的感情；用心，才能发现问题。古语“因声求气”“因气得意”说的就是这个道理，即要通过反复诵读文言作品，把握音节声调，把握诵读的节奏、语气的轻重、语调的抑扬、语速的快慢，使“我”之心沉入古人之心，从而领悟文章的层次结构和逻辑关系。

文言文教学要坚持以诵读为主线，铺设由“言”到“文”的平台，使学生在掌握“言”的基础上加深对“文”的理解，在理解“文”的赏析上进行对“言”的品味，在“文”与“言”结合中探寻文化内涵。这样借助诵读，就能使学生体验语言的变化，体悟文章的思想情感；通过反复诵读，就能读出文言的特点，读出文言的气韵和魅力，最终形成阅读文言文的能力。

有些教师虽然比较重视诵读，但常常是为读而读，没有具体、明确的目的，没能使诵读有效地为理解服务，没能使学生在诵读中感受到文言文独有的语言魅力。

（四）以主问题为抓手

主问题是相对于课堂上随意的连问、简单的追问和习惯性的碎问来说的，是指在课文阅读教学过程中能起主导作用、支撑作用，能从整体参与性上引发学生思考、讨论、理解、品析、创造的重要的提问或问题。正如钱梦龙老师所言：我们要努力在每一篇课文中找出合适的一个问题、一个情节、一个句子，甚至是一个词来作为分析的口子，由此入手，带动全篇。

主问题对于文言文教学异常重要。首先，教师可借助主问题带动对课文内容的梳理，即通过一个主问题把全文的内容全部串起，使教学过程得以有序推进。

其次，教师可借助主问题带动字词教学。如执教《愚公移山》时，教师可以围绕“毕力平险”或“移山”来进行内容梳理，在梳理内容的过程中，随机提问：愚公为什么要“平险”——使学生理解“面山”“惩”之义；参与“平险”的有哪些人——使学生理解“且”“孀妻”“遗男”等词义；周围人对愚公“平险”的态度如何——引出其妻与智叟之语；愚公“平险”的结果如何——使学生理解“厝”“陇断”等词义。这样，在梳理内容的过程中结合语境带动字词教学，显得巧妙而自然。

最后，教师可借助主问题带动朗读教学和赏析教学。如《愚公移山》教学过程中，解决“周围人对愚公‘平险’的态度如何”这一问题时，可以先让学生找出并朗读原句，进而让学生疏通句子。然后引导学生品味比较“其妻献疑”与“河曲智叟笑而止之”的特殊意味。其妻之语（“以君之力，曾不能损魁父之丘，如太行、王屋何？且焉置土石?”），用“君”来称呼，有尊敬之意，且用特殊疑问句，真诚而有建设性地提出问题，关切之情跃然纸上。智叟之语用“汝”来称呼，有嘲笑轻蔑之感，又用了一个倒装句和一个问句（“甚矣，汝之不惠！以残年余力，曾不能毁山之一毛，其如土石何?”），那种不屑和嘲笑的语气、自以为高明的形象呼之欲出。最后让学生借助句式的比较，读出人物对话的情感，文言文马上就鲜活起来了。

（五）以品味语言为核心

从语文教学的学理上来说，学科的性质和框架是语文教学的方向。语文课程是学习语言文字运用的综合性、实践性课程，是工具性与人文性统一的课程。因此，文言文教学就要以品味语言为核心。语文课堂在探究文本写了什么、是怎么写的、为什么要这样写的过程中，都要以语言为本。而大多数教师只关注写了什么，至于怎样写、为什么这样写总是不提，或者提了但没有落到文本的语言上，或者即使落到了语言上却把语言赏析仅仅定格在对修辞格的分析上，没有从多个角度来赏析语言。于是，文中很多朴素精妙的语言没有被挖掘出来，语文课缺少了语文味。

以《木兰诗》为例。“旦辞爷娘去，暮宿黄河边，不闻爷娘唤女声，但闻黄河流水鸣溅溅。旦辞黄河去，暮至黑山头，不闻爷娘唤女声，但闻燕山胡骑鸣啾啾。”因为这句话里没有明显的修辞，所以很多教师无从下手，自然无法使学生理解木兰既想报国又在思乡的复杂情感。但稍加诵读，我们就会发现这一段用相同的句式、相似的内容，反复铺排渲染紧张气氛和离情别绪。前两个五言分句，简明整齐，铿锵有力，凸显军情紧急、刻不容缓，木兰马不停蹄、日行夜宿。接下来的分句突然由五言变成七言，又由七言变成九言，句式变长，节奏变缓，“不闻”的背后是木兰的多么“想闻”。这让我们真切地感到：初次离家、露宿在空寂旷野中的木兰，耳边没有父母呼唤自己的声音，内心涌起了对家人强烈的思念。木兰一方面奔赴战场，渴望杀敌，另一方面孤独寂寞，思念亲人。既有柔弱的一面，又有刚健的一面；既有思乡的一面，又有报国的一面。又如，“开我东阁门，坐我西阁床，脱我战时袍，著我旧时裳，当窗理云鬓，对镜帖花黄”。四个“我”脱口而出，“开”“坐”“脱”“著”“理”“帖”六个动词一气呵成，一个爱美、急于回归女儿身、追求心灵自由的木兰的形象跃然纸上。再如，如果将课文最后一句“双兔傍地走，安能辨我是雄雌”改成“双兔傍地走，安能辨雄雌”，“我”一经去掉，形式上固然统一了，但是那种英姿飒爽、手持五尺枪的自豪感和木兰的那种俏皮、纯真就不在了。只有立足于对这些语言的品味，带着“女儿心”“女儿情”的木兰才能立体地站在学生面前。

（六）以学生活动为主要方式

要想使学生对文言文教学感兴趣，必须站在学生“学”的角度上设计教学活动。只有在教学的各个环节、各个方面都坚持以学生为主体，开展一系列行之有效的诸如合作学习、拓展探究等活动，才能调动学生的参与意识，全面促进学生素养的提升。

在文言文教学中，让学生借助注释和工具书进行自主学习、合作学习、探究式学习是很有效的，既可以使学生养成学习文言文的良好习惯，提高学习文言文的能力，又可以使学生掌握自主、合作、探究的学习方式。

在教学过程中，教师要引导学生对一些有价值的问题进行思考和探究。钱梦龙老师执教的《愚公移山》是一个经典的文言文教学案例，整个教学过程就是以问题串联起来的探究活动。第一阶段是学生自读质疑，问题主要集中在对词义、句义的理解上，教师尽量引导学生借助注释和工具书解决。第二阶段是教师提出问题引导学生探究思考：寓言共写了哪些人物？老愚公多大年纪？智叟是个年轻人吗？遗男姓什么，几岁了？他去移山他父亲同意吗？参加移山的一共有多少人？移山困难吗？劳动辛苦吗？

此外，还有一些思维强度较大、探究性很强的问题：愚公的妻子和河曲智叟都劝阻愚公移山，但他们说的话不一样，哪些话愚公的妻子能讲而智叟不能讲，哪些话智叟能讲而愚公的妻子不能讲？即使是两个人都能讲的话，在内容上和语气上又有什么不同？愚公到底愚不愚？智叟到底智不智？这些问题的提出，使得学生对全文关键词句的理解几乎都得到了落实。这一教学过程不仅极大地激发和调动了学生的学习兴趣，同时培养了学生良好的学习习惯和自主、合作、探究的学习能力。

简而言之，文言文教学应该在正确解读文本的基础上选取恰当的教学内容，以诵读为主线，铺设由“言”到“文”的平台；以主问题为抓手，带动课堂，推进“言”“文”合一；以语言品味为核心，架起由“言”品“文”、由“言”悟“文”的桥梁；以学生活动为主要方式，培养学生探究的兴趣与能力。这样的文言文教学才会有实效，才会有语文的味道。

文言文教学要关注“一体四面”

内容要点

王荣生、童志斌在《文言文阅读教学设计》一文中指出，在文言文中，“文言”“文章”“文学”和“文化”，一体四面，相辅相成。

文言文最显著的表现形式是“文言”，文言文是“文章”与“文学”的统一（“文章”是指其功能，“文学”是指其表现形式），文言文的背景是“文化”。文言文教学应着力于文言文的章法考究处、炼字炼句处；文言文的阅读要点集中体现在章法考究处、炼字炼句处的“所言志，所载道”上；文言文阅读教学的着力点就是引导和帮助学生针对章法考究处、炼字炼句处具体把握作者的“所言志，所载道”。因此，文言文教学要关注“一体四面”：关注“言”的积累，关注章法，关注文学，关注文化。

毋庸置疑，文言文教学是中学语文教学的重要组成部分，教好文言文对于培养学生的语文核心素养，健全其人格，丰厚其文化底蕴，乃至将来实现自我、成功生活与融入社会都具有非常深远的意义。文言文教学既要关注文言，也要关注文章、文学及文化，也就是通常说的“一体四面”。在文言文阅读教学中需要借助任务聚焦于文言、文章、文学、文化这四个层次来有序地展开探究教学活动，即通过对“言”的积累和理解，了解篇章结构，进入文章的解码和评鉴，从而进入文化，尝试自我构建和运用。

一、文言文教学的第一层次是关注“言”的积累

文言文中的“言”，是指言语形式，这是构成文本的基本言语符号，如词、短语、句子。“言”是“文”的载体，借“言”可以释“文”，不识“言”就无从解“文”。因此，文言文教学先得直面“言”，也就是说，文言文教学不能轻视“言”。重视文言文中的“言”是常态化教学的传统，也是培养学生文言文阅读能力的行之有效的方法。对文言文教学而言，直接解决“言”的问题应该是无可厚非的，但不少教师把文言文教学简单地

理解为字字落实、句句落实，故而在教学过程中仅停留于“言”的层面而难及其余。有的教师甚至不厌其详，使教学走向了引导学生碎片化地死记硬背的境地。教师教得筋疲力尽，学生学得头昏脑胀，结果一碰见文言文就提不起兴趣。其实，重视“言”的教学并非一定得死记硬背，不应该简单地授予和告知，而应该通过组织学生开展言语活动以达到积累和理解的目的。开展有关“言”的探究活动是让学生化被动为主动，充分发挥学生主体性的好方法，因为即使面对的是一个常见的词句，在特定的语境中也可能因为异读而产生不一样的意思，有不同的理解，至于句子的句读就更有学问了。如果在教学中对那些重点的“言”进行探究，学生学习的兴趣与欲望就会被激发出来，学习的主动性和积极性就能保持，学习的效果就有了保证。

长期以来，广大语文教师重视“言”的教学，一直在文言词语的理解与掌握上安排专门的教学环节，对要求学生掌握的文言词语运用结构对应、字源推断、语境辨析、形旁推测等方法来解决“言”的问题。由于汉语中有许多词语的结构是并列关系，词与词之间形成对应关系，尤其是对应位置上的词的意思相同、相关或相反，利用词语的这种结构对应关系去揣摩推测就很有实效。如“策之不以其道，食之不能尽其材，鸣之而不能通其意”，它由三个结构基本相同的句子组成，“策”“食”“鸣”互相对应，只要确定其中一个是动词，那么其他两个肯定是动词，翻译起来就不会出现失误，这就是结构对应法。有些词语造字本来就很有讲究，如“惠子相梁”中的“相”可以利用造字法来解释、引申，从而掌握这个字。“相”字的甲骨文写法为，属于会意造字，即目观木材的粗细、弯直、大小等情况，看是否可用；仔细看，观察。而古代的国相就是指为国家观察、选拔人才的人。接着从语法的角度考虑，“惠子相梁”中的三个词“惠子”“相”“梁”都是名词，哪个可以充当谓语呢？只有“相”，译为“做国相”，名词作动词。有的词语要根据语境才能确定意思，如“策之不以其道”与“执策而临之”中的“策”，前者是动词“鞭策”，后者是名词“马鞭”。汉字中的形声字占80%，形声字的形旁往往能表示其意义类型，因而据形推测是推测词语的一种好方法，如“余拏一小舟，拥毳衣炉火，独往湖心亭看雪”中的“拏”与“毳”，前者的形旁是“手”，后者的形旁是“毛”，再结合上下语境，就可知其意分别是“撑船”“毛皮衣”。

解决“言”的问题还可以从调动学生的经验积累入手。生活中存在大量人们耳熟能详的成语、名句，这些知识经验是文言文学习的重要基础。学生的知识经验一旦与文言挂上钩，学生与文言文的距离感就会大大缩短，如“来归相怨怒，但坐观罗敷”中的“坐”，可联系“停车坐爱枫林晚”一句来理解。而理解文言语法特点时，成语更能大派用场：讲词类活用，可列举“袖手旁观”的“袖”，为名词作动词；谈特殊句式，可联系“时不我待”，即“时不待我”。如此种种，不胜枚举。如此调动知识经验，能使学生养成温古而知今、察今以推古的自觉意识，较迅速、扎实地学好文言知识，从而乐“言”而喜“文”。

对于文言文关键词汇的解决，语文教师不仅应该重视，还应该创设情境，促进学生在语境中习得、积累。钱梦龙老师在教授《愚公移山》一课时，几处“曲问”成为文言字词教学的经典。

师：大家说说看，这个老愚公多大年纪了？

（学生纷纷回答，有人说“九十岁”，有人说“九十不到”。）

师：到底是九十，还是九十不到？

生：九十不到。

师：从哪里知道的？

生：“年且九十”，有个“且”字。

……

师：这个年纪小小的孩子跟老愚公一起去移山，他父亲肯让他去吗？

（学生一时不能回答，稍一思索后，七嘴八舌地说：“他没有父亲！”）

师：你们怎么知道的？

生：他是寡妇的儿子，“孀妻”就是寡妇。

生：“遗男”就是孤儿的意思。

陈沛老师执教《记承天寺夜游》一课时，引导学生在语境中探讨“户”“睡”“闲”的含义，特别是“户”与“闲”。陈老师用课件分别出示了五项学习材料与词典中的九种解释，让学生根据语境与文义进行甄别、选择。

前一例中，钱老师用两个“拐弯”的问题，引导学生推测并掌握

“且”“孀妻”“遗男”的含义；后一例中，陈老师给出学习材料与义项供学生甄别。这两个课例传递了一个共同的信息：教师重视文言字词的教学，重视培养学生结合语境理解词义的能力。

在文言文“言”的教学中，采用微探究的方式会收到明显的成效。教学中该对哪些“言”进行微探究呢？主要看其能否体现课堂教学的核心价值。如果价值意义大且具有一定的挑战性，就是可探究的点，反之则没有必要进行探究。微探究教学不仅追求做正确的事，选择正确的“言”，更追求正确地做事，开展对“言”的正确探究活动。文言文微探究教学中的哪些“言”是正确的探究点呢？这一类“言”应该既有鲜活的生命力，又有助于对“文”与“道”的理解，且能够提高学生的文言文阅读能力。那么应该如何正确地去探究呢？就是要把握这一篇文言文所特有的文本个性，并借助语境进行广泛探究、自由碰撞，在探究中理解，在理解中积累。

二、文言文教学的第二层次是关注章法

在文言文教学中，教师要有篇章意识，要从文章学的角度对文言文进行篇章教学，而不能把具体的文言文视为纯粹而理性的古汉语知识的教学语言材料。入选教材的文言文都是名家名篇，章法严谨，起承转合有度，字字句句跃动着生命活力，有灵魂在场。面对一个有肌体、有温度、有结构的文本，教师须从文章学的角度切入，把握文本架构，走进文本语境，从起承转合的篇章安排上解构，理解文本的整体内容，领悟全文的主旨，了解作者的思想倾向，在作者为我们提供的独特范式中把准文脉，理清思路。

余映潮老师在执教《记承天寺夜游》一课时，将文本三次变形，让学生体会文本的结构层次之美。第一次变形采用二分法，将课文划分为两段，一事一情，有叙有议，先叙后议，景情相生；第二次变形是根据其表达方式——记叙、描写、抒情进行三分，文章脉络清晰，思路明朗；第三次变形是根据起承转合将文本进行四分，如下所示。

元丰六年十月十二日夜，解衣欲睡，月色入户，欣然起行。（起）

念无与为乐者，遂至承天寺寻张怀民。怀民亦未寝，相与步于中庭。（承）

庭下如积水空明，水中藻、荇交横，盖竹柏影也。（转）

何夜无月？何处无竹柏？但少闲人如吾两人者耳。（合）

如果说前两次变形是从表达方式入手的话，第三次变形则更多地注重古诗文创作的笔法——起，写事件的背景；承，写寻友的情景；转，写雅致的月景；合，写复杂的心境。通过三次文本变形，原本形式单调的文本顿时充满趣味，层次的丰富之美、行文的跌宕之美立现，令人赞叹。经过这种对篇章结构的讲解，学生对文本的内容便理解得深刻了。

三、文言文教学的第三层次是关注文学

文言文精粹、严谨与典雅之美为人所共知，这些文学价值主要是通过独特的言语形式来表现的。文言文教学是一个整体，文言文是“言”“文”相应的：释“言”是为了入“文”，入“文”又能证“言”；离开了“言”，“文”无从附丽，离开了“文”，“言”支离破碎。那么，怎样教文言文中的“文”呢？必须借助“言”，探颐索隐，进入文本深处。

在文言文教学中，教师可以通过巧妙的提问来带动学生解决“言”的问题，使学生在解决“言”的问题的同时又巧妙地品出“文”来。这里的关键是要设计好问题，或扣题目，或扣关键句，或扣要解决的文言字词等，力求能“一石激起千层浪”，这样既避免了纯讲字词带来的枯燥感，拉近了学生与文言文的距离，又能彰显文言文“文”的味道和厚重的文化底蕴。

如《烛之武退秦师》第一段：“晋侯、秦伯围郑，以其无礼于晋，且贰于楚也。晋军函陵，秦军氾南。”这一段这样写有什么作用？从中可以看出《左传》有什么特点？如果只是简单地讲这一段说明了背景，固然没有错，却极为肤浅，而且对“以”“贰”“军”等字词没有落实到位，更别说体会这一段的神妙了。

我们先看语序，第一句不说“秦伯、晋侯围郑”，而说“晋侯、秦伯围郑”，已暗示围郑的主导者是晋而非秦，这就照应了题目，烛之武退的是秦师而非晋师；再看原因，“以其无礼于晋，且贰于楚也”一句，从“以”“贰”两字可以看出，围郑的原因与秦没有关系，秦与郑无直接利害冲突，这就为烛之武成功退秦埋下了伏笔；最后看驻军情况，“晋军函陵，秦军氾南”，既写出了大军压境的局面，又巧妙透出晋、秦驻军异地的情况，这就为下文烛之武顺利到达秦军营以及成功劝退秦师留下了可能性。

由上可见，以问题带动字词教学，又通过对字词的诠释帮助学生理解课文，能使学生得以深入领会第一段的精妙：既点题，又提示原因，还为烛之武的出场做了铺垫，同时为下文退秦埋下了伏笔。寥寥25字，言简而意丰，一字不可增，一字不可减，体现了《左传》高超的语言水平与叙事艺术，使人体会到作者的匠心独具与行文之妙。

这个例子提示我们，为了品出“文”的精妙，教学文言文时要紧紧抓住“言”，从多种视角切入，展开对“文”的探究教学活动，尽情地去发现文言文真正有价值的东西。或从作品的“言”入手，或从了解作品的时代背景入手，或从作品的表达方式入手，或从人情美和人性美入手，与文本进行多角度碰撞，去发现当下的意义，培养学生的多元思维能力。借助这些方式能引导学生和古人对话，甄别、汲取、领悟、体会其中的思想感情和人生哲理，培养审美鉴赏能力。

四、文言文教学的第四层次是关注文化

文言文积淀着丰富的民族文化，蕴含着丰厚的民族智慧，是滋养中国人的精神的文化源泉。文言文教学是为了培养学生的语文核心素养，使学生通过学习中国古代优秀作品，理解作品的思想内涵，探索作品的丰富意蕴，领悟作品的艺术魅力，用历史眼光和现代思维审视其内容价值，体会其中蕴含的民族精神，从中汲取民族智慧，从而成为流淌着浓烈的民族文化血液的现代人。

一篇篇文言文反映着特定时代的价值观念与文化倾向，是特定时代人类文化思想与审美风尚的浓缩，既彰显了鲜明的时代特征和文化内涵，也或隐或显地反映了作者的精神操守、人格志向。这些都为文化解读提供了得天独厚的条件，为现代人与传统文化的对话和交流提供了便利，也为学生学习民族文化、理解多元文化，构建自己的精神家园提供了可能性。从文化自觉的角度看，每一位中国人都应该以开阔的文化胸襟，充分享受徜徉在人类文化丛林中的情趣和乐趣，增加自己的生命智慧，形成良好的文化品格。从教学视角看，必须注重文化知识的积累，参与文化现象的观照和文化思想的讨论，提炼、传承文化精神。

在经典文言文中，“言”“文”“道”的层次一般是比较清晰的。如教学庄子的文章，首先要解决文章中的语言问题，接着就要进入庄子所营造

的形象与精神的世界，最后要透视庄子的言外之意、弦外之音，触摸庄子的灵魂，并从中得到思想的启迪。例如，在《惠子相梁》里，庄子巧用比喻——鹓鹐喻指庄子，鸱喻指惠子，腐鼠喻指宰相位置，言此而意彼，既讽刺了惠子醉心于功名利禄的丑态，又彰显了庄子轻视名利的品性。这就需要我们循着文言文的章法结构，巧妙地释“言”品“文”，最后洞悉作者的情感寄托和精神皈依。

文言文中的文化渗透，切忌脱离具体的“言”和“文”来高谈阔论，必须在“实”与“活”上下功夫，巧妙地由“言”而“文”，“言”“文”相顾，高度统一，相得益彰。有时须关注文体特征，有时须关注文章的重点内容，有时还须关注学生的认知水平。如执教《五柳先生传》一课时，教师要依据“传”的体式带领学生去认识五柳先生这个人物形象，从他众多的“不”中看到他人性深处闪光的部分。五柳先生虽身处污浊的时代环境，却“不戚戚于贫贱，不汲汲于富贵”，以无可奈何的退让保全自己崇高的气节，以自己的“不吝情去留”调侃世风的矫情虚伪，以自己的“不蔽风日”嘲弄世风的骄奢淫逸。其实，这种看似消极的避退里有更为强烈的坚守——对自己志趣和人格的坚守——这是一种可贵的品质，也为自己创造了独立而丰富的精神世界。学生如果以自己的生活经验和认知水平来看，必然会对五柳先生这一类人的为人处世方式感到困惑。教师要适时知人论世，引导学生去关注和思考自己的人生，在现实层面给学生更为恰当的引导。在面对不如意的现实时，如何让学生去应对生活中的种种困难，这是一个更大的课题。那些安贫守志、淡泊名利、与世无争等看似美好的词语不应该贴在朝气蓬勃的学生身上，要引导学生看到生命中的希望，尽情享受拼搏的美好。

语文教学一直强调文道统一，其根据就在于思想内容和表达形式两者之间的辩证统一关系，教学时也必须兼顾语文训练和思想教育两个方面。落到文言文教学上，就是必须既要关注“言”，也要关注“文”（文章、文学），更要关注“道”（文化），追求“一体四面”的高度统一。

文言文教学，把诵读进行到底

内容要点

文言文教学要以诵读为主线，教师在课堂上要注重对“读”的指导，也要关注对“读”的评价，力求在课堂上体现出“读”的效果。文言文诵读要和对文言基础知识的学习结合起来，要把学生自读与教师范读结合起来，要与对句子的理解、赏析结合起来。这样的诵读才能高效、高质。

长期以来，受应试教育的影响，教师在文言文教学中比较重视对文章思想内容、篇章结构、字词句法的分析讲解，往往忽略了诵读感悟、体味涵泳，这一状况在实施素质教育的今天仍未得到有效的改变。文言文教学中，常用的串讲法、分析法、训练法等虽然都有一定的价值，但最有价值的应该是诵读法，正所谓“书读百遍，其义自见”“熟读唐诗三百首，不会吟诗也会吟”。著名教育家程千帆指出，背诵名篇非常有必要，这种方法看似笨拙，实则巧妙。从语文学习的历史经验和规律看，没有诵读这一环节，学生缺少文言语感，触摸不到文言文字的深处，感悟、积累、储存的语言材料就不够丰富，学习文言文的效果就会大打折扣。因此，文言文教学应该高度重视诵读，重视对经典名篇的诵读和背诵指导，让学生在一定方法的指导下，熟读或背诵一定数量的文言篇目，加深学生对文言文的理解，培养学生对语言的感知、直觉、积累、顿悟的能力，从而使学生逐步掌握学习文言文的方法，形成独立阅读和鉴赏浅易文言文的能力。

一、为什么要重视文言文诵读

学习文言文不仅是提高学生人文素养的需要，也是传承中华文明的需要。中华文化的精华、中华民族的历史，绝大多数保存在以文言文为记录手段的文化典籍中。初中生学习文言文的目的，首先是语言的积累、语感的培养及人文精神的熏陶，要实现这些目标就需要阅读一定数量的文言文，然后才能揣摩、领悟文言文的精髓，而诵读就是一种最好的方法。文言文与现代白话文有很大的差异，只有先反复地诵读吟咏，获得初步的感性认识之后，再经教师点拨，才能进入理性认知——对文章思想内容的认知，进而深入文化的层面。所以，学习文言文时先进行诵读是符合人们认识事物的一般规律的。

诵读文言文有助于培养语感及语言运用能力。语文新课标指出，“在教学中尤其要重视培养良好的语感和整体把握的能力”，即要注重对语言的直接吸收和对语感的直接把握。初中课本中所选的文言文大多是传承中华文化的、内蕴丰富的经典文本，语言典雅精练，讲究句式音韵，学生只有经过反复诵读，慢慢品味、揣摩、领悟，内化为自己的东西，收获才会更大。

诵读文言文有助于语言积累。文言文一向以简洁典雅、音韵感强见长，学生学习文言文时进行诵读和背诵，本身就是积累文言文语言材料的最好方法。初中生学习文言文，要在诵读上下功夫，多读多背。学生先有丰富的积累，再长期消化吸收，以后学习文言文就会事半功倍，也有利于形成简约、有韵味的文风。

二、如何做好文言文诵读教学

文言文教学一向重视诵读，尤其讲究细读。在文言文教学中，有多种诵读方法。如开始三遍一字一字地读，读准字音。然后结合句意，按意义节奏变化和语气变化一句一句地读，一段一段地读；为体会虚词的作用，强化虚词或去掉虚词比较读；去掉标点，原汁原味读；将古文译成白话文，比较体会读。最后进行熟读、背诵。教师在每堂文言课里都会安排一些读的环节，读的形式也很丰富，有齐读、个人读、分角色读；有领读、范读、多媒体演读听读；有默读、诵读、组合读；等等。为使文言文诵读教学更有实效，教师还需注意以下几点。

（一）文言文诵读要和对文言基础知识的学习结合起来

语文新课标明确指出“能用普通话正确、流利、有感情地朗读课文”。自然，文言文也应用普通话正确、流利、有感情地朗读。文言文诵读是采用标准的普通话，结合文言文中固有的语气、节奏、情感而进行感知、熟悉、记忆、理解的一个过程。因此，文言文的诵读势必要和对文言基础知识的学习紧密地结合起来，这其中包括正字正音、辨词析句、层次梳理、文义理解、语言鉴赏等多项文言基础知识。

1. 结合正字正音读准字音

把字音读准确，是诵读的起码要求。朱熹说过："凡读书……须要读得字字响亮，不可误一字，不可少一字，不可多一字，不可倒一字，不可牵强暗记，只是要多诵数遍，自然上口，久远不忘。"文言文中有大量的生僻字、通假字、破读字、古音字等，如果不首先解决这些字词的语音问题，那就根本谈不上诵读。因此，在文言文教学中要按自主学习的要求，首先让学生自读课文，自查工具书，认读生字。对一些难字如《唐雎不辱使命》中"怫然""免冠徒跣""以头抢地"等词，就要重点指导，引导学生查词典，辨认字形，反复读写。

在处理文言文正音正字环节中，教师可以先让学生试读一遍，或全班齐读，或个别朗读，从试读中发现他们读音中出现的问题，然后一一板书纠正，并对难字难词做必要的讲解，最后范读全文。这样，诵读与正字正音才能有机结合起来。

2. 结合辨词析句读清句读

诵读要以对所学文本的初步理解为基础，而理解的前提是读清句读。句读就是断句，知不知句读直接影响着对词义、句意的理解。如《狼》中"其一犬坐于前"的朗读停顿是"其一／犬坐于前"还是"其一犬／坐于前"？只有读清了句读，才有可能弄懂文章的词句结构和语言意义，反过来也才能读得更准确、更清楚。

3. 结合层次梳理读通思路

在读准字音、读清句读的基础上，还要注意理清文章思路、把握文章层次，才能更好地理解全文的内容。要提高梳理文章层次的能力，除了要学习一些文言文行文的篇章知识之外，更重要的是诵读，从语气和语义方面去探寻文章内容的走向和作者行文的匠心，把握文章的脉络。如《记承天寺夜游》中，通过诵读，可以初步感知到文章分两部分：第一部分是叙事，第二部分是抒情。如果再进行细读，就会发现文章的表达方式有三种：叙事、描写、抒情。"元丰六年"到"相与步于中庭"，这段是记叙；"庭下如积水空明"到"盖竹柏影也"，这段是描写；最后三句为抒情议论。叙事段要读得舒缓，描写段要读出惊喜，抒情段要读出情感的多变与交织。这样，文章的脉络就清楚了，文本的情感流向就在诵读中得到了更深刻的理解。

4. 结合文义理解读出感情

语言作为文章思想情感的载体，读出来总是带有语气的。词语的色彩、句子的构造、修辞手法的运用、行文节奏的起伏、感情气势的跌宕，都和文章的内容、语气的表达密切相关，而诵读正是对文章思想感情原汁原味的声韵表达，是把“写在纸上的语言变成活的语气”（出自《朱自清论语文教育》）。因此，文言文教学不能仅停留在对字、词、句的浅层解释上，最终要回到文本中来，深入语言内部，从而把握文本的思想内容、艺术特色，让学生浸润在中国传统文化精华的滋养中，在情感上与文本产生共鸣。特别是要通过诵读来体察文章的语气，理解文义，进而揣摩、体会字面背后作者所传达的思想感情。如《唐雎不辱使命》一文中，人物对话非常有特色，通过揣摩人物的语气（如“寡人欲以五百里之地易安陵，安陵君其许寡人”，看似礼貌却透出蛮横傲慢），通过人称的变化（“今吾以十倍之地，请广于君，而君逆寡人者，轻寡人与”，称安陵为“君”，自称为“寡人”，表面客气，实则傲慢），通过对特定词语的品味（如“安陵君其许寡人”中的“其”），就可以读出安陵君、秦王、唐雎三人的语气、语调和情感，从而体会情境与人物心理。

5. 结合语言鉴赏读出特色

文言文的一些语言规律，如音韵的铿锵、语调的抑扬、语言的含蓄、句式的整散等，大都是宜“意会”而不宜“言传”的。而意会不能只靠眼睛看，那样很难从教师的精细分析中获得太多的领悟，最终还是要反复吟诵，在吟诵中去琢磨、体会出经典文本语言的精练、优美，体会文章作者或文章中人物的思想感情，进而理解作者意图，获得理性的审美感受及对文化的体认。如执教《唐雎不辱使命》一课时，只有引导学生诵读品味，才能使他们体会到《战国策》的文辞优美、语言生动，这样既开阔了学生的视野，又陶冶了学生的心灵，还提高了学生的语文素养。

现在，我们综合考虑上述五个结合，以《唐雎不辱使命》为例进行诵读教学设计：首先要求学生结合注释读全文，扫清文字障碍；然后让学生速读课文，理清故事的开端、发展、高潮、结局；再要求学生诵读全文，揣摩人物对话的语气、心理及思想感情，感悟人物个性化的语言；最后借助探究达成对“士”的认识。我们发现，对这种基于诵读的教学设计，学生印象深刻，其教学效果远超过传统的由教师讲解文章思想内容、篇章结构、字词句法的教学效果。

（二）文言文诵读要把学生自读与教师范读结合起来

对于刚刚接触文言文的初中生来说，通过自读初步培养文言语感是不错的选择。在引导学生做好自读的同时，教师一定要坚持范读，帮助学生读准字音、读清句读，并以此为手段，引导学生深入体会课文的情感意蕴，增强教学效果。

有不少教师常担心自己的读音不准而不敢范读，就拿录音机一放了事。其实这是一种错误的做法。朗读对学生的感染除了文字和声音外，还有很大部分来自体态语言，也就是朗读者丰富生动的表情。教师范读时全身心投入，往往能起到意想不到的示范、感染作用；教师如痴如醉地诵读，有利于培养学生敢于和乐于高声而有感情地朗读的风气和习惯；教师在文章关键处朗读和在难点处示范领读，更能让学生体会到文言文的魅力与亲和力。教师只有自己先读好，才能激发学生对朗读的兴趣，让他们感觉到“原来朗读文言文这么有趣”！如果教师本身的朗读基础实在不好，也可以利用现代化手段（如音频、视频）等进行示范朗读。

（三）文言文诵读要与对句子的理解、赏析结合起来

现在很多文言文教学分为两大块：第一块是“读课文”，第二块是“理解课文”。“读课文”的时候不涉及课文理解，“理解课文”时很少安排读课文。于是“读课文”和“理解课文”被人为地分开，成了两个互不相关的学习环节。

真正有效的文言文教学总是在诵读中加强理解、在理解中进行诵读的。

1. 诵读要与疏通文义有机结合

教师要发挥主导作用，在疏通文义时应善做点拨，激活学生思维，这样有利于促进学生的诵读，而这种诵读又可以加深学生对文义的理解，使二者有机统一。

2. 诵读要与主问题教学有机结合

文言文教学要坚持在主问题的带动下，对文本的深刻内涵及价值进行充分挖掘，加深学生对文本的理解。在这个过程中按照“找到问题语句—诵读问题语句—赏析问题语句—理解诵读问题语句”的教学步骤，边赏析边诵读。

3. 诵读要与拓展材料有机结合

教师适时介绍文章的背景材料，帮助学生理解文章，让学生在理解内容的基础上更好地诵读。

三、文言文诵读教学要注意什么

蒋红森老师在《初中文言文教学的三个“着力点”》一文中明确提出文言文诵读教学的几个注意点，很值得借鉴。

（一）“读”的要求要合乎实际

许多教师在文言文教学中“读”的意识很强，但提出的“读”的要求往往很随意，缺乏针对性。比如，教师上课一开始就要求学生读课文，这种安排本身没有错，但提出的要求是读准字音、读准节奏、读出感情、读入情境等。这种要求显然不符合学生初读课文的实际，也不是学生一开始读就能达到的。文言文的“读”有其文本特殊性，学生由“不会读”到“能够读”再到“会读”最后至“读得好”，这需要一个过程，而且是一个“初识文本—了解文本—理解文本—融入文本”的过程。这就要求教师对学生提出的“读”的要求合乎这个过程的实际，让“读”成为促进这个过程不断深入的有效方式。

（二）“读”的指导要追求实效

有时候，我们会发现这样的现象：教师没指导的时候学生还能够读一读，教师一指导学生反而不知道怎么读了。之所以会形成这种局面，是教师不间断地口头要求“这里重读”“这里慢读”“这里延长音”等所致。现实问题是学生不知道为什么要这样读，结果学生的诵读成了一个类似于调试弦音的行为，读得战战兢兢，读得无所适从，最后当然读得索然无味。教师的这种指导纯粹是为读而读，是为了完成“读的指导”这个动作。我们认为，对“读”的指导要让学生明白为什么要这样读，要让学生从词句表意的角度体会到这样读的必要性，使“读”成为学生的一种自然的、发自内心的表达。同时，与其给学生一些说教式的读法指导，不如多给学生做一些示范，领读、教读都是提高学生诵读效果的经典方式。可惜这样的阅读教学方式，如今在语文课堂几乎绝迹了。

（三）“读”的环节安排要合乎规律

上文已经说过，文言文教学很多时候似乎被分成了“读课文”“理解课文”两个互不相关的部分，这种课堂教学无助于增进学生学习文言文的效果。文言文“读”的目的是什么？应是在促进学生积累文言知识的同时，使学生把握、理解文言文，感受到文言文的美。“读课文”“理解课文”应该是相辅相成、相得益彰的学习过程，通过“读课文”促进“理解课文”，又因为“理解课文”而使“读课文”有更好的表现。将“读”融入“理解”的过程中，这样的诵读更符合学生学习文言文的规律。

因发声而动情，因动情而明义。文本的含义在诵读中逐步清晰，古今的时空距离因诵读而逐步缩小。情感不是教师讲出来的，而是学生在诵读中品味出来的。

离开了诵读的文言文课堂，是难以想象的。教师的任何讲解、分析，都不能代替学生自己对课文的体验、感受。

诵读是学习的起点，也是学习的终点，思维的开端靠诵读来发动，理解的成果靠诵读来体现。文言文教学，请把诵读进行到底。

以《爱莲说》为例，看文言文教学内容的确定

内容要点

在一篇文言文教学文本中，教师可以从多个角度去确定具体的教学内容，筛选出来的交叉内容往往就是要教的内容。经过初步探索，文言文教学可以因标（语文新课标）定教、因材（教材编写意图）定教、因体（文言文文体）定教、因价（文本特定价值）定教、因学（学情）定教、因师（教师教学个性）定教，综合这些角度去选取教学内容不失为一种好的方法。

语文教什么，可从两个方面来谈：一是形而上的，结合语文新课标来说；二是形而下的，结合具体文体和文本来谈。下面结合《爱莲说》来谈谈文言文教学内容的确定。

一、从语文新课标看《爱莲说》教学内容的确定

语文新课标指出，语文教学要达到的目标内容是很丰富的，包括能力和素养两大方面，具体又包括听、说、读、写等方面。其中对文言文阅读教学做出了如下规定："能借助工具书阅读浅易文言文""诵读古代诗词，阅读浅易文言文，能借助注释和工具书理解基本内容。注重积累、感悟和运用，提高自己的欣赏品位"……

如果依据以上标准，教学内容似乎是很难确定的。《爱莲说》一课的教学内容，可以是理解、掌握课文的生字词，可以是用普通话正确、流利、有感情地朗读，可以是翻译、分析其中的难句如"予独爱莲之出淤泥而不染，濯清涟而不妖"，可以是理解"噫！菊之爱，陶后鲜有闻。莲之爱，同予者何人？牡丹之爱，宜乎众矣！"的语法现象，可以是借助本文托物言志的手法探究作者的写作意图，可以是借助描写莲花的精彩句子进行对其他物象的仿写训练，还可以是围绕某物象（如菊、梅、兰等）做一

个小课题，研究物象与作者人格的关系……这些都没有超出语文新课标所规定的范围。

许多教师和学者正是从这一点出发，对文言文教学内容的确定进行质疑，认为一篇课文教什么不应该有限制，但正因为语文教学要达到的目标内容是很丰富的，而且许多目标在一个课时甚至一个单元的教学中是无法实现的，所以我们更需要将其分解并落实到每一篇课文中去，用三年或更多的时间来逐步达到上述目标。否则，很可能产生这样一种随意的现象：对字词坚持务必落实的教师将每篇课文都上成解字释词课，并对其中一些汉字从字形、字义及其演化等方面进行深入探究；对朗读感兴趣的教师将每篇课文都上成朗读课，指导学生或因声求气，或摇头晃脑，或文从字顺，或声情并茂地进行朗读；对语法感兴趣的教师将每篇课文都上成语法梳理课，对重要语句进行语法分析、句式归纳；对鉴赏感兴趣的教师将每篇课文都上成鉴赏课，指导学生将课文中每一个字背后的意义都挖掘出来；对写作感兴趣的教师将每篇课文都上成写作课，或分析课文中的起承转合，或要求学生仿写其中的精彩片段；对延伸拓展感兴趣的教师将每篇课文都上成印证课，援引材料，不停考证课文与资料的关系……如果每个教师都随个人兴趣和意愿确定教学内容，几年之后，培养出来的学生很可能会“营养不良”，这将严重违背语文新课标制订的本意。

语文新课标明确提出，语文是最重要的交际工具，是人类文化的重要组成部分。语文课程的特点是工具性与人文性的统一，语文新课标强调语文素养是学生学好其他课程的基础，也是学生全面发展和终身发展的基础。通过语文课堂培养学生的语文能力、提高学生的综合素养才是语文教学的最终目的。

从语文学科的特点看，语文课程是一门学习语言文字运用的综合性、实践性课程，语文学科的听、说、读、写应并重。教师只有抓住语文学科中的语言这一核心价值，在语文课堂上着眼于学习语言、研究语言、运用语言，着力训练学生听、说、读、写的能力，培养学生应用、审美与探究的能力，才能使学生的整体语文素养有提升的可能，教师的教与学才有摆脱尴尬困境的可能。

因此，语文教学的关注点应该是语言和语言实践。具体到《爱莲说》

一课的教学中，就要梳理常见的文言实词、文言虚词、文言句式的意义或用法，使学生养成初步的文言语感。还要用语文的方式来引导学生理解、赏析文本结构和文字描写之美，在探究中进行“君子”文化的渗透，这样才能提升学生的语文素养。

二、从教材编写意图看《爱莲说》教学内容的确定

同一篇课文，初中可教，高中可教，那为什么这篇课文非得要放在这一年段、这一单元呢？有人说教材的编写者要这样编排，应该问他。这样的回答虽有些意气用事，但确实为我们探求这一篇课文在这一学段、这一单元的价值指明了方向。

一篇课文独立存在时，我们可以将任何相关的教学目标附加其上；而当这篇课文以单元结构化的形式存在时，其教学内容指向就有了一定的确定性。其实，教材的编写，从选择文本到组成教学单元，再到编写每篇课文的助学系统，都熔铸了编写者对该文本核心价值的认识和教学元素的筛选，兼顾了文本的个性和对学情的考量。可以说，某一篇文章一旦被编入教材，就附加进了编写者对文本的理解和价值取舍，就成了用来承载语文课程目标的媒介，而不再仅仅是文本自身。一篇文章的教学价值通常或隐藏在教材的编排体系中，或有选择地呈现在助学系统里。教师只有把握了教材编写者的编写意图，才能科学、高效地确定这一篇课文的教学内容。

具体到阅读教学实践，一线教师在确定教学内容时，必须使文本回到教材的编排体系以及语文知识、语文能力和语文素养的发展体系中来，依据语文新课标规定的目标和要求，进一步研究、判断哪些内容是教材编写者所强调的，哪些内容需要反复训练，哪些内容能提高学生的语文能力和语文素养，哪些内容是学生在该学段已经掌握或能够掌握的，哪些内容是留待学生在更高学段继续学习与掌握的，等等。

因此，教师在备课时需要认真研究教材，从教材的各种暗示中找出编写者的意图。比如，借助教材中的单元导读确定单元文本的基本教学内容。因为单元导读不仅提示了该单元文本表现的主题，还指明了教学这组文本要训练的语言点，是对单元学习目标的引领。又如，借助课前阅读提示和课后研讨与练习确定这一课的核心教学内容。提示虽然简短，但往往包含了编写者对文本的解读、对文本核心教学价值的挖掘，渗透着编写者

对教学的希冀，不但对学生有导学的功能，还对教师有导教的功能。

以《爱莲说》所处的单元为例，这一单元的导读为“本单元所选文言文，体裁不尽相同，有叙事的，有夹叙夹议的，有说明事物特征的，文字简洁而意味深长，有些文章还寄托了作者的情怀……学习本单元，要先借助注释和工具书读懂课文大意，然后在反复诵读中领会它们丰富的内涵和精美的语言，并积累一些常用的文言词语”。课前阅读提示为“古代文人表述自己的志向和情操时，往往不采用直白的方式，而是以物为喻，写得比较含蓄，这叫作‘托物言志’。这两篇短文都是托物言志的名文，文字优美，意味深远，学习时要反复诵读，用心品味，以充分领略作者的情怀，同时也要认识这种情怀产生的社会背景”。这种编写意图的暗示，显然也就是对教学内容、教学方法如何确定的暗示。据此，我们找出本单元导读及课文提示的交汇点，那可能就是比较恰当的教学内容。《爱莲说》教学内容至少有如下方面：反复诵读，疏通字词，理解文义，领会主旨；掌握托物言志手法的运用；通过品味优美的语句，充分领略作者的情怀。

这表明，我们在确定教学内容时，不应该孤立地研究某一篇课文或仅仅考虑语文新课标中规定了什么。教师首先要给这篇文本定位，分析文本在语文课程（教材）中的功用究竟是定篇、例文、样本还是用件。其次要考虑到由于今天的语文教材普遍采用单元结构化的课文组合方式，所以确定某一篇课文的教学内容时应该瞻前顾后，看看与这篇课文编在同一单元里的还有哪些课文，这些课文之间有什么样的关系，单元提示中有哪些教学目标，等等。只有这样，才能准确地把握编写者的意图，从而确定这篇课文的教学内容。

三、从文言文文体看《爱莲说》教学内容的确定

不同的文体有不同的目的、功能和语体特点，因此不同的文体有不同的教学价值，也有不同的教学方法和教学目标。古人通过不同的文体表现自己的情感思想，不经意间流露出自己的性格喜好、思想观点。探寻文言文的文体意义有助于学生了解中国古代文人的风格特点及文学的发展脉络，使学生深刻理解文章的内涵和作者的思想感情。初中教材中的文言文有“表”“铭”“书”“序”“记”“说”“传”等应用性或文学性文体，这些文体都有着各自的实用价值和审美价值。教师教学时要充分考虑文体特

征，联系作者的用意来制订教学目标，选择合适的教学内容。

相同文体的作品的语言风格与结构特征有着一定的共性。比如，初中语文教材中，“记”这种文体的文言文数量较多，多数是游记散文，如《小石潭记》《岳阳楼记》《醉翁亭记》《满井游记》，它们有一个共同点，即都是以叙事、写景、状物为主，或借景抒情，或融情于景，语言清新自然。又如，“表”是古代臣子向帝王上书言事的一种文体，其基本特征是动之以情，如《出师表》一文，诸葛亮谆谆告诫，言辞恳切。

回到《爱莲说》一文中，我们来谈谈“说”这种文体，它可以直接说明事物，阐述事理，也可以托物寓意，借物抒情。《爱莲说》一文采用的是托物言志的手法。文章从“出淤泥而不染”起，浓墨重彩地描绘了莲的气度、莲的风节，寄予了作者对理想人格的肯定和追求，也反射出作者鄙弃贪图富贵、追名逐利的世态的心理。同时，作者还运用了对比、反衬的手法，在文中几次以菊、牡丹衬托莲之美。还把菊花的隐逸、牡丹的富贵和莲花的高洁相对比，起到了加深立意的作用，手法可谓高明。《马说》一文也是借助千里马来传达作者怀才不遇的情感的，因此在教学内容的选择上，“托物言志”肯定是其中一项教学内容。

四、从文本特定价值看《爱莲说》教学内容确定

很多教师对课文的解读基本还只停留在文本内容和意义上。其实，从语文教师专业阅读的角度来说，语文教师不仅要关注文本自身的价值，更要聚焦文本的教学价值。

从文本本身来看，被选入教材的文言文一般篇幅短小，所写的故事相当简单，但意蕴很丰厚，值得细品；从语文教材编写的角度来看，编写者选文章时，除了考虑文质兼美，对成长中的学生的世界观、人生观和价值观的形成具有积极的引领作用之外，更多的还从学生语文学习的角度出发，考虑对学生语文知识的积累、能力的形成和素养的提升要起到积极的促进作用。也就是说，教材编写者选一篇文章进入语文教材，还必须考虑其教学价值。所以，教师既要关注文本价值，更要重视文本的教学价值。

被教材编写者选入教材的文言文文本，有其自身的文本价值，即文本的“原生价值”，读者对此可以从多个角度去认识和赏析。但“弱水三千，只取一瓢饮”，教师在教学过程中不可能穷尽文本所包含的所有价值元素，

面面俱到。因此，教师必须从教学的角度，对文本价值进行选择，确定其教学价值。文本包含的教学价值可能是单方面的，也可能是多方面的，既有语言价值，也有文学价值和文化价值。而且，包含多方面教学价值的文本在不同教育阶段也是有差异的，因而在教学中应该科学地选择所要呈现的文本价值。

如何读出文本的教学价值呢？教师可从多个视角来细读文本，发现文本的教学价值。教师可以以读者的视角阅读文本，在对文本表层的显性人物的言行以及事件过程、事物情态等的不断感知过程中，会发现一系列问题，沿着这些问题就有可能进入文本的隐性深层，进而有许多独到的发现；也可以以作者的视角还原作者的真实意图，这就要求教师首先要走进作者独特的心灵世界，识人断文，判断作品的风格特点，这种特点自然就成了教学内容；还可以对不同作者的同类作品进行比较研究，异中求同，同中求异，通过比较，我们更容易看出这一篇文本的独特价值。

在《爱莲说》中，如果从读者的角度来看，细读过后就会发现，在描写莲时作者的语言超凡脱俗：“予独爱莲之出淤泥而不染，濯清涟而不妖，中通外直，不蔓不枝，香远益清，亭亭净植，可远观而不可亵玩焉。”写莲之语，一气呵成，看似是对莲的直观描写，其实字字句句皆是借莲之表象倾诉自己的心声。如果从作者本身的角度来细读就会发现，作者除了以莲自喻，还运用了对比、反衬的手法，把菊花的隐逸、牡丹的富贵和莲花的高洁相对比，使“爱莲”的主题更加突出。而且，文章以一个“爱”字贯通全文，使得文章结构严谨。收篇之时，以花进行比喻，以花的特性喻人，虽平淡却贴切：“予谓菊，花之隐逸者也；牡丹，花之富贵者也；莲，花之君子者也。”此平淡之句接上节“晋陶渊明独爱菊；自李唐来，世人甚爱牡丹；予独爱莲……”可谓浑然一体，不着痕迹。结尾“菊之爱，陶后鲜有闻。莲之爱，同予者何人？牡丹之爱，宜乎众矣！”分别用陈述句、反问句和感叹句，作者一叹真正隐逸的高士极少，二叹品格高尚的君子罕见，三叹贪慕富贵的俗人很多，耐人寻味，发人深省，如果还原为作者视角，就知道作者借莲喻人，其写莲之语、爱莲之心，其实是喻人之志。

通过多种角色的细读，文本的特定价值就显现出来了：全文结构严谨，笔意超越，言简意赅，情景交融，是难得的精品。于是可据此确定一些基本的教学内容，如品味描写莲的句子，理解对比的手法和托物言志的手法，等等。

五、从学情看《爱莲说》教学内容的确定

王荣生教授曾说，教学内容的组织原则要适应特定学生的具体情形。也就是说，教师要依据学情选择教学内容。从学生的角度精选文本里最具教学价值的语文内容，是有效教学的基础。

观照学情就是指应该了解学生的情况和需求，在教学中据此安排教学内容。若学生的基础薄弱、理解尚有障碍，教师不妨多讲些文言基础性的东西；若学生在关键处纠结，教师可能要补充一些文言或文化性的知识；若学生在某处兴奋起来，教师不妨带学生多做一些文学性的探究；若学生的底子扎实、探求欲旺盛，教师不妨多补充些文化上的知识。

在《爱莲说》一课的教学中，教师要充分观照生情，去选择教学内容。如文言字词方面，要理解、掌握“蕃”“濯”“清涟”“蔓”“亵玩”等词语；文言句式方面，要理解、掌握“莲，花之君子者也”这个判断句，“菊之爱，陶后鲜有闻”这个宾语前置句，“牡丹之爱，宜乎众矣”这个倒装句；美句积累方面，重点品味与积累描写莲的句子；写法方面，明确第一段以菊花和牡丹衬托，表明自己独爱莲花，第二段将莲的高尚与菊花的隐逸、牡丹的富贵相比较，以花喻人。

其实，最让学生不理解的是课文结尾的三句话分别用了三种不同的句式，顺序也没有和之前的话一一对应，而是把“牡丹之爱，宜乎众矣”放在了最后，他们不明白这样写究竟是为什么。在这一部分，教师就要花更多的时间和学生一起探究。学生感到困难的地方自然也就成了教学内容之一。

六、从教师教学个性看《爱莲说》教学内容的确定

教学内容基本确定后，教学过程自然应该围绕着这些教学内容来进行，不能随意改变。但由于不同教师的教学个性及教学方式有差别，面对共同的教学目标，在处理这些教学内容时所采取的方式就会有所不同。这就跟厨师一样，有的擅长大菜，有的擅长小吃，有的擅长面点，有的擅长西餐……具体到《爱莲说》这一课，为了达到主要的教学目的，每位教师具体的做法多少会有一些不同。有的教师认为要通过诵读来带动学生对莲

的精彩描写的赏析，有的教师认为要通过品味文中的对比来体会作者对莲的喜爱，有的教师认为要借助“物”与“志”来触摸作者的品性……其实，只要能达到让学生乐学、善学这个目的，采取何种教学方式可随性而定。

总之，影响文言文教学内容选择的因素有很多，但应该遵循一个总的原则，那就是尽量让学生感受文言文的美好，感受学习文言文的乐趣。古人给我们流传下来那么多可歌、可泣、可思、可敬，足以手之、舞之、足之、蹈之的文言作品，我们为什么不用文言知识来扫除理解的障碍？不用丰富的文化积累来穿越时空进入古代的现场，体验当时的情境？不用文学性、文章性的讨论和探究来与古人、古文对话交流，感知其思想的流变，触摸其心灵的跳动，体察其血液的温度，思接千里，神游八荒，推人及己，情系古今呢？文言文本是美好的，可是由于教师在教学内容的选择上出现了方向性的问题，或只关注“文言”，或只关注“文章”，或只关注“文学”，或只关注“文化”，导致文言文教学支离破碎，面目可憎。只有围绕文言文的“一体四面”，从以上几个方面去确定教学内容，文言文教学的春天才会到来。

文言课文导入也得讲点招式

内容要点

好的导入能缩短学生与文言文的距离，消除学生对文言文的畏惧心理。教师要发挥自身的长处，针对不同篇目且结合不同阶段学生的特点，用语文的方式进行导入，如文字溯源、名言诗句、故事导入、对联引入、语言描摹、动情朗诵等方法，课堂才能先声夺人、异彩纷呈。

导入是一节课的有机组织部分，是教师调节学生课堂起始状态的手段。如果教师不注重导入就开始授课，那么学生就很难进入良好的学习状态中。由于文言文的话语系统与学生的生活实际相距甚远，更需要一个好的导入来缩短学生与文言文的距离，消除学生对文言文的畏惧心理。因此，导入在文言文教学中相当重要。主要的导入法有如下几种。

一、文字溯源法

我国的文字历史悠久。文字是语文的组成材料及基石，记载着我们的祖先认识、表达事物的过程，镌刻着他们过人的智慧。在教学过程中，用文字溯源法导入可以说是抓住了语文之根，能帮助文言基础薄弱的学生打开汉字奇妙的大门。大凡与课堂内容息息相关的某个字，讲述它的本义、引申义、比喻义，既能给学生传授知识，又能引导学生切入授课内容，可谓一举两得。

例如，讲授《三峡》时，教师可抓住“峡”字来导入：“同学们，大家认识这个字吗？何谓‘峡’？两山夹水的地方，‘峡’从山从水，自然跟山水有关。说到峡，风光最为旖旎迷人的当属三峡。那么这篇课文是如何写三峡的山，又是如何写三峡的水的呢？”

再如，讲授《愚公移山》时，教师可扣住“愚”字入文：“《说文解字》里解释道——愚，从心从禺。禺，猴属，兽之愚者。愚就是愚笨的意思。愚公愚吗？愚公真愚吗？为什么要写愚公这样一个人？”

上述导入是从字源切入，一个“峡”字、一个“愚”字正好又是教学内容的切入口，这样的导入对学生来说是新鲜的、有趣的，能使学生对所学内容有所期待，而且有利于学生准确把握某字的本义与引申义，并深入理解课文的内容。对于某些课文来说，追溯字词的本义还有利于学生获得独特的阅读感悟。

二、名言诗句法

名言诗句主要是指人们熟悉的俗语、谚语、格言、诗词等。它是一代又一代人经验的提炼、总结，是历史文化精华的积淀，是语文的一大特色。

例如，讲授《出师表》时，教师可以引入南宋文人安子顺的评论：“读《出师表》不哭者不忠，读《陈情表》不哭者不孝，读《祭十二郎文》不哭者不慈。”接着提问：“那么，《出师表》中有哪些地方打动了你呢?”此处从一则评论导入，学生披文寻找动人之处，最后找到文中的关键句“此臣所以报先帝而忠陛下之职分也”，然后从“报先帝”“忠陛下”两方面入手，去探寻诸葛亮的赤诚之心。这样的导入激发了学生的学习兴趣，调动了学生的情感，激活了学生的思维。

三、故事导入法

故事作为语文的“特产”，最受学生欢迎。其紧张曲折的情节、生动优美的语言、典型鲜明的人物形象，通过教师的生动讲述，能深深吸引学生，使学生开阔视野、增长知识、发展智力。其实，语文教材就是一本故事书，加上外延内容，就更有取之不尽、用之不竭的资源了。

深圳市光明新区公明中学的张琼老师在执教《陋室铭》时，就是用故事开篇的：“唐朝有位性格倔强的诗人。34 岁那年，他因为参加政治革新运动被贬至安徽和州县当一名小小的通判。按规定，通判应住在县衙里，可和州知县故意刁难，安排他在城南面江而居，他不但毫无怨言，反而很高兴，还写下一副对联贴在门上：‘面对大江观白帆，身在和州思争辩。’和州知县知道后很生气，吩咐人把这位诗人的住处从县城南门迁到县城北门，房屋面积由原来的三间减少到一间半。新居位于德胜河边，附近垂柳依依，环境不错，这位诗人触景生情，又在门上贴了一副对联：‘垂柳青青江水边，人在历阳心在京。’那位知县见其仍然满不在乎，又把这位诗人调到县城中部，而且只给他一间能容下一床、一桌、一椅的小屋。这位知县实在是欺人太甚，于是诗人愤然提笔写下了这篇超凡脱俗、情趣高雅的《陋室铭》，并让人刻在石碑上，立在门前。知县得知后，气得哑口无言。这位诗人就是著名的唐代诗人刘禹锡。今天，我们就来学习刘禹锡的《陋室铭》。”

张老师的故事讲得有声有色，有主题有文采，最后又回归到课文《陋室铭》，让学生兴趣十足、视野大开，为接下来的学习奠定了良好的基础。

但要注意的是，故事导入的效果虽好，但对这些故事教师必须精挑细选。挑选故事有以下三条原则：第一，关联原则。所选故事要与课文关系密切，或交代作者生平、写作背景，或对课文进行补充、拓展、延伸。若违反了该原则，讲故事就有哗众取宠之嫌。第二，新鲜原则。最好给学生讲新故事，即使是老故事也要讲出新意。第三，简洁原则。故事在五分钟内必须结束，若长篇大论就会喧宾夺主。

四、对联引入法

在授课中，教师可以结合课文选用或自拟一个合适的对联进行导课，以引起学生对课文的思考，为完美地研读课文打下基础。

例如，在讲授《勾践灭吴》时，可借用这样一副对联“有志者事竟成，破釜沉舟，百二秦关终属楚；苦心人天不负，卧薪尝胆，三千越甲可吞吴”导入新课，使学生通过对对联的质疑、解疑来激发阅读课文的兴趣。再如，讲授《报任安书》时，可由对联“刚正不阿，留将正气冲霄汉；幽愁发愤，著成信史照尘寰”导入新课，也会起到先声夺人、引人入胜的教学效果。

深圳市光明新区实验学校的游云云老师执教《隆中对》时，巧妙地引用明代文人游俊题写的对联“两表酬三顾，一对足千秋”入文，既勾连起前面讲过的《出师表》，又引出了下面要讲的《隆中对》，还引导学生走进文本，研讨“一对”为何能“足千秋”，达到了多重效果。

五、语言描摹法

所谓语言描摹就是以语言文字表现人或事物的形象、情状、特性等。

这是一种语言表达技巧，能使语言具有画面感，使抽象变具体、无形变有形。课堂以语言描摹导入，体现的正是语文本身的魅力。

例如，一位教师在执教《湖心亭看雪》时便采用了这样的导入方式。他说："当代著名散文家梁衡曾写道：有一种画轴，静静垂于厅堂之侧，以自己特有的淡雅、高洁，惹人喜爱。在我国的古典文学宝库中，就垂着这样两轴精品：宋代苏东坡的《记承天寺夜游》和明代张岱的《湖心亭看雪》。《湖心亭看雪》这幅画是什么样子的呢？'湖上冰花弥漫，天云山水，浑然一体，茫茫一片；湖上影子，只有一道长堤的淡淡痕迹，一点湖心亭的朦胧轮廓，和我的如芥小舟，与舟中的两三粒人影罢了。'这种意境用文言文来表达更精彩——来，让我们一齐朗读《湖心亭看雪》。"这一段导入语先引入名人评价，勾起学生的兴趣。然后借助语言描摹，把特定的画面立体化、形象化，学生似乎与张岱同属一个时空，距离大大缩短了。这时再配以课文朗读，学生就能很容易地融入当时特定的情境中了。

六、动情朗诵法

要使学生学会普通话，说话时口齿清楚、咬字正确、声音响亮、语言完整、用词确切，教师就应在朗诵方面（具体指语调、语气、语速、节奏、停顿等）起示范作用。由于朗读中蕴含着教师对作品深刻的见解、独特的感受，能让教师淋漓尽致地呈现个人魅力，所以无论是素读还是配乐诵读，都可以感染学生的心灵、陶冶学生的性情，进而启发学生的思想、活跃学生的思维，让学生满怀感动和期待。

总之，教无定法，导入也无定法。导入的设计是丰富多样的，本文所提及的导入方法只不过是语文课导入大海中的几朵浪花。我们相信，只要结合学生特点，发挥教师自身长处，展现出语文学科的独特魅力，就能在上课伊始先声夺人。

文言字词教学要讲究情趣

内容要点

文言文教学离不开对“言”的解读，然而这种解读若太实就缺少情趣，太虚又落不到实处。文言字词教学中，教师可引导学生借助诵读体味声韵之情趣，借助字形体味推测之情趣，借助语境体味想象之情趣，借助结构体味对应之情趣。如此一来，枯燥的文言字词教学便会情趣盎然。

文言文教学离不开“言”与“文”。其中，“言”的教学即字词教学，这是一个绕不开的坎。时下，在不同类型的课堂上对“言”的处理出现了对比鲜明的两种现象：一线教师的常规课中，教师主要解决字词的问题，句句串讲，字字落实，教得枯燥，解得无味；大型的公开课中，教师把主要功夫花在“文”上，很少涉及文言字词，即使有，也是蜻蜓点水，缺少情趣。其实文言字词教学是很朴实的，但即使朴，也应力求在纯朴中教出一点情趣来；即使实，也应力求在实在中教出一点花样来。

一、借助诵读体味声韵之情趣

诵读是文言文教学中一种最原始、最生动、最鲜活的教学方式。文言文最重诵读，在诵读中可读出抑扬，读出轻重，读出舒缓，读出情感，读出境界；在诵读中可积累语言知识，培养语感，陶冶情操。反之，缺少诵读的文言文教学，很难引领学生步入鉴赏深处，可能会失掉许多感悟的、探究的、审美的元素，甚至有可能使学生产生语言、诗境、情怀方面的隔阂感。如《醉翁亭记》中的“也”字，很多教师喜欢机械地引用教学参考书中的说法，把“也”片面解释为表示各种语气，有音韵感。这种说法固然没错，却脱离了作者是在“醉”的情况下写出此文的，文中的“也”充满了一种醉趣与情趣，得靠诵读才能体会到作者自得自醉的情韵、醉韵之美。再如《岳阳楼记》，文章骈散并行，骈句辞彩华美、音韵和谐，散句抑扬顿挫、富于变化，意境优美而多变，不诵不足以感受其“喜”，不读不足以品味其“悲”，不涵泳不足以领会其“忧乐”之情。

字词在诵读中理解了，意境在诵读中体味了，情感在诵读中升华了，立意在诵读中充盈了。因此，教授文言文时，教师有必要对诵读提出一些要求，指导学生明确停顿、语气、语调、情感，再带着学生诵读，使学生在读中体会文言音韵之美，享受诵读节奏之趣。

二、借助字形体味推测之情趣

由于文言文中的词语存在多义性，因此不易记忆而易混淆，若教师要求死记硬背，就更会置学生于被动地位，久而久之，课堂就会失去灵动性，学生学习文言文的兴趣也会消磨殆尽。借助古汉字造字法来理解字词不失为一种好方法。汉字是一种以象形为基础而发展起来的表意文字，一般是因形示义，一个字较初始的意义不同程度地寄予在其字形结构中（尤其是象形字、会意字），对它们进行因形索义的探究往往会激起学生浓厚的探究情趣。比如，“间”，会意字，从门从日，日光从门外射进来，这门一定有缝隙，引申为间隔、间断、间隙等，如《晏子仆御》“其御之妻从门间而窥其夫”，这里的“间”就是“缝隙”的意思。“间”还可以引申为顷刻、期间等，如《出师表》“奉命于危难之间”，这里的“间”就是“期间”的意思。又如，从形旁推测，“系”字旁与绳子有关，“月”字旁与肉、身体有关，等等。如果教师在教学中有意识地引导学生从字形入手推测、理解，枯燥的文言字词马上就复活了，字词解释便鲜活起来。

三、借助语境体味想象之情趣

文言文言简而意深，因此文言文教学不能光落实在字词表面，更重要的是引导学生从语境的角度来理解，有时甚至还得教会学生知人论世。在实际教学中如果能重视语境，创设一定的情境，提供特定的知人论世场景，就能调动学生的积极性，发挥他们的想象力和创造力，从而更好地理解文本。

如《湖心亭看雪》一课教学中，教师可以提出以下两个问题：（1）作者在“更定”时分，“人鸟声俱绝”的时候，“独往湖心亭看雪”，反映出作者怎样的情怀？（2）第一段最后说“舟中人二三粒”，第二段最后说“及下船，舟子喃喃曰”，可见船上至少有两个人，那作者为什么说“独往湖心亭看雪”呢？客观地说，“独”的字面意思明白无误，但若不深入思考这个“独”字，文本理解就无从谈起。通过结合语境、想象和知人论世，我们会发现这个“独”表明作者超凡脱俗的闲情雅致，以及孤独落寞之感慨，既不欲人见，也不欲见人，蕴含着避世的幽愤情怀。有了上述的体味，学生才能明了舟中真正看雪的人是张岱自己，舟子只是划船的，稍带陪“相公”，根本没有赏雪的兴致，也不理解“相公”的行为。张岱看的不仅是雪，更是一种不被人理解的孤独和一种幽愤的情怀。这种由“言”深入“文”的过程本身就蕴含着一种难得的情趣。

四、借助结构体味对应之情趣

文言文的句式结构往往呈现一种对应、对称之美，由于这种对应与对称，读起来音韵感强，有些字词问题只要注意句子的结构特点就能迎刃而解。如《得道多助，失道寡助》中“域民不以封疆之界，固国不以山溪之险，威天下不以兵革之利”，这三句是一个结构相同的整句。“寡助之至，亲戚畔之。多助之至，天下顺之”，这是一个对比的整句。利用这种对应与对称的特点，加点的几个字的意思就不难理解和掌握了。这样进行字词教学有法可循、情趣十足，学生乐此不疲。

现在学生怕文言文，其实主要是怕字词掌握，怕背诵理解。如果将文言字词教学情趣化，将上述的招式用巧、用活，文言文教学就不会成为师生难以言说的痛了。

三个“基于”，让教学问题设计更有实效

内容要点

科学、恰当的教学问题设计，是课堂教学成功的关键。教师只有在透彻研读文本、充分了解学情的基础上，基于学生的认知水平、教材的内容、课堂教学的重点与难点来设计教学问题，才能训练学生的思维能力，激发学生的学习内驱力。

课堂教学的有效性很大程度上取决于教师教学问题的设计。“学起于思，思起于疑”，教学实践证明，课堂教学问题设计得好、设计得巧，不仅能训练学生的思维能力，而且会激发学生的学习内驱力。但在教学活动中，有些教师由于研读教材不深，设计的教学问题很不科学，既没有知识含量，又缺少思考价值，仅仅片面追求活跃的课堂气氛，其结果是课堂出现假、大、空现象。那么，文言文教学中，教师应该怎样设计问题来提高教学效果呢？

一、基于学生的认知水平设计教学问题

传统的课堂教学问题一般都是从教师教的角度来设计的，教师想怎样教就怎样问，如何教得舒服就如何问。于是，教学问题往往是教师自己的主观问题，而不一定是对学生有用的问题。这些问题在实施起来时往往不痛不痒，激不起学生的学习兴趣，于是课堂上教师拖着学生往前走，教师问得辛苦，学生应得无味。

课堂是学生的课堂，是学生主动求学、主动质疑的课堂。因此，文言文教学的问题设计应从学生的角度出发，以学生的认知水平、知识结构和思维发展状况为基础。从教育心理学的角度来看，每个学生的认知水平、知识储备、生活阅历是不尽相同的，因此要从学生的实际出发，因人施问。教师要根据学生的认知水平有针对性地提出指向性强、可具体操作的问题，既要有一定的难度，又要让学生力所能及，通过引发学生对问题的

积极思考，将学生的学习行为引向前期的预设，使学生潜在的学习期待转化为实际的学习动机，切忌照本宣科，防止过于肤浅及简单化的教学问题的出现。

付宁老师在执教《唐雎不辱使命》一课时，就很巧妙地从学生的认知水平出发，从题目入手，引导学生自己提问："如果你以《唐雎不辱使命》为题写文章，你会写哪些内容呢?"学生经过讨论，形成如下问题：唐雎是一个什么样的人？唐雎出使到哪个国家？唐雎为什么要出使？唐雎出使的经过和结果如何？最后，教师在学生问题的基础上提炼出"四问"：一问"唐雎为什么要出使"，二问"唐雎完成使命了吗"，三问"唐雎是怎样完成使命的"，四问"题目能否改成《唐雎完成使命》"。上述四个问题源于学生的问题又高于学生的问题，它符合学生的认知水平，环环相扣，层层深入，步步探究，能激起学生的积极思考，引导学生步步深入，使学生的理解水到渠成。

二、基于教材的内容设计教学问题

课堂教学问题的设计要基于教材的内容，使问题具有合理的程序和恰当的层次。黄厚江老师根据多年的教学探索总结出"树式共生课堂结构"，并将其概括为"一个点，一条线，多层次，求共生"。用一个比喻来说明，就是"精选一粒种子，长成一根主干，伸开几根分枝，长出片片绿叶"。"一粒种子"，就是教学逻辑中所说的逻辑起点，也就是具体的教学内容、明确的教学指向；"一根主干"，就是由逻辑起点延伸出去的一条清晰的教学主线；"几根分枝"，既指主要教学环节的不同层次，也指在紧扣围绕教学起点、突出教学主线的同时，不拘泥于"点"和"线"，根据具体教学情境和教学需要"旁逸斜出"的"节外生枝"；"片片绿叶"，是指无论是主干还是分枝，都必须追求鲜活的教学生成和教学细节。在这个结构之中，"种子"和"主干"更多的是教师基于教材的内容进行的教学预设，"分枝"和"叶子"更多的是教学过程中的生成。但教师必须对这些"枝叶"进行及时的人工选择和修剪，以使课堂教学既能内容集中、主线突出，又能形成最广阔的教学空间，具有活力和张力。

课堂结构如此，教学问题设计也如此。首先是要深刻解读文本，确定一个"点"（指教学目标、教学内容、教学切入口），然后围绕这个"点"

来设计问题，从而形成一条问题的逻辑线。这个“点”的产生要基于语文课程的特点，基于对教材的深刻解读，基于学生的学习需要。“点”可以是教材内容的一个知识点，可以是一个关键词，可以是一个问题，也可以是作品特色。选择了一个理想的“点”，即明确了具体的教学内容、教学指向及切入口之后，就要围绕着“点”设计系列问题，采用多层次、多角度、多形式的教学活动，使教学主线清晰而丰满。

李爱老师在执教《曹刿论战》时，首先定“点”：品读人物语言，品味“论”的智慧；感悟《左传》描述战争的艺术魅力。于是，在深入解读文本后，确定从题目切入：“文章为什么不以《齐鲁长勺之战》为题目，而以《曹刿论战》为题目呢？哪个更好？”学生在初步阅读课文、合作讨论后，认为出于三点原因：一是全文重点写的是人物曹刿，而非事件长勺之战；二是叙事时详写了论战，略写了作战；三是从记史文章的功能看，落笔的重心在于揭示战争取胜的原因，目的是提供治国方略，以鉴后人。

然后，李老师抓住“论战”之“论”进行教学问题及教学活动的设计：一是战前之论，重点引导学生通过诵读体会三问三答；二是战中之论，重点为两“未可”、两“可矣”，引导学生进行心理揣摩与补白；三是战后之论，在论进攻与追击时机之中引导学生揣摩人物形象。

李老师的教学课例启示我们，教学问题的设计要紧扣教材内容，由易到难，循序渐进，根据选好的“点”设计具有合理程序和恰当层次的教学问题，引发学生深入思考与互动，促使其一步步走进文本，提高其阅读与理解能力。

三、基于课堂教学的重点与难点设计教学问题

教师要根据教学的重点与难点来设计教学问题，以有效解决教学重点，突破教学难点，完成学习任务，这是教师每节课都应刻意追求的目标。教学重点，是课堂教学要解决的主要问题，也是课堂教学要完成的主要任务。抓住了教学重点，就等于抓住了教学的主要矛盾，这样，教学活动就会有的放矢。教学难点是学生在学习过程中不易解决而教学上又必须落实的知识要点，属于教学过程中的“拦路虎”，也是教师指导学生解惑的焦点。扳倒了“拦路虎”，解决了焦点问题，也就完成了教学任务。为此，基于教学重点与难点设计的教学问题必须具备知识含量高、具有思考

价值的基本原则。因为这样的教学问题会一语中的、切中要害，有利于拓展学生的思维空间，培养学生的知识探究能力。

如《邹忌讽齐王纳谏》一文的作者极善于刻画人物，其表现手法不重形体的描绘，而着墨于对人物的举止细节和对话的摹写。因此，在执教本文时，这方面肯定是一个重点也是一个难点。深圳市光明新区高级中学的李凤姣老师在处理第一段的“三问三答”时下了很大的功夫，尤其在“三答”上。

(1) 虽然妻、妾、客都说邹忌比徐公美，但是各自答话有微小差别，这些差别说明了人物的什么心态?

君美甚，徐公何能及君也！——妻

徐公何能及君也？——妾

徐公不若君之美也。——客

明确一：从句式角度看，三句话分别是感叹句、反问句、陈述句；从标点看，分别用了感叹号、问号、句号；从个别词语传达的情感看，“君美甚”“何能”“不若”表达的情感依次递减。

明确二：答话的微小差别显示了人物关系的亲疏与各自的心态。妻的回答是不假思索的、为之骄傲的，妾的回答却多少有些迟疑、紧张和谨慎，客的回答虽然斩钉截铁，但其中的敷衍也是显而易见的。

(2) 妻、妾、客身份不同，想法不同，所以语气也各不相同。请大家分角色朗读第一段，体会人物特殊的心态。

经过教师的引导，学生在比较赏析的基础上深入探究，分角色诵读，自然体会到“三问”中邹忌窥镜后的自得而又不自信的矛盾心理，以及妻、妾、客的不同心理情态。这样的教学问题设计紧紧抓住了教学重点与难点，既有深度又有难度，既有思考的价值又有利于引导学生进行揣摩与品味，对达成学习目标、完成教学任务非常有利。

总的来说，课堂教学问题设计是一门学问，也是一种艺术，在教学中起着极其重要的作用。有效的教学问题设计，既能引导学生走进文本，加深学生对文本真切的理解与独特的感受，又能开阔学生的视野，训练学生的思维，增强学生学习的实效性。

初中文言文教学课堂模式探究

内容要点

“教无定法，贵在得法。”文言文教学要在“一体四文”理念的引领下，坚持以读为主线，以主问题来带动，以适当的拓展延伸来熏陶，从而实现“言”与“文”的并行解决。具体落实到课堂教学中，可按照“强调诵读，整体感知”“立足文字，理解文义”“主问研读，赏文破难”“拓展延伸，文化涵泳”四个方面逐层推进，有序进行。

传统的文言文教学教法呆板，课堂气氛压抑，教学过程大多沿着“读—译—抄—背”的思路展开，千篇一律，把丰富多彩的内容定格成“言”的“生产流水线”。近来又流行四步教学法（一是激趣导入，二是诵读梳理，三是美点赏析，四是拓展延伸），偏重“文”，轻视“言”，教学环节设置显得花哨。经过争论反思后，大家对文言文的“一体四文”有了全新的认识，提出教学实践应按“文字—文章—文学—文化”逐层推进，这样既关注了“文”，也兼顾了“道”，但落实起来有一定的难度。借此理念，有些教师推行一种以文本为载体，少教多学、少讲多做的文言文课堂教学模式，分为翻译解疑归纳（文字层面）、赏析挖掘领悟（文章层面）、拓展积累应用（文学和文化层面）三大环节，简而化之就是“翻译—赏析—拓展”，这种模式有实效但忽视诵读，课堂教学仍然枯燥，没有上出文言文的味道。

为使文言文教学学有味、教更实、法有用，笔者也做过一些有益的探索，即在“一体四文”理念的引领下，坚持以读为主线，以主问题来带动，以适当的拓展延伸来熏陶，实现“言”与“文”的并行解决，收效很好。

一、强调诵读，整体感知

文言文应该始终坚持“读”字当先，因此，教学必须以诵读为重点，以诵读为主线，以诵读为主要的手段。当前文言文教学的症结是教师导读不理想、学生读得不充分，课堂到处充斥着教师琐碎的知识讲解和支离破碎的文本分析，教师讲得费力，学生听得费神。要知道，文言文以其简约凝练的语言承载着中华民族传统文化的精华。当我们潜心诵读时，与我们相遇的不仅有古雅的语言，还有丰富生动的事件、人物、情感、情境。我们的血液常为之喷涌，情思常因之激荡。文言文教学的突破口就应该定在“读”上，读准了，读多了，就能逐渐把握文言文的一般特点和规律；读顺畅了，就会领略到文言文的韵味；读充分了，就会大体明了课文的思想内容和写作特色；如果能读悟结合，就会进入一个广阔而深邃的精神世界。

在文言文教学中，先要解决学生普遍不会读或读不好的问题。首先，教师必须保证学生诵读的时间，指导诵读的方法（如句读、节奏等），让学生在诵读过程中了解与体会文言文诵读的要求、特点和方法，学生诵读的能力才会有显著的提高。其次，在教学中教师要对每一次诵读目标进行细化，一般为读准字音、读清句读、读出语气、读懂内容、读出情感。再次，教师要在初步理解文本内容的基础上，重点突破文本中有关描写、抒情或精彩对话的句子的诵读指导。由于教材入选的文言篇目多是写景、记人、叙事之文，篇幅精短，文辞优美，意韵丰厚；寥寥几笔描写，意境全出；一两句抒情，情感丰富；不写对话情景，但对话个性突出。因此对文本中的精彩片段，教师要指导学生通过诵读深化对文义的理解，通过对句式、虚词与语气表达关系的理解来更好地进行诵读，从而读出文言文的特点，读出文言文的气韵，读出文言文的魅力。如《河中石兽》中，讲学家与老河兵针对“石兽去哪儿了”便有两段精彩的对话，教师可抓住两人不同的“笑”、“尔辈”的称呼、“岂能为暴涨携之去”及“沿河求之，不亦颠乎”两个反问句式大做文章，通过反复揣摩、诵读，使讲学家与老河兵的性格呼之欲出，全文要表现的事理就浮出水面了。

只有通过入情入味的朗读，才能整体感知文本，才能体悟作者的思想情感，并为与文本进行深入对话奠定坚实的基础。

二、立足文字，理解文义

文言是现代汉语的源头，现代汉语中的许多词语尤其是成语都来自文言。文言的简练、典雅不仅有助于提高学生的文学素养和写作能力，还能提高其审美鉴赏的能力。理解字词的意义是读懂文言文的第一步。基于此，语文新课标提出了阅读浅易文言文，能借助注释、工具书，理解词句含义，读懂文章内容。由于初中教材中文言篇目有限，学生学习时在字词理解上会出现困难。对这一点，教师不能熟视无睹。但也不需要把学生当成初学文言的起步者，逐词逐句地串讲，而要了解学生已有的知识积累，在此基础上，引导学生结合旧知进行归纳，自学新知探求疑难。教师应将更多的时间用在对重点字词及疑难语句做必要的提醒上。

课前，教师可要求学生充分利用工具书和课文注释，做好课文翻译，将疑难之处标在书上；可要求学生读准字音，读顺句子，注意句读，在此基础上反复、大声地朗读，培养良好的文言语感；可编制学案练习，内容包括重要的实词、虚词、古今异义词、通假字、活用词、特殊句式、句子的翻译等基础知识，并进行自我检测。

课上，教师要让学生对原文进行协作翻译，特别是对重点语句的理解性翻译。教师应对典型问题进行点拨，侧重于对文中关键字词句及重难点的诠释讲解，而不必对全篇进行串讲。教师要多引导学生了解、归纳词类活用现象，关注特殊句式，注重在阅读实践中举一反三。如教授《湖心亭看雪》一课时，对“拏”“毳”“凇”等词语的解释就可借助形旁及在句子中的词性等引导学生推测。这样，在浅析文本的同时，就完成了对文言知识的梳理，落实了对文言字词的积累，锻炼了学生的文言翻译能力，为学生学习课外文言文打下了坚实的基础。

“强调诵读，整体感知”是重视教学的整体性，“立足文字，理解文义”更多的是重视对“言”的理解和翻译，这两个环节有机结合才能真正做到言务实，文会意，文言并重。

三、主问研读，赏文破难

疏通完文字层面的文义，接下来就是文学层面的内容赏析。教师要在研读文本的基础上根据教学目标设计若干问题，这些问题必须具体、清晰、明了，能引领全文并体现教学重难点，能挖掘文中的思想情感内涵，能让学生联系实际观照古人的人生观、价值观于今天的意义。为使课堂不陷入“满堂问”的境况，教师备课时要反复阅读课文及相关资料，找到一个能“牵一发而动全身”的关键点，引导学生积极思考。当然，一个主问题必须有一系列的子问题，这些问题要环环相扣。在这些问题的引领下，学生深入阅读课文，生生对话讨论，师生不断互动，必要时教师进行适时点拨，课堂气氛自然就会空前活跃。如教授《愚公移山》一课时，教师就可以围绕标题来提出问题，然后组织学生阅读和讨论：（1）山在何处？移到哪里？（2）为什么移山？克服了哪些困难？（3）面对移山，大家的态度如何？怎样评价愚公？在问题的驱动下，学生回归文本，深入文中找寻答案。通过“找—读—品—诵”这种赏读方式让学生再次落实字词，疏通难句，品味美点，突破难点，读出味道。课堂由原来的师生对话过渡到学生合作交流和思想碰撞，传统的“言”与“文”的分离由于有了主问题的带动而有机统一，实现了以“言”解“文”、以“文”带“言”、“言”“文”合一的有效文言文教学。

四、拓展延伸，文化涵泳

语文教材中的文言选文向来是文质兼美的名家名篇，是历经时代淘洗而仍光华璀璨的经典，蕴含着博大精深的传统文化和民族智慧。它既有“文”的价值，也有“道”的价值，在教学过程中不能过于注重词语解释而忽略对文学美的赏读，不能过于注重条分缕析而忽视对内容美的领悟，不能过于注重对“文”的欣赏而忽略“道”的熏陶。教师要依据文言作品中所蕴含的文化精神、哲学思想、审美趣味、民族智慧和理想人格，围绕教学目标进行必要的拓展延伸，引导学生与之对话、交流，从而完成学生人格的自由发展和精神生活的构建。这种拓展延伸能丰富课堂教学内容，激发学生的学习兴趣，使得语文课变得灵动，有利于训练学生的思维。如执教《满井游记》时，为了让学生理解袁宏道身上那种中国文人的隐逸情怀，教师可链接如下资料引导学生认识袁宏道的人生追求。

（1）计欲来岁乞休，割断藕丝，作世间大自在人。无论知县不作，即教官亦不愿作矣。

（2）诗文是吾一辈子正事，去此无可度日者。

（3）得意人间事，经年作旅人。

这种探究性阅读可以引导学生了解古代文人崇高的生命追求——亲近自然，寄情山水，写诗作文，抒写性灵，力争做一个大自在的人。在如今崇尚物欲、漠视精神的社会风气下，学生如能与古代文人心心相印，当是一种生命的灵犀相传，语文教学也会因传递生命的深度而达到一种理想的境界。

当然，教师在对文本学习得不够、不透甚至抛开文本的情况下大搞文学层面的所谓探讨或者文化层面的所谓演绎，肯定是极其危险的。初中文言文教学不是不能涉及文学、文化层面的内容，只是要处理好谁先谁后、谁主谁次、谁重谁轻的问题，要基于学生的实际把握好教学的度。笔者认为，文言文教学要以文本学习为主、为重，适当涉及文学，有机渗透文化。

学情分析是文言文教学的起点

内容要点

课堂是教师的讲堂，更是学生的学堂。文言文教学要以生为本，以学定教，即依据学情确定课堂教学目标，依据学情动态调整教学过程，依据学情调整教学策略，依据学情设计有效学习活动，只有这样，课堂才能高质、高效。

课堂是教师的讲堂，更是学生的学堂。不顾学情的课堂不可能是有效的。学情，就是指学生学习的情况，包括学生已知、未知、能知、想知的一切。“已知”是指学生已经具备的与学习内容相关的知识经验和能力水平，它决定着学习起点的定位；“未知”是指学生学习应该达到的终极目标中所包含的未知知识，还包括实现终极目标之前学生所没有掌握的知识，是因材施教的基础；“能知”是指通过本课教学学生能达到什么样的目标，它决定了学习终点（即学习目标）的定位；“想知”是指除教学目标规定的要求外，学生还希望知道哪些东西。做好学情分析，能找准合适的教学起点和教学内容，实施合适的教学设计。因此，学情分析在文言文教学中具有重要作用。

一、依据学情确定课堂教学目标

教学目标是教学内容确定的依据，是教学活动的核心和灵魂。教学目标的确立，除了要准确把握课程标准，深入研讨文本，还要了解学生的学习需要。教师要根据学生的具体情况来选择、确定合适的教学内容，针对不同的学生选择或创生有差异的语文教学内容，从而使他们逐步达成共同的课程目标，这是一堂语文课的最高境界。这就要求教师确定好学生的学习起点。如果起点过高，脱离学生的实际水平，就会降低教学效果，使学生在高难度的学习内容面前望而却步；如果难度过低，就会造成时间与精力的浪费，久而久之学生就会失去学习的兴趣。由学情确定的课堂目标，更接近学生的最近发展区，更有利于提高学生学习语文的兴趣。

如教授《五柳先生传》一课，选择的教学内容首先应该是学生课前自主学习时产生的疑惑，这是由学生当前的学习状况决定的；其次是这一篇课文所独有的“传”的教学价值，这是由语文课程基于这一篇课文的具体教学目标决定的。这要求教师在上课前，对学生的预习和认知有所了解。在教学此文时，多数学生觉得此“传”很特别，但不理解与陶渊明有什么关系，不明白文本为什么用很多否定词“不”。根据这些，教师可以确定以下核心教学内容：梳理文义，理解词句，积累文言知识；了解“传”的内容及否定句的特点，联系时代背景理解五柳先生的形象。这种教学内容的选择综合考虑了文本教学价值和学生阅读需要。如果偏离其中任意一方面，都会造成教学起点与教学效果的不适宜。

在具体的文言文教学中，“言”的教学同样要考虑学情。“言”是由教师一味地讲解，还是由学生动手查阅解决？这都需要视学情而定。学生自己能懂的“言”，教师就应放手让学生自己解决；学生半懂不懂的“言”，教师就要带着学生一起解决；学生基本不懂的“言”，那教师就得认真讲解。

由于“文”与“言”是相辅相成、互相促进的，若只是停留在“言”的层面或者过于突出“言”而忽视“文”，就会造成课堂教学的枯燥无味，会浪费文言经典文本的巨大教学价值，会减少培养学生思考、分析、表达等语文素养的机会。因此，教师在确定教学目标时，既要让学生理解要掌握的文言词语，还要引导学生立足文本，抓住语言，去发现文本中的关键词句，去品味关键词句的含义，进而深入理解文本的情感与主旨。比如，有教师抓住《五柳先生传》第一段中的七个“不”，让学生找出带“不”的语句，通过读、译、赏，结合时代背景，让学生理解五柳先生为什么讲这些“不”，并从“不”的反面去理解五柳先生高洁的人格。这种教学既实且活，教学效果良好。

当然，不同的学段有不同的学情，具体到一篇文言文的学习上，也有不同的学情。针对学生在阅读过程中的困惑和问题，教师要善于整合、归类，生成教学目标。

二、依据学情动态调整教学过程

不同学生因为生活经历不同，情感体验不同，在课堂上的状态和行为也会有所不同。这就要求教师对学生的学习情况不仅在课前做好充分的预测，而且在课堂上要随意关注，及时把握，依据学生学习情况的变化，特别是学生真实的阅读体验、发现的阅读问题，及时调整教学进程，生成新的教学内容。

如一位教师在执教《咏雪》时，将教学过程分五个环节：（1）引出“咏雪”课题；（2）感知“咏雪”内容；（3）走进“咏雪”现场；（4）比较阅读，品读“言语”，把握人物形象；（5）总结课堂，走出课文。需要说明的是，上述五个主要教学环节中，除第二个教学环节没有选取旁证资料外，其他各教学环节都运用了大量旁证资料，而以（3）（4）两个教学环节为甚。这些旁证资料涉及的人有李贺、岑参、高适、白居易、张泌、蒲寿宬、朱淑真等；涉及的诗句有“腊月草根甜，天街雪似盐”“盈尺白盐寒，满炉红玉热”“纷纷暮雪下辕门，风掣红旗冻不翻”“千里黄云白日曛，北风吹雁雪纷纷”“咏絮知难敌，伤春不易裁”“当时咏雪句，谁能出其右”“凭阑观雪独徘徊，欲赋惭无咏絮才”等；其他材料涉及介绍《世说新语》第二门“言语”的片段、《晋书·列女·王凝之妻谢氏》中介绍谢道韫的内容等。

《咏雪》一文选编在人教版七年级上册第一单元，学习主体是刚升入初中的学生，他们的文言知识积累较少。显然，上述的教学目标、教学重点、教学设计存在严重偏误，偏离了文言文起始阶段应有的教学轨道。在这一教学过程中，学生光看这些资料都得花大量时间，更何况要明白这大批量的艰深难懂的引文更不容易。这种只顾教师教得顺手、不顾学生学得艰辛的教学设计只会让学生迷失。因此，教师要关注课堂上学生的反应，及时对教学设计加以调整，才能让学生跟得进、学得明。根据学生的起点和这一单元教学的重点，结合学生的学习积累与《咏雪》一文的内容，笔者认为该课的教学应引导学生在理解“内集”“讲论文义”“雪骤”等文言词汇的基础上，着重揣摩“差可拟”“未若”与“公大笑乐”中的“笑”“乐”，挖掘并领会这四个词语背后所隐含的丰富信息，同时结合诵读训练，使学生体会家庭气氛、领会文中人物的情感即可。

一句话，任何教学设计，既不能背离教材的初衷，更不能脱离学生的实际。

三、依据学情调整教学策略

学生特别怕上文言文课。除因年代久远导致文言文字词用法和现代汉语相差较大，学生对此有陌生之感外，还与教师的教学策略陷入误区有关。首先是少诵读。古人云："书读百遍，其义自见。"诵读是传统的教学方法，但目前的课堂，更多的是迷失在教师琐碎的知识讲解和支离破碎的文本分析中，没有琅琅书声，课堂缺少活力，自然也没有生命力。其次是"满堂灌"。为了解决文言词语阅读理解上的困难，为了落实文言基础，教师常采用字字落实、句句翻译的方式。除了词语、文言语法，其他内容几乎不涉及。课堂上，只有教师一讲到底，少有师生互动，灌输的结果是学生阅读能力的弱化。再次是无主问题。教师习惯于自问自答，且问题零碎无章，完全忽视了学生在学习中出现的疑问及学生自主探疑的能力。于是，学生在支离破碎的文本分析中晕头转向。不当的教学策略、枯燥的教学内容、沉闷的课堂氛围，使学生对文言文产生恐惧、抵触情绪，久而久之，学习文言文的兴趣丧失殆尽。

因此，"以学定教"就显得很有必要。这里的"以学定教"主要是指依据学情确定教学内容、切入点和方法。不掌握学情，教师根据自己的推测想当然地上课，就容易产生教与学的错位。定教，就是研究学生的问题，分析问题所反映出的学生的学习基础、学习意愿、学习困惑，从而确定教学的内容、结构和重点，使教学更贴近学生，上到学生心坎上。甚至也可以是教师受学生问题的启发，找到更巧妙的教学切入点与教学方法。

为一改"满堂灌""满堂问"，实现"言""文"统一，在准确解读文本和学情的基础上设计核心问题或主问题这一做法得到了一线语文教师广泛的认可与运用。主问题来源于学生的阅读疑惑，来源于教师的独到解读，来源于对文本的高度提炼，往往能"牵一发而动全身"，引发学生的探究欲望，有助于学生的进步，促进学生长远发展。这既是对学生学习权利的尊重，也是教师主导作用的体现。在深圳市光明新区举行的初中文言文教学观摩活动中，两位教师借班同课异构《记承天寺夜游》，他们都很注重预习，注重收集学生在自读过程中提出的问题，并对学生提出的问题进行了梳理、归纳，最后教师分别形成了各自的主问题。在重视诵读的同时，第一位教师从“闲”字入手，围绕“闲”反复追问：你从哪些方面看出“闲”？他们真的“闲”吗？“闲”的背后是什么？这个主问题一字立骨，在矛盾式的系列追问中引导学生认识到“闲”字不“闲”、“闲”人不“闲”、“闲”情不“闲”。第二位教师针对大多数学生认为的文章太短、没有什么韵味的疑问，从名家评价本文为“神品”入手，从“结构神”“写景神”“境界神”三个方面引导学生进行品味，让学生走进文本，走进情境，最后走入作者的心中。两位教师的教学策略可谓高明，即依据学情提出主问题，步步推进，层层深入，读赏结合，言文并行。两位教师的课堂均风生水起，学生均学得有滋有味。

四、依据学情设计有效学习活动

语文教学设计要求教师了解学生，走进学生的心灵世界，巧妙地设置能激活学生参与意识的引爆点，设计出最能让学生积极参加的更有实效的学习活动。

以《咏雪》为例，用“撒盐空中”和“柳絮因风起”来比拟“白雪纷纷”哪个更好？对这一问题的讨论是本文绕不过的话题。如果只是教师讲，那学生只能被动接受。但如果用合作学习的方式，就能激发学生的兴趣，引爆学生的思维。根据学情安排合作辩论，并要求学生立足文本，阐述各自赞同的理由，做到言之成理、言之有据，那么学生的理解就会更深刻，学生的批判性思维就会得到训练。笔者执教本文时，同样抛出了这个话题，让学生合作讨论。经过生生交流、师生共论，发现原来这一问题竟是个伪问题，并形成了几个重要理由：第一，从比喻本身来看，谢道韫的“柳絮因风起”写出了雪轻如絮随风飞扬之态，有意蕴；而谢朗的“撒盐空中”只有物象而无意蕴。第二，从关键词句看，谢朗说“撒盐空中差可拟”，“差可拟”的语气至少说明谢朗率尔以对，自己都认为这个比喻有点勉强；而谢道韫“未若柳絮因风起”的“未若”就是“不如”之意，说明她经过片刻沉思、比较，语气坚决，充满自信，既否定谢朗的说法，又有她自己更恰当、形象的描述。第三，从后世影响看，“咏絮”一事当为谢道韫一生中最为人所称美的逸事，《晋书·列女传》里介绍谢道韫时也专门介绍了她的“咏絮”一事，今天广为流传的成语“咏絮之才”就是称赞女子有才华，它的出现也源于谢道韫的这个故事，真可谓是因一句而名扬天下、流芳千古。宋代诗人蒲寿宬曾这样评价谢道韫的这句“未若柳絮因风起”：“当时咏雪句，谁能出其右。雅人有深致，锦心而绣口。此事难效颦，画虎恐类狗。”由此可见，此佳句在历代文人墨客心目中的地位，可谓极高!

这一学习活动之所以有效，首先是立足文本，其次此问题与学生的生活体验有关，又是学生最感兴趣的地方。这种立足学情的探究式活动发展了学生思与说的能力，提升了学生的思维品质。

寻找主问题抓手，推进“言”“文”统一

内容要点

文言文教学绕不开“言”与“文”。如何在课堂教学中实现“言”中解“文”、“文”中解“言”、“言”“文”合一？关键是寻找和运用主问题这个抓手。要透彻地研读文本，从课文标题找抓手，从关键词语找抓手，从关键句子找抓手，从重难点找抓手，从各种评价找抓手，从作品文体找抓手，从作品本身的结构特点找抓手，从而在主问题的带动下使“言”“文”合一。

在当下的文言文教学中，因课时所限，就每一篇文章而言，常常难以实现“言”“文”并重的教学要求。这本无可厚非，但由于教师对“言”“文”取舍不当，以致“言”与“文”的关系出现了不同程度的畸重畸轻：有的轻“言”重“文”，学生“言”不知义，就架空分析；有的有“言”无“文”，买椟还珠；有的前半段“言”，后半段“文”，缺乏统一性。最让人头痛的是很多执教者拿到文言篇目后无从切入，于是只能照本宣科，字字翻译，句句疏通。长此以往，学生怎能对文言文学习产生兴趣？教师怎能使文言文教学走出学生厌学、教师厌教的怪圈？那么如何处理“言”“文”的关系，实现“言”“文”合一呢？我们认为，必须认真研读教材，寻找主问题，并以此为抓手，从而推进“言”“文”统一。

一、从课文标题找抓手

标题是课文的眼睛、文本的灵魂。选入教材的文言篇目的标题是很值得玩味的。从标题中，我们可以看出文本内容，也可以看出文本结构，还可以看出行文的主旨和作者的情感。标题内含的大量教学资源，是提高教师备课和教学效率的抓手。从标题入手，提纲挈领，切入快，能最大限度地提高课堂教学的效率。

对于简洁的文言文，标题的解读价值更高，如《伤仲永》中“伤”字

足以统领全文。

有的标题中的每一个字都对应了一定的内容，每一个字都能生成教学内容，值得仔细研磨。以《小石潭记》为例，可以从“小”“石”“潭”“记”四字去进行教学流程设计。第一步，补充“记”的文体知识。“记”是一种古代文体，可以通过记人、记事、记物、记景来抒发作者的感情和主张，如已经学过的《桃花源记》《满井游记》等。所以这里的“记”不等同于游记。第二步，话说“小”“石”“潭”。(1) 说“小”。本文起于小丘，喜见小潭，详写小鱼，略写小溪。学生在发现“小”的过程中梳理文章内容，感受景物如盆景般的精致美。(2) 说“石”。总的来看，“石”的“奇”在“全石以为底，近岸，卷石底以出”；“怪”在“为坻，为屿，为嵁，为岩”“其岸势犬牙差互”，简洁地表现出潭边石头的千姿百态。(3) 说“潭”。主要写了四方面的内容：发现小石潭（水声“如鸣佩环”）；看见潭中景（重点是从侧面由鱼、石、影体现水清）；追溯小潭源（“不可知其源”）；感受潭边境（“凄神寒骨，悄怆幽邃”）。这是全篇的重点，也是由景体情，触摸作者内心的入口。在学生用原文回答的过程中，教师还要引导学生聚焦到重要词句，品一品语段的妙处：光影交错，动静结合；游鱼逗乐，心境物化；骈散结合，句式灵动；无一字说水，无一字言清，却字字句句描写潭水清澈。第三步，回到“记”。作者通过山水游记的形式，借被弃于荒远偏僻地区的美好景物，寄予自己的不幸遭遇，倾注怨愤抑郁的心情。这个教学设计从标题的每一字出发，囊括了文体特点、文章脉络，涉及对重要语段的赏析以及对相应语段内重要文言字词的积累，深入主题与情感，简洁清晰，有章可循。

二、从关键词语找抓手

所谓关键词语，一是指理解课文内容的关键点，二是指学生接受课文内容的焦点、难点。它可能出现在题目里，也可能出现在文本中，往往是那些或隐或显地牵扯到文本主旨和重要观点的词句，教师若抓住这些关键词语切入，就能带出有全局性的问题，进而揭示中心，引起学生的探究兴趣，培养学生的概括能力。

如《伤仲永》中的一个“伤”字足以统领全文。“伤”是哀伤、叹息的意思，作者所“伤”的：一是仲永，一个“指物作诗立就”的天才最终沦为一个普通人，为他感到惋惜；二是亲朋，感慨仲永虽有天赋但亲朋不重视后天教育，为他感到可悲；三是世人，为那些天资不及仲永，又不接受后天教育，最终连普通人都不如的人哀伤。借助这三“伤”理清文本的关键内容及重点句子，把“言”与“文”有机地串在一起。再如，《口技》中“京中有善口技者”的“善”，《核舟记》中“明有奇巧人曰王叔远”的“奇巧”，都是小而有效的切入口。抓住了这些关键词语进行教学，人物形象才能栩栩如生，课堂才能情趣十足。

三、从关键句子找抓手

文本中通常有一些句子或勾连全文内容，或体现某种哲理，或看似矛盾实则含义丰富，它们往往是全文的点睛句。从这些关键句子切入，既能体现教学难点，又能体现教学重点，这样的切入会让执教者“恢恢乎其于游刃必有余地”。

如《湖心亭看雪》一课可以从关键句“莫说相公痴，更有痴似相公者”切入，依次解决“痴”“似”“更有”，层层剥开，直达内核。第一步，赏“痴”景。引导学生赏析作者笔下“雾凇沆砀，天与云与山与水，上下一白。湖上影子，惟长堤一痕、湖心亭一点，与余舟一芥、舟中人两三粒而已”的痴迷之景。第二步，品“似”字。引导学生品评作者与湖中二人的相似之处。茫茫六合，偏于此时此地此景相逢且同赏雪景，说明他们有着共同的性情、兴趣、爱好，是一群清雅脱俗的人，是一群任性放达的人，是一群特立独行的人，是一群痴情的雅人。第三步，论“更有”。作者与湖中二人“更有”何相似之处，仅是性情、兴趣、爱好吗？引导学生体会“金陵人，客此”及“崇祯五年十二月”等词语后潜藏的对故国往事的怀恋之情。联系上文的写景，就会明了“一切景语皆情语”，就会明白作者痴迷于山水，痴情于知己，痴心于故国。这个教学设计主要利用关键词句进行教学，以“莫说相公痴，更有痴似相公者”为主线，以“生命”为重心，以“痴”为切入口，以“言语”为立足点，让生命的河流在语言中徜徉，直达人的心灵深处。

四、从重难点找抓手

一篇课文的教学目标很多，但重难点比较少。与其停留在表层人云亦云地隔靴搔痒，还不如另辟蹊径，在某一重难点上深挖重掘，让学生有所收获。

如《邹忌讽齐王纳谏》中，除了对话的精彩、人物形象的生动之外，本文在内容与结构上采用三叠法，使得文章酣畅生动、意味深长。首先从内容看，写了三层：进谏的缘起、进谏的内容、进谏的结果。其次从结构上看，处处用“三”。文章从邹忌与徐公比美写起，“三问”（问妻、问妾、问客）“三答”（妻“君美甚，徐公何能及君也”；妾“徐公何能及君也”；客“徐公不若君之美也”），赞扬声中，邹忌并未飘飘然。接下来分三层写其思想转变：“孰视之，自以为不如”“窥镜而自视，又弗如远甚”“暮寝而思”（妻“私我也”，妾“畏我也”，客“欲有求于我也”），从而悟出受蒙蔽的原因。邹忌便入朝见威王，通过“三比”：自己的生活经历（妻之私、妾之畏、客之有求）与威王所处的环境（宫妇左右之私、朝廷之臣之畏、四境之内之求）相比，指出威王受蒙蔽严重，促使威王接受自己的建议，进而发布鼓励进谏的“三赏”（“能面刺寡人之过者，受上赏”“上书谏寡人者，受中赏”“能谤讥于市朝，闻寡人之耳者，受下赏”），最后写纳谏后的“三变”（“令初下，群臣进谏，门庭若市”“数月之后，时时而间进”“期年之后，虽欲言，无可进者”），终于使齐国“战胜于朝廷”。形式上三叠法独具匠心，读起来酣畅生动，意味深长；结构上层层深入，前后呼应，浑然一体；语言上用暗示、比喻的方法，委婉地规劝，绘声绘色——这正是这部作品的精妙之处，而“三”正是推动学生理解、品味此文的关键。

五、从各种评价找抓手

总是有名家对经典作品进行评价，有的评价作品的内容，有的评价作品中的人物，有的评价作品风格，有的评价作品语言，等等。从这些评价切入，能给人耳目一新之感。

如深圳市光明新区光明中学的罗灼老师执教《记承天寺夜游》一课，开课就从名人评价切入：“今天这篇文章，仅有 85 个字，何其简短，却有名家评价它是‘神品’。那么，这 85 字的文章究竟‘神’在哪里？”然后引领学生体会文章的“结构神”，可依据不同角度将文章分两层、三层、四层；品味“写景神”，“庭下如积水空明，水中藻、荇交横，盖竹柏影也”，重在品比喻之妙、“盖”的虚词之妙；体悟“境界神”，抓住“闲”字让学生悟出“闲人”的自由、闲适、落寞、苦闷、豁达、乐观等复杂情感。

六、从作品文体找抓手

语文阅读教学中，教师要有文体意识，不同文体的教学切入口有所不同，特别是文言文教学，肯定要跟一般的现代文教学有所不同。即使都是文言文，由于具体篇目的文体不一样，也要因“体”施教。

如教学《出师表》时就要让学生将视线聚焦到“表”上。教师要围绕“表”来做文章：什么是“表”？“表”中陈述了什么？诸葛亮是如何陈述的？通过诵读，就会发现，全文只有624字，13次提“先帝”，7次提“陛下”，陈述时从自身的经历、体验和感情谈起，处处谨记臣子身份，处处不忘先帝“遗德”“遗诏”，处处为刘禅的帝业、威望、声誉着想，殷切期望他继承父志，完成先帝未竟的“光复汉室”之大业。句式多用“宜”与“不宜”，真诚质朴，恳切委婉。“报先帝”“忠陛下”的思想感情贯穿全篇，真正达到“忠言不逆耳，辞切见情深”的艺术效果。总之，只有从文体的角度切入，对此类文体的教学才能悟深、悟透。

七、从作品本身的结构特点找抓手

经典作品章法严谨，如果深入研究教材，就会发现其中很多规律。如《邹忌讽齐王纳谏》里面的“三问”“三答”“三思”“三谏”“三效”；《季氏将伐颛臾》里面的“三问三驳”；《项脊轩志》中的“一屋二情感，三代四女人”；等等。从作品的这种结构切入，能使学生掌握内容，明晰结构。

总之，文言文教学中的“言”“文”结合，不是由“言”到“文”一次性完成的，而是“言”中有“文”，“文”中有“言”，在“言”和“文”之间来回穿梭，循环往复。特别是要在主问题的带动下，在主问题的推动中，引导学生积累基本的文言词汇，感悟有生命力的词语和句式，感受文气，理解内容，承继文化。因此，教师要认真研读教材，深入文本，考虑学情，才能提出关键的主问题，并在主问题的带动下促进“言”“文”合一。

知人论世法在文言文教学中的运用

内容要点

教师执教时空邈远的文言文时常用知人论世法，借助知人论世法可以使学生更好地读文、读人。运用知人论世法时应选择恰当的节点，如在学生质疑处、在文本疑难处、在文化提升处等运用知人论世法，同时还要注意知人论世时所选的材料必须旨明而言简。

古代作家"不平则鸣"，在记人、写事、描景时总是借助特定的文章体式来委婉地表达自己的心志。但由于时空邈远，古代的人事、情理与现代的有着差距，且文言作品中的蛛丝马迹有时又难以完全显现作者的心志或意图，这时就得知其人（了解作者）、论其世（研究作者所处的时代背景）。教师在教学中要试图在知人论世和文本理解之间实现关联，从而使学生对文本有比较深入的理解，避免理解肤浅化。

知人论世法指了解一个人并研究他所处的时代背景，是进行文学批评与鉴赏的重要方法，自然而然就成了文言文教学中经常运用的方法。当前，知人论世法常受一些学者诟病，甚至有学者反对使用。李华平教授认为，一切文本解读都应该从文本出发并依据文本，而不应该从作者出发并依据作者的相关材料，而知人论世法的研究方式显然是一种外部研究。虽然反对者有自己的理由，但笔者认为，执教时空邈远的文言文时用知人论世法可以帮助学生消除许多不必要的困惑，进而深入理解文本的内涵。

当然，知人论世法受到部分学者诟病的原因主要是对这一方法的使用，而非对这一方法本身。当前知人论世法普遍存在着运用僵化的毛病。审视当下文言文教学的现状，很多教师都从作者生平和时代背景介绍开始教学，内容务求翔实。这种机械的模式存在着三个方面的问题：第一，每篇文章都知人论世；第二，知人论世后再阅读课文，有先入为主之嫌，难以发展学生的探究能力；第三，知人论世过于翔实。那应该如何恰当地应用知人论世法呢?

一、知人论世应用于何处

(一) 在学生质疑处知人论世

有的事、理、情在文中有明确的表达，学生不需要借助知人论世法就能领会，如果教师此时还去知人论世，无异于画蛇添足。如果事、理、情表达得比较含蓄，理解难以深入，这时就需要借助知人论世法。

如《孙权劝学》一文先写孙权劝学，吕蒙就学，最后鲁肃叹“士别三日，即更刮目相待”，故事读到这里，似乎可以告一段落，但学生总还存着一些遗憾，质疑吕蒙就学后真的会从一介莽夫变得文武双全吗? 后来有没有发生其他有趣的事呢? 这时教师如果适时出示人物时间表和《资治通鉴》里记载的吕蒙的故事，就会使学生对文本的理解更深刻。

资料一：建安十五年，即公元210年，孙权劝学；大约建安十五年至十六年，鲁肃访吕蒙；建安十七年，吕蒙劝说孙权在濡须立坞；建安十八年，吴军在濡须成功抗击曹军。

资料二：吕蒙闻曹操欲东兵，说孙权夹濡须水口立坞。诸将皆曰：“上岸击贼，洗足入船，何用坞为!”蒙曰：“兵有利钝，战无百胜，如有邂逅，敌步骑蹙人，不暇及水，其得入船乎?”权曰：“善!”遂作濡须坞。

参照上述两则资料，从时间的跨度及《资治通鉴》里记载的事件中学生便可知晓，吕蒙建议设坞，东吴将军起先不赞成夹水建坞之计，吕蒙耐心开导：再锋利的兵器用久了也会变钝，作战不可能百战百胜，假如敌人的步兵、骑兵突然袭击，我们来不及回到船上怎么办? 孙权最后认为还是吕蒙的主意好，于是在濡须修建防御工事。这一工事在第二年的濡须大战中发挥了重要作用。吕蒙，这位孙权培养出来的文武双全的大将，在濡须之战中走向成熟。劝学之功，功莫大焉。吕蒙献策时体现出来的军事思想，包含着辩证的观点，这样富于哲理的话，恐怕不是当年让鲁肃瞧不起的一介武夫所能说出来的。吕蒙大约读了不少兵书，之后，他思考问题的方式、表述意见的方法都产生了变化。

通过对文本的学习与对资料的讨论，学生真正体悟到：学习没有早晚之分，只要认真学，终能有成就；学习能改变人的一切。这种知人论世立足文本，兼顾学情，既开阔学生视野，又解惑传道，一举多得。

（二）在文本疑难处知人论世

知人论世是放在阅读前、阅读中还是阅读后，需要根据文本的具体情况和学情来定。如果作者在文本中的思想情感表达得委婉曲折，学生难以理解，就需要在阅读文本之前提供作者、作品的相关信息，给学生的阅读以导向，降低理解的难度。

如《湖心亭看雪》中的“问其姓氏，是金陵人，客此”，明明问其姓氏，结果不答姓名而答籍贯。是张岱写错了，还是另有深意？在此学生疑惑之际，出示如下材料。

材料一：湖心亭看雪事件发生于崇祯五年（1632 年）；崇祯十七年（1644 年）明朝灭亡，顺治帝登基，清朝建立；顺治元年（1644 年），张岱反清复明失败，逃入山中著书；顺治四年（1647 年）左右，张岱写《湖心亭看雪》。

材料二：金陵即南京，明太祖朱元璋定其为国都，后明成祖朱棣迁都北京。

通过引入的两则材料我们可以看出，金陵终究还是和明朝有些关联的。亭中人含蓄地用了“金陵”这个古称，可见是有深意的。在改朝换代之际，这一深意正好戳中了张岱的痛处，所以他牢记了这么多年。活在清朝的张岱透过明亡去看当年的旧事，年已半百的他写下“金陵人，客此”，内心应该是有隐痛的。再联系开篇的“崇祯”二字，虽然已经改朝换代，但张岱依然特地写下“崇祯”字样，可见他内心怀有对于故国的沉痛怀念。联系文本与材料就可读出这样一个张岱：在改朝换代、天崩地裂之际，隐姓埋名，遁迹山林，潜心论著，在贫困衰败中固守着对故国的痴心。

如果是情感表达相对比较明朗的作品，上课伊始教师就介绍作者生平等背景知识，学生会在阅读之前就形成对文本内容固化、概念化的认识，严重影响他们的独立思考和个人体验。正如万钧老师所说：“知人论世未学先知，容易产生消极的阅读暗示，会使阅读活动变得懒惰与懈怠，妨碍阅读者内心体验的层次和心灵世界的丰富。”因此，要在学生困惑处、疑难处、兴趣处提供材料，供其探究。

如教学《五柳先生传》时，学生都能理解陶渊明“闲静少言，不慕名利”的独特个性，对文本用九个“不”字句来表达却困惑不已，再加上学生对东晋社会的世风和陶渊明的个人境况不太了解，于是对文本中的五柳先生的认识仅停留在表面，甚至认为他是酒鬼。如果教师适时给学生提供背景材料，不仅让学生知其然，还让学生知其所以然，就能很好地解决教学重难点、学生困惑点。

只要认真诵读这篇短文，就会发现文章几乎就是用九个“不”字句组织起来的，“不”显然是全文的关键词。作者到底想对什么说“不”？为帮助学生正确理解作者的想法，教师可提供一些背景材料，让学生结合材料进行交流：“东晋末年，门第观念盛行，社会黑暗，风气污浊，很多人不择手段追名逐利，社会上充满虚伪与欺诈。陶渊明做过几任小官，因对官场不满而辞去官职，归隐田园，过着俭朴的生活。”学生经过合作讨论，明确了陶渊明是对当时的门第观念说“不”：当时人人以出身名门望族为荣，陶渊明却说五柳先生“不知何许人也，亦不详其姓字”；当时人人都不择手段地追名逐利，五柳先生却“不慕荣利”“不戚戚于贫贱，不汲汲于富贵”。这九个“不”字句，体现了五柳先生的性格和追求都与当时的社会风气背道而驰，突出了他是一个安贫乐道、与世俗格格不入的隐士。

教师在教学中，要依据学生认知的需要和文本内容，适时向学生提供作者的相关信息，一方面可以让学生享受自主探索的乐趣，另一方面可让学生在“愤悱”状态中受到点拨而产生豁然开朗的感觉，帮助学生理解文本的深层意蕴。

（三）在文化提升处知人论世

教学要充分发掘文言文本的现代价值。“一切历史都是当代史。”解读一篇文言文不仅要联系当时的文化风尚去体会蕴含于其中的情感和观念，也要运用现代意识对文章的思想感情进行评判。对荣辱的忘怀、对生命的珍视，或许正是当代人尤其是那些困窘寂寞的当代人所特别需要坚守的精神和情趣。能否带领学生通过文本走进古人所处的那个时代，走进作者的生活和心灵，去体察彼时彼地的人的生命活动，再反思我们自己，从而得出一点文化自觉或生命自觉，这才是学好文言文的关键。学古是为了鉴今，联系当今是为了学古。这样，师生就能在具有文化深度和认识高度的问题的驱动和引领下，拾级而上，实现阅读的拓展、思想的延伸、意义的构建及至人生的洗礼和奠基。

文言文是中华民族传统文化保留与传承的重要载体，作者的情感寄托与精神皈依也蕴含在文本中。教师要善于利用文本，援引有关资料，引导学生用历史眼光、以现代视角来审视作品思想内容的价值，体会其中蕴含的民族精神，从中汲取各种文化营养，完成人格的自由发展和精神生活的构建，从而成为流淌着浓烈的民族文化血液的现代人。

二、知人论世须旨明而言简

有些教师在知人论世时贪大求全，一股脑儿把作者的方方面面都介绍给学生，务求详尽，其结果往往事倍功半，一方面耽误教学时间，另一方面使有用的信息淹没在大量的无效信息之中，使学生如堕烟雾。

知人论世的目的是让学生借助外在的信息来深刻理解文本的意蕴，所以知人论世信息的选择应以是否有助于学生对文本信息的理解为标准。如此说来，我们对知人论世的相关信息应该严加挑选，去粗取精，去伪存真，力求简明扼要，使其能直接参与学生对文本意义的构建。

知人论世法的使用要灵活多变，不能陷入机械化、程式化的泥潭。

如有教师执教《记承天寺夜游》，可能是想让学生更多地了解苏轼，从而理解文中“闲人”所蕴含的复杂情感，于是从“一门三父子，都是大文豪。诗赋传千古，峨眉共比高”讲起，从乌台诗案讲到黄州赤壁，从《自题金山画像》的“心似已灰之木，身如不系之舟。问汝平生功业，黄州惠州儋州”讲到《定风波》的“也无风雨也无晴”，最后落到余秋雨的《黄州突围》上，材料可谓丰富，但如此海量的信息早把“闲人”厚厚地掩盖起来了。其实根据文本需要，只要让学生简要了解苏轼的前半生春风得意、壮志满怀，人到中年时受乌台诗案影响被贬谪黄州就行了。文本中隐含的作者复杂情感的流变是需要学生从“闲人”夜游中去寻找品味的，从而对“但少闲人如吾二人者耳”一句感叹体悟出这是作者对壮志难酬的自解、自慰、自我排遣，同时也是他旷达乐观的人生态度的显现。

能满足学生的阅读需要、心灵需要，能发展学生的探究能力，这样的知人论世便可采用。如果恰到好处地运用知人论世法，何愁学生不爱文言文？

拓展有界限，延伸须谨慎

内容要点

恰当的拓展延伸可以帮助学生深入解读文本，扩充语文学习的容量。但拓展延伸也须谨慎，不能游离语文特性，不能游离教学文本，不能游离学情，不能游离教学目标，不能背离文本与主流价值。唯有如此，拓展延伸才有意义，才有价值，也才有实施的必要。

初中语文教学中，文言文阅读教学是不可或缺的组成部分。但是，仅仅通过课内文言文阅读教学，让学生达到语文新课标所要求的具有阅读浅易文言文的能力，会有一些困难和局限。语文新课标指出，要“注重跨学科的学习”，要“拓展学生学习和创造的空间”，要“高度重视课程资源的开发与利用”，因此，在文言文教学中，教师应积极开发课程资源，拓展学习内容，以拓宽学生的视野，提升他们的语文学习素养。于是拓展教学应运而生，并成为课堂教学中一道亮丽的风景线。所谓拓展，简而言之，就是由语文课本内向课本外的适当延伸，它实质上是一种迁移教学。不可否认，恰当的拓展教学可以帮助学生深入解读文本，扩充语文学习的容量。然而，在拓展教学逐渐成为一种时尚的今天，语文课堂中也越来越多地出现了一些误区：盲目跟风，误入歧途，为拓展而拓展，为延伸而延伸。如果不认清这些误区，势必对语文课堂教学产生错误的导向。因此，有必要从多角度对拓展教学进行反思与纠偏，以期构建有效的拓展教学。

一、不能游离语文特性去拓展延伸

语文课程是一门学习语言文字运用的综合性、实践性课程，教师只有抓住语文学科中的“语言”这一核心价值，在语文课堂上着眼于学习语言、研究语言、运用语言，着力训练学生听、说、读、写的能力，培养学生应用、审美与探究的能力，才能使学生的整体语文素养有生长的可能。语文教学如此，文言文教学也如此。在文言文教学中，既要注重对词、句的解释和翻译，也要注重对人文精神的挖掘，力求体现语文学科人文性与工具性的协调统一。很多教师由于忽略了语文科目的特性，没有过多关注“语言”这个核心要素，而过多考虑到人文性，导致课堂重心偏移，学生对文言基础知识还没有掌握，教师就一味在人文上进行拓展延伸，于是语文课成了音乐课、美术课、思想品德课等。

如有教师执教《爱莲说》时，不对文中描写莲的语句进行诵读品赏，却让学生结合文中对莲花的描写来画莲花；不对文中托物言志的手法进行解读，却让学生大谈特谈文人咏莲的诗词名句；不引导学生讨论周敦颐为什么要借莲明志，却让学生争论是陶渊明爱菊好还是周敦颐爱莲好。于是，学生绞尽脑汁力地画出莲花“出淤泥而不染，濯清涟而不妖，中通外直，不蔓不枝”的姿态，费心费时地寻找各种咏莲的诗句而又不与周敦颐笔下的“莲”的形象进行比较，毫无意义地争论是爱菊好还是爱莲好。虽然通过绘画这种形式在一定程度上也有助于加深学生对文本的印象，链接诗句也有开阔视野、积累优美词句的作用，争论也对学生的口语表达能力的提高有些作用，但整体看来拓展活动游离于语文的特性，费时费力，收效甚微。文言文教学本来就是古代文化的熏陶和学习，所以文言文拓展教学要看是不是在学语言、学语文，是不是有利于学生语文素养的形成与发展。上述教学案例中画莲的拓展无助于培养学生鉴赏语言的能力，诗句的引入没有加深学生对课文内容的进一步理解，爱菊与爱莲的争论是个伪命题，而且争论也仅停留在认识的表层。如此拓展延伸分明是种了别人的田，荒了语文的地。

二、不能游离教学文本去拓展延伸

拓展是课内向课外的适当延伸，它实质上是一种迁移教学，是一种辅助手段，仅仅是课堂教学之“末”，而文本教学才是语文课堂教学之根、之本，是一切教学活动的原点、焦点。对文本的理解越清晰、越稳定、越深刻，学生才越容易进行学习迁移。因此，学生只有在对课文进行了深刻的理解、感悟和体验之后，在构建起自己对文本意义的认识之后，拓展延伸才能更加有效。所以，教师在对课文进行拓展延伸时，首要的就是深挖教材，紧扣文本，尊重教材的价值取向，不能为求开放和拓展而漠视、抛开甚至异化文本，牵强附会地无度延伸。

张琼老师在执教《陋室铭》时，先引导学生诵读课文，在疏通课文字词的基础上围绕“陋室”“铭”进行主问题教学：“陋室”陋吗？“陋室”真的陋吗？在陋与不陋之间可以看出作者怎样的情怀？再在主问题引领下进行名诗妙句赏析，让学生体会到“铭”的特点。最后设计了一个“回顾延伸，仿写对联”的环节，要求学生在两幅上联——“志雅趣雅陋室雅”“调琴阅经富情趣”中任选一联，仿写下联。这个拓展活动就做得非常好。一是拓展环节只是课堂教学的一个有机组成部分，对联内容取材于文本，对对联的过程本身是整体把握文本内容的过程，也是让学生体会作者高洁人格的过程；二是本文是一篇铭文，讲究句子的对仗与押韵，让学生对对联是在充分理解、赏析的基础上进行的一项更具思维含量的语言训练活动，是为了让学生进一步理解“铭”这种文体的特点。

所以，在语文拓展教学中，首先要深挖教材，紧扣文本，尊重文本的价值取向，拓展延伸的时机、内容、深度和宽度等都要围绕文本来展开。文本的拓展延伸，要超越文本，更要反哺文本，不能为求拓展延伸而漠视、抛开甚至异化文本，不能牵强附会地任意拓展延伸。离开文本的拓展延伸，无异于无本之木、无源之水。

三、不能游离学情去拓展延伸

教学中一切外延的东西，都要根据学情进行取舍。

目前，有些文言文教学设计或公开观摩课的文言文课堂无视学生的文化积累和生活经验，喜欢以教师对文本的深度发掘成果为教学内容，一味地把本身浅易的文言文往深处拓展，使学生听得一头雾水、兴味索然。如《世说新语》两则，篇幅简短，文字浅显易懂，内容生动有趣。但有教师把教学目标定位为“通过本课学习，使学生知道《世说新语》是什么，里面有什么内容，里面的人物有什么性格特点；以《咏雪》这篇课文为例来看《世说新语》中所描述的那个时代和人们的精神风貌，理解为什么到现在很多知识分子还在追求那种生活方式和行为方式”。为了达成教学目标，选择的教学内容就是认识、感受魏晋文化。其实，这一内容作为研究性学习尚可，但对于刚进入初中的学生来说，是相当有难度的。而这位教师为了让学生感受魏晋文人的生活方式，就引入了刘禹锡的《乌衣巷》、陈平原的《千古文人侠客梦》及《世说·贤媛》中有关谢道韫的两则文言故事等，如此多的内容要在一堂课里让文言水平尚且有限的学生读懂，还要使其透过古老的语言品味文学之美、洞察隐藏在历史深处的知识分子的特定情怀，其难度可想而知。即使教师的学养再深厚，讲解再深入浅出，学生的学习和体验也只能是走马观花、蜻蜓点水，难有深刻的感悟。文言文教学中，教师教点文化，不但无可厚非，还能体现文言文在传承中华优秀文化方面的独特作用。但是，对脱离学情的教学内容的过深发掘和过度拓展，不但无法达成文化传承的目的，而且会扼杀学生学习文言文的兴趣。

四、不能游离教学目标去拓展延伸

初中文言文学习重在不断积累文言知识、文言字词和培养文言语感等，为以后提升文言素养奠定基础。教师对文本自身重视不够，甚至抛开文本大搞文学层面的所谓探讨或者文化层面的所谓演绎，这在文言文教学现实中较为普遍。文言文教学不是不能涉及文学、文化层面的内容，只是要处理好谁先谁后、谁主谁次、谁重谁轻的问题。特别是在时间有限的课堂上，尤其需要目标明确，只有在教学重点方面做充分、做扎实，才可适当涉及文学，有机渗透文化。

以《记承天寺夜游》为例，教学目标一般设定两个：一是理解文章内容；二是体会作者乐观旷达的情怀。第一个目标是基于文本层面的学习内容，强调的是对词句的掌握、对内容的把握及对文章精彩内容的体味等；第二个目标是基于文学层面的学习内容，是基于作品与作者关系的探讨，是基于作品并超出作品，在一个更大的空间内形成对作者的某种认识。第一个目标应该是文本学习的重点，是这篇文章的教学主体，教师教学该文的主要任务就是带领学生完成这个目标；第二个目标尽管是学习这篇文章的难点，但这个难点不一定甚至没必要成为教学的主体内容。有些教师往往由“闲人”引出认识作者的话题，通过背景介绍、作者介绍、相关作品链接等拓展环节来最终引出“乐观旷达”的结论。过程耗时多，资料琐碎，偏离了主要教学目标，脱离文本，架空探究，这样的教学难点就算突破了也是假、大、空的突破。

因此，文言文教学还是要以文本为主，围绕教学目标来选取恰当的教学内容，在做实教学重点的基础上，再去进行恰当的拓展延伸。在教学中不论采取哪种形式，开展何种活动，都必须立足于教学目标与教学重点，这样不仅有利于目标的达成，也有利于学生对文本的真正理解与把握。

五、不能背离文本与主流价值去拓展延伸

拓展教学，可以纵向拓展，挖掘文本的内涵，提高学生感悟生活的能力；也可以横向拓展，扩大学生的视野。纵向拓展立足文本，对文本的内容进行深度挖掘，旨在让学生深刻地理解、感悟和体验，构建文本的意义；横向拓展紧扣文本的一点做横向的挖掘与阐释，旨在促进、深化学生对文本内容的理解，培养学生的语文素养。要注意，开放不等于可以随意背离文本，拓展延伸也不能歪曲主流价值。很多教师由于对拓展延伸理解得不深，于是背离文本的价值去拓展延伸，对学生随机生成的与社会主流价值唱反调的不正确的价值观不敢纠正，也不知道如何纠正，使得拓展延伸要么肤浅、无价值，要么谬种流传，贻害众生。

有教师在执教《五柳先生传》时，最后抛出了一个探究性问题：历史上的文人在面对坎坷遭遇时，生活态度各有不同：有的是“出淤泥而不染”，有的是“先天下之忧而忧”，有的是寄情山水，有的是隐居避世。你认为陶渊明的这种生活态度是否可取？这个问题很有价值，对学生评价古人的生活方式、形成积极的人生观很有帮助。经过探究讨论，有学生认为可取，认为陶渊明“不慕荣利”，远离官场，有“出淤泥而不染”的品格；有学生认为值得肯定，认为封建社会的不少知识分子对官场的黑暗、倾轧不满，他们的政治理想破碎时，往往选择隐居山林、洁身自好；有学生持否定态度，认为古代的知识分子（如屈原、苏轼、范仲淹等）大都抱有政治理想，希望“修身、齐家、治国、平天下”，陶渊明遇到挫折不积极抗争，不试图改变现状，而是退避山林，是不负责任的表现。在学生充分探究的基础上，教师肯定了学生发言能围绕文本展开，观点明确，理由充分——认为可取的同学，更多地考虑了时代背景、个人性格以及那个时代的价值观念；认为不可取的同学通过作者与其他历史人物的对比，辩证地看待问题。然后，教师提出自己评价历史人物的角度：不能以今天的价值观念去衡量古人，而应该综合当时的社会环境、价值观念、个人性格等因素去评价。

应该说，这次拓展既有纵的深入，也有横的比较，有深度，有意义。案例中的教师注重对材料的收集展示、处理利用，并注重让学生充分发表

意见。学生的回答，既有对文本解读的主流意见，也有个性化的阅读体验。此次拓展活动中有学生的深度思考，有教师的辩证点评，有师生、文本、作者之间的对话，学生的思维得到了发展，素养得到了提高。

因此，教师在文言文教学中设置拓展活动时要充分认识到语文学科的特性，充分考虑学生的个体差异，在教学目标的引领下，立足文本进行有深度、有价值的拓展，让学生的素养在拓展中得到提升。唯有如此，拓展才有意义和价值，也才有实施的必要。

走出文言文教学评价的误区

内容要点

教学评价影响教学效果。为了让文言文教学评价真正有效，我们必须走出目前评价的误区，如廉价讨好的“假评价”、脱离文本的“浅评价”、角色迷失的“虚评价”、迷信多元的“伪评价”、没有学科特点的“泛评价”等，从而实施有效、真实的评价。

教学评价是课堂教学的重要组成部分，它发生在学习与教学的全过程之中，决定着课堂教学的走向，影响着教学效果。在“一切为了学生的发展”这一新课程理念的倡导下，文言文课堂变得热闹非凡，但是仔细审视课堂就会发现这样的现象：课前教师精心设计了一份自认为非常完美的教学设计，到了真正的课堂教学过程中，面对学生良好或不尽如人意的表现，教师评价学生的语言却十分贫瘠，师生交流的融洽度不足，课堂教学效果与课前的预设大相径庭。原因之一就是课堂评价虚浮和无效，导致评价失去了意义。因此，我们有必要对文言文教学评价进行认真的反思和纠偏。文言文教学评价主要有以下几个误区。

一、廉价讨好的“假评价”

语文新课标中的评价建议指出，语文课程评价应该改变过于重视甄别和选拔的状况，突出评价的诊断和发展功能。课堂教学中的评价应该促进学生完成教学目标，激励他们树立信心，使他们形成积极向上的人格。课堂应是学生思维发展的课堂，也应是教师智慧点评的课堂。教师恰到好处的激励性评价可以激活课堂，活跃课堂气氛，激发学生参与课堂教学的积极性，从而让学生敢说会说，从而发展学生的倾听、表达能力。但有的教师对新课程改革精神领会得不深，对文本理解得不透，于是为了保护学生发言的积极性，在听了学生的发言之后，只会说而且也只能说“你真棒”“向你学习”“你很聪明”，或者竖起大拇指，或者指挥全体学生拍出有节奏的掌声，等等。从表面上看，教师尊重了学生的主体地位，关注了学生的情感，注重让学生享受到成功的快乐，整个课堂也显得异常热闹，但是教师公式化的评价只是对学生思维成果的简单肯定，或者说只是一种廉价的情感评价，学生的独特理解和独特感悟究竟棒在哪儿、好在哪儿、聪明在哪儿谁也不知道。这样的课堂评价，不是对学生学习、感悟和构建知识的过程的认可，而是一种模式化的表演罢了。而且随着学生年龄与见识的增长，这种不问是非的廉价评价会逐渐呈现出一种负面作用，会让学生产生被愚弄、被欺骗的感觉，于是学生在长期的廉价掌声中，兴趣渐渐淡了下去，整齐响亮的掌声变相为一种滑稽的嘲讽。

二、脱离文本的“浅评价”

语文教学应该紧紧抓住文本来引导学生提出有价值的问题。如果学生提出的问题脱离了文本，教师应机智地将学生的思路引回到文本上来；如果学生在探寻问题时游离文本旁枝逸出，教师不能不分青红皂白地一味说好，而要及时纠偏，引导学生结合文本加以辨析。这才是发挥教师的主导作用，这才是新课程理念的体现。

在教授《陈太丘与友期》一课时，教师几乎都会抛出这个问题：“元方入门不顾是否失礼？请谈谈你的看法。”学生甲回答：“我觉得元方是个聪敏、机智、善辩的小孩，懂得维护家人的尊严，懂得为人之道。”学生乙回答：“我觉得元方并没有失礼。因为友人失约在先，他不守信用，不仅不知反省，反而出言不逊，没有礼貌。”学生丙回答：“我觉得元方是一个没有教养的小孩，小小年纪就自以为是，客人已经赔礼道歉了，他作为一个小孩不仅不接受人家的道歉，竟然还入门不顾，丢尽了父母的脸面。”这三位学生的发言看起来都有道理，但这些见解又都太概念化，浮于表面。教师如果只是一味点头赞同，那元方这样做是有礼还是无礼，学生最后还是一头雾水，莫衷一是。在这一案例中，教师没有引导学生走进文本，从字里行间找出“礼”“理”进行辨析，学生只是就自己阅读的初步印象说出自己模糊的认识。要想谈出深刻见解，还须深入文本。从元方称呼来客为“君”可以看出，元方对待来客一直以礼相待。回应友人之怒时，先讲理，再论礼：“君与家君期日中。日中不至，则是无信；对子骂父，则是无礼。”有理、有礼，态度恭敬而聪慧，落落大方而率直。说元方懂得维护家人的尊严，那只是看到表象，关键是理字当头才可能有尊严之说；说元方是个无礼的没教养的小孩，那是一种片面之见，从元方对对方的称呼及说话的口气来说，那是不卑不亢，率直明礼。教师只有让学生的讨论源于文本，又跳出文本，和学生一起阅读、思考、辩论、探究，才能使学生的理解达到柳暗花明的境界。

三、角色迷失的“虚评价”

初中生阅历浅，缺少生活阅历与社会经验，对事物的看法不全面、不成熟，加上有时对文本的理解不深，提出的分析缺少辩证性与全面性，难免出现是非不分、以偏概全的现象。这时就需要教师拨开云雾，引导学生关注文本内容的价值取向，委婉纠正，使学生向认知的更高层次进发，让课堂真正成为学生高尚的精神生活培养场和丰富的人生经历体验场。

如执教《唐雎不辱使命》的过程中，在评价人物形象时，教师抛出问题：“你如何看待唐雎这个人?”有学生认为唐雎就是一个刺客，他为了效命主子，只身入秦羞辱、刺杀秦王；有学生认为唐雎是一个英雄，具有英雄气概和布衣精神，为人有胆有识，忠于使命，不畏强权，敢于斗争；还有学生认为唐雎是一个士。唐雎究竟是刺客、英雄还是士，这个问题若不辨明，肯定会造成学生的认知模糊，不利于学生正确人生观的形成。

这时就需要教师在场，通过援引材料、明辨概念、结合文本等，引导学生分清刺客、英雄与士的区别。春秋战国时期的刺客虽具备遵循礼仪、才智过人、勇敢忠贞、知恩图报的品质，但其刺杀行为本身集血腥、不择手段、不公正等要素于一体。而且刺杀事件的策划者大多是名利权势争斗者，而刺客，无论人格高下、动机善恶，都是利益争夺过程中的牺牲品，其结果产生广泛积极意义的概率极少。真正的士应该是“行己有耻，使于四方，不辱君命”（出自《论语·子路篇》），应该是深明礼义、仁爱聪慧、胸怀天下、临危不惧、顶天立地的大丈夫。刺客非士，而且永远不能成为士。至于英雄的标准就更高了，从大处来看，首先要爱国，英雄是国家的精英、民族的脊梁、时代的榜样；从自身来看，英雄有着崇高的品质、超人的勇气、罕见的智慧和杰出的业绩。经过教师的不断追问，学生不断从文本中找出根据，再经过热烈争论与思维碰撞，最终形成较为客观的认识：唐雎就是一个策士，善于言辞，有胆有识，忠于使命，不畏强权，敢于为国献身。通过教师的不断点拨，学生形成了看待历史人物的客观角度——既不拔高，也不贬损，实事求是。

可惜，当前一些文言文教学仍然呈现出一种倾向，即任由学生发言、教师不置可否，以显示课堂的多元与民主。由于缺乏教师的评价引导，学生的思考肯定芜杂且幼稚，其思考能力得不到提升。

四、迷信多元的“伪评价”

在教学活动中，学生往往仁者见仁，智者见智，会有多元的感受和独特的经验，这些都是教师应该珍视的。但是，尊重学生独特的体验和多元的理解，并不是说有错不能改，有偏不能纠。人们常说：“一千个读者眼中有一千个哈姆雷特。”但是肯定不能将“哈姆雷特”解读成“李尔王”。何况，初中生阅历浅，对事物的看法不全面、不成熟，难免出现是非不分、以偏概全的现象。因此，在教学中教师除了要珍视学生的多元感悟和独特体验外，还要保证答案的正确性。

如《咏雪》这篇课文的精彩点就在于谢朗、谢道韫对“白雪纷纷何所似”的不同诠释。很多教师的教学用书中对“用‘撒盐空中’和‘柳絮因风起’来比拟‘白雪纷纷’，你认为哪种更好”这一问题同时列出两种相反意见，认为学生只要言之成理即可。大多数教师奉其为圭臬，任由学生回答得五花八门。其实只要稍加分析就可知道，无疑是“未若柳絮因风起”妙极！从比喻的本身看，谢道韫的咏雪不光写出了大雪飘扬之姿，更写出了雪轻如絮，随风飞扬之态，有意蕴，符合中国在绘画、诗词、文章等方面讲求神似的审美要求；而谢朗的“撒盐空中”只有物象，而无意蕴。从关键词句看，谢朗说“撒盐空中差可拟”，“差可拟”说明谢朗自己都认为这个比喻有点勉强；而谢道韫“未若柳絮因风起”的“未若”就是“不如”的意思，说明她经过片刻沉思、比较，得出了这更为形象的比喻。综上所述，两个比喻“哪种更好”的答案不容置疑。如果教师一味让学生争论不休，不引导他们入文入境地进行评价，那学生的思维发展无疑就是一个伪发展。

五、没有学科特点的“泛评价”

每门学科都有自身的特点，语文教学评价当然就应该有语文的特点。

教学评价往往体现在评价主体的语言、情态和行动三个方面。现今的语文教学中，在情态方面，教师往往能从尊重学生的角度出发，鼓励学生发言；行动方面也会和颜悦色，通过手势、掌声等夸赞学生；但在评价语言方面，教师常常不能从语文学科特点的角度去思考评价，语言贫乏，力不从心。于是教学评价千篇一律，千人一词，千科共用，没有评出语言之美、专业特色之美。

余映潮老师在执教《记承天寺夜游》一课时，有一段精彩的教学评价很值得大家认真思考。余老师要求学生谈谈自己所欣赏的课文中的一点之美，如一字之美、一词之美、一句之美、结构之美、层次之美、描写手法之美、表达方式之美、情感之美等。以下是学生回答时的课堂实录。

师：可以发言了吗？大家可以畅所欲言。

生：我要说的是“月色入户”的“入”字，给人以动感，更加生动和形象地写出了月光。

师：对，“入”字用得好，给一个寂寞、失意的人以温暖的感觉。

生：我觉得“庭下如积水空明，水中藻、荇交横，盖竹柏影也”这个句子写得美。这一句中没有一个字是写月亮的，却给我们带来在月光下散步的感觉。

师：好。这个句子每一个地方都写了月，都写了月色，都写了月色的美丽，但是，没有用一个“月”字。这就是作者的高妙之处。

生：我觉得“盖竹柏影”的“盖”字用得好。庭中的美景原来是竹柏的影子，给人一种恍然大悟之感，更增添了韵味。

师：她的表达非常高雅。这个句子写得真好，没有直接说竹柏影子投在地上是那样的漂亮。而是先说庭下像水一样清澈，那么空明，然后点一下：这是竹柏的影子啊！有一种比较轻微的惊叹在里面，“盖竹柏影也”。这个句子写得确实好。

此欣赏环节让人耳目一新。余老师巧妙地利用问题，让学生深入品味文本，通过夸赞、妙点、补充等评价方式营造浓厚的教学氛围，特别是他能从语文的角度来点评深化，让学生知道好在什么地方，还有哪些地方说得不够。教学过程中，既有学生独到的发现，又有余老师的专业点评，语言准确而专业、中肯而生动，把师生互动和探索引向深入，学生品出了言趣、情趣、境趣。

当然，要使教学评价有成效，教师一定要善于倾听，善于用智慧拨动。启发引导时，教师既要挺身而出，又不可全盘抛出；有不同理解时，教师要机智处理，及时回归文本。只有强化教学评价，才能调动学生的激情；只有精彩点评，才能彰显文言文课堂教学的魅力，学生的思维水平才有提升的可能。

巧借细品，赏析《记承天寺夜游》

内容要点

《记承天寺夜游》一文仅有85字，似乎浅近简单，但只要巧借变形，就能品出其结构层次之美；巧借比喻，就能品出其意境空灵之美；巧借“闲人”，就能品出其情感微妙之美。这样的细细品味，有助于提高学生的审美能力，使学生感受到本文的精妙之处。

苏轼的诗词文赋多因其丰富的内涵、真挚的情感和深远的意境，为广大师生所喜爱。对仅有85字的《记承天寺夜游》，许多师生却颇有异议，普遍认为此文太浅显、太一般。其实只要认真细读就会发现，区区85个字，有情节，有悬念，有美景，有情思……个中滋味，颇有深意。只要巧借、细品，便能读出本文的美不胜收。

一、巧借变形，品出结构层次之美

《记承天寺夜游》全文只有一段，篇幅虽短，但内容丰富。余映潮老师在执教这篇课文时将文本三次变形：第一次采用二分法进行变形，即将课文分为两段，一事一情，有叙有议；第二次根据表达方式——记叙、描写、抒情进行三分变形，文章脉络清晰，思路明朗；第三次根据起、承、转、合将文本进行四分变形。前两次是从表达方式入手的变形，第三次更注重古诗文创作的手法。通过这三次变形，原本形式单调的文本顿时充满趣味，层次的丰富之美、行文的跌宕之美立现，使学生品出了本文的结构层次之美。

二、巧借比喻，品出意境空灵之美

苏轼写庭下景色，惜墨如金：“庭下如积水空明，水中藻、荇交横，盖竹柏影也。”18个字就营造出一个月光澄碧、竹影斑驳、幽静迷人的空灵之境。最妙的是这一比喻句，将静谧的庭院、银色的月光、疏朗有致的竹柏写得虚幻缥缈，相映幻化成一个空旷澄澈的世界。这是物境，也是心境。在这个世界里，作者获得了精神上的慰藉与解脱，浑然忘了现实，忘了自我。仿佛“我”即自然，自然即“我”，自然与“我”融为一体，这正是“天人合一”思想的体现。

三、巧借“闲人”，品出情感微妙之美

《记承天寺夜游》表达的感情是微妙而复杂的，赏月的欣喜、漫步的悠闲、贬谪的悲凉、人生的感慨，都包含其中。作者“解衣欲睡”的时候“月色入户”，于是“欣然起行”，月光难得，不免让人欣喜。可是没有人和自己一起赏月，只好去找同样被贬的张怀民，这里面有多少贬谪的悲凉与人生的感慨呀！两人“相与步于中庭”，悠闲自得。可惜一个“盖”字将人拉回现实。特别是“闲人”一词，情感丰富，表面上是自嘲说自己和张怀民是清闲之人，闲来无事才出来赏月，实际上却为自己的行为自洁自傲。清风明月，翠竹松柏，本常见之物，但是能在月夜，与相得之友人，以此平淡闲静之心共赏，又能有几人呢？“闲人”还包含了作者郁郁不得志的悲凉心境，作者在政治上有远大抱负，但是被一贬再贬，流落黄州，其实，他何尝愿做一个“闲人”呢？赏月“闲人”的自得只不过是被贬“闲人”的自慰罢了。透过“闲人”一词，我们可以看出作者既有无奈感伤，又能随缘自适，既有自我排遣，又能旷达乐观。“闲”字不闲，意味丰厚。

通过以上的巧借、细品我们可以看出，《记承天寺夜游》在行文上跌宕起伏，层次明晰；在写景上妙用比喻，空灵澄澈；在抒情上似闲还愁，微妙复杂。本文的确堪称“神品”。

初中文言文教学问题研究的学习与思考

内容要点

初中文言文教学教什么？笔者以这一问题为导向，学习、思考专家学者的研究与实践，得出如下结论：教学内容编排应当尊重学生的身心发展规律，循序渐进；教学目标应当在于夯实学生文言阅读的基础，传承民族的优秀文化基因；教学重点当在“得法养习，历练通文”之中。

20年前，钱梦龙先生指出：“目前文言文教学最大的弊病是什么？一言以蔽之曰：有‘言’而无‘文’。”

20年后，文言文教学最大的弊病是什么？两言以蔽之曰：常规课堂有“言”而无“文”，公开课常常有“文”而无“言”。

有“言”而无“文”的教学遵循“以考定教”的法则，讲究字字落实、句句清楚，应付了考试，却使大部分学生在学习文言文的入门阶段就视文言文为畏途，失去了学习文言文的兴趣；有“文”而无“言”的教学则立足于文学欣赏、拓展探究，灌输了鉴赏知识、情感态度与价值观，却把文言文当成现代文来教，让学生失去了阅读文言文的根本。两者都饱受质疑。

面对文言文，学生很痛苦，教师很纠结。语文界关于“文言文教学教什么”的探讨，持久、热烈而焦虑。

笔者带着由来已久的困惑，试图通过广泛学习有关专家学者的研究成果，并联系教学实际进行比较分析，以得出让自己感到比较明朗的结论。

一、王荣生等学者的研究

2014年，由王荣生主编、童志斌执行主编的《文言文教学教什么》出版。这部著作聚焦“教学内容的合宜性”和“教学设计的有效性”这两个核心问题，体现了上海师范大学语文课程研究基地培训专家近年来的研究成果。其中“主题学习工作坊”部分收录了《文言文阅读教学设计基本原理》（王荣生、童志斌）、《在文本“语辞世界”中感受文言文的魅力》（童志斌）、《文言字词的准确释义与文言教学备课要领》（黄灵康）和《实现“文化渗透”的文言文教学——文言文教学内容确定的基本要领》（褚树荣）四份研究报告。这些报告针对课文教学，紧扣“备课”这一环节，从理论高度和操作层面对文言文教学的内容和有效策略展开探讨，要点概述如下。

（一）明确了“文言文是什么”的问题

文言文是“一体四面”的，这“四面”指的是文言、文章、文学、文化。文言，强调文言作为一种语言，有其独特的语汇、语法体系；文章，强调文言文各有体式，据以载道言志；文学，强调文言文讲究章法布局、炼字炼句；文化，强调文言文承载了古代文化和仁人贤士的思想情感。对文言文这四个方面的认识，是开展文言文教学的基础和前提。

（二）框定了“文言文教学教什么”的内涵

学习文言是文言文教学的前提，着力于章法考究处、炼字炼句处是文言文教学的关键，实现文化渗透是文言文教学的价值追求。这些论述从整体上明确了“文言文教学教什么”的框架与方向。

（三）提供了“文言文教学怎么教”的有效策略

《文言文阅读教学设计基本原理》介绍了文言文阅读教学的五个要领，《在文本“语辞世界”中感受文言文的魅力》介绍了回归文本的语辞世界的两个“关注”和一个“警惕”，《文言字词的准确释义与文言教学备课要领》介绍了掌握文言常用词语常用意义的五个备课步骤，《实现“文化渗透”的文言文教学——文言文教学内容确定的基本要领》介绍了文言文教学内容确定的五个要领和文言文教学“渗透文化”的三个要领。凡此种种，既呈现了完整的备课思路，又提供了突破教学重难点的有效策略，体现了逻辑思考和实践经验的有机统一，值得每个语文教师学习。

但是，“文言文教学教什么”的问题彻底被解决了吗？

四份报告聚焦“教学内容的合宜性”和“教学设计的有效性”，但是在关于“文言文教学的重点和目标”的表述方面，存在着差异。

《文言文阅读教学设计基本原理》在论述文言文的“一体四面”时，有这样的表述：我们学习文言文，前提是学习文言；学习文言文，实质是体认它们所言之志、所载之道；学习文言文，研习谋篇布局的章法、体会炼字炼句的艺术是两个重点，目的是“提高自己的欣赏品位和审美情趣”；学习文言文，最终的落点是文化的传承和反思。从文字的表述看，报告关于“文言文教学的重点和目标”的论述应该是后三句。

《在文本“语辞世界”中感受文言文的魅力》有这样的表述：文言文阅读的要点，是集中体现在“章法考究处、炼字炼句处”的“所言志所载道”。文言文阅读教学着力点，是引导和帮助学生通过“章法考究处、炼字炼句处”具体地把握作者的“所言志所载道”。这里的表述与前一份报告的观点基本一致，再一次突出论述者对“文言文教学的重点和目标”的认识。

《文言字词的准确释义与文言教学备课要领》则是这样表述的：语文教师讲授文言文的侧重点，应该放在对课文中古代常用词汇的常用意义上；至于课文内容为什么是这样布局，好在何处，学生在读懂、读通的基础上自然会慢慢领会，无须教师在课堂上不厌其烦地讲解、分析。这里对于文言文教学重点的认识显然不同于前两份报告的观点。

《实现“文化渗透”的文言文教学——文言文教学内容确定的基本要领》在论述“文言文教学内容确定的要领”时，列举了五个要领：“因质定教”“因学定教”“因材定教”“因文定教”“因考定教”。其中“因质定教”强调：“因质定教”有一个优化的原则——这三者（文言、文学、文化）地位等同，不可偏废；这三者要循序渐进，渐次提高。在目前情形下关注第三层面的教学，关注就是注意而已，而不是以第三层面的教学取代前两个。这又是一种看法。

对同一个问题，有三种看法。“文言文教学的重点和目标”是“文言文教学教什么”的核心问题，应该达成基本共识。

但对核心问题的认识为何会出现分歧？

仔细分析，我们就会发现：在“文言文教学”这个共同的宏观命题下，前三份报告分别探讨了文言文教学“不同阶段的重点和目标”——

《文言文阅读教学设计基本原理》和《在文本“语辞世界”中感受文

言文的魅力》强调的是在学习文言文进入较高阶段后，为完成“阐释性阅读”“审美性阅读”“探究性阅读”等阅读目标，需要重点培养学生的文言文“评价性理解”“创造性理解”等阅读能力。

《文言字词的准确释义与文言教学备课要领》强调的则是在学习文言文的入门阶段，为完成“积累性阅读”“信息性阅读”“理解性阅读”等阅读目标，需要重点培养学生的文言文“复述性理解”“解释性理解”等阅读能力。

优秀传统文化的传承这一目标，则贯穿学生文言文学习的始终，是文言文教学自始至终的重点。

这也就是《实现“文化渗透”的文言文教学——文言文教学内容确定的基本要领》关于“因质定教”的优化原则：文言、文学、文化地位等同，不可偏废；这三者要循序渐进，渐次提高。

所以，对于“文言文教学教什么”这个宏观问题，首先应当在课程内容层面明确文言文教学各阶段的重点和目标，应当将传承优秀传统文化和培养文言文阅读能力的课程总目标细化到文言文教学各阶段分别传承何种优秀文化、培养何种阅读能力，进而细化到各单元、各篇课文具体传承何种优秀文化、培养何种阅读能力。

因此，要彻底解决“文言文教学教什么”这个问题，首先要彻底解决教材编排的循序渐进问题；至于备课环节，应该是一个集中精力研究“教学设计的有效性”的环节，不应该让教师在“教学内容的合宜性”上有太多纠结。

笔者在认真研读了《文言文教学教什么》这本论著之后，仍旧面对着一个急迫的问题：初中文言文教学教什么？

二、傅雷《傅聪的成长》的启发

如果文言文学习过程可以被划分为入门阶段、提升阶段、超越阶段，那么初中文言文学习应该是入门阶段。学生在文言文入门阶段该学什么呢？

在封建社会的教育里，孩子从小就要学习文言文。一个出生在宋代的孩子，从《三字经》《百家姓》《千字文》《弟子规》等发蒙，再学习“四书”“五经”，经过滚瓜烂熟的背诵和教师字字落实、句句清楚的串讲，到童生阶段就能读会写，达到熟练掌握文言文——一门与他的日常口语迥然不同的古老书面语——的程度。

今天的学生学习文言文不可能那么从容了，也不可能那么熟练了。目前，文言文的课程地位大概只能像现在这样，屈居于庞大课程体系中仅占一席之位的语文学科的一两个单元里。坦率地说，指望教师通过初中阶段的43篇文言文、每篇文言文平均3个小时总共129小时来教学，就能使学生“借助注释阅读浅易文言文”，这已经是一个难度很高的要求了，遑论还要进行文学欣赏、文化传承呢！因此，要教好初中文言文，要让学生有一个稳健的入门，内容的选择是关键。

初中阶段该选择怎样的课文？这些课文该教什么？这是个关键问题。咱们来看一个特殊的例子：傅雷是如何教他的儿子傅聪学语文的。

傅雷在《傅聪的成长（代序）》里介绍，傅聪上小学四年级时开始学习钢琴，过了一年多，由于学习进度快，为了减轻学习负担，傅雷让傅聪从小学撤回，在家学习钢琴、文史和其他学科，到十四岁以同等学力考入高中。这四年时间里，英文、数学另请老师，语文由傅雷亲自教授：“从孔、孟、先秦诸子、国策、左传、晏子春秋、史记、汉书、世说新语等等上选材料，以富有伦理观念与哲学气息兼有趣味性的故事、寓言、史实为主，以古典诗歌与纯文艺的散文为辅。用意是要把语文知识、道德观念和文艺熏陶结合在一起。”

这个例子的特殊性在于傅聪是在家学习语文的，他的语文老师太厉害。不过，抛开这些不看，单看傅雷为傅聪进行语文学习所选择的内容，也会给我们很大的启发。

“傅雷版”语文教材有三个特点：一是课文都是文言文；二是“以富有伦理观念与哲学气息兼有趣味性的故事、寓言、史实为主，以古典诗歌与纯文艺的散文为辅”；三是“要把语文知识、道德观念和文艺熏陶结合在一起”。

关于第一个特点，因为暂时找不到傅雷只教儿子学习文言文、不教儿子学习现代文的史实，所以存疑；但可以确定的是傅雷对学习语文的看法是学习文言文比学习现代文更重要。不然，傅雷在这篇文章里不会只详细地罗列文言文材料而不提及现代文材料。

第二个特点则可以与我们现行的教材做比较：人教版初中语文教材的43篇文言文中，纯文艺散文有14篇：《陋室铭》《爱莲说》《三峡》《答谢中书书》《记承天寺夜游》《观潮》《湖心亭看雪》《与朱元思书》《五柳先生传》《马说》《小石潭记》《岳阳楼记》《醉翁亭记》《满井游记》，占总篇数的三分之一，且集中在八年级。这些篇目是经典名篇，面对它们，语文教师满怀敬畏。但是，为什么傅雷把它们只放在“为辅”的地位，而把“富有伦理观念与哲学气息兼有趣味性的故事、寓言、史实”放在“为主”的地位？因为傅雷了解自己的孩子：一个十多岁的孩子，不管他的艺术天分有多高，感悟力有多强，天然喜欢的是故事，而不是纯文艺的散文。换句话说，傅雷是以孩子的视角为主而不是以文艺家的视角为主来选择课文的。

如果我们借鉴傅雷的做法，让这个阶段的学生学习更多的来自中华文明深处的神话、成语、寓言、经典文化名句和历史名人小传，使学生既有兴趣，又能传承中华文化的基因，是不是更好？

第三个特点与我们对文言文“一体四面”的理解相近，只是，在傅聪的这个语文学习阶段，傅雷把语文知识放在首位，对“文艺”，他强调的是熏陶——通过长期接触某些事物而受到好的影响，而不是鉴赏评价。可以这样理解，傅雷把“富有伦理观念与哲学气息兼有趣味性的故事、寓言、史实”作为教学重点，意图让孩子通过学习较为轻松、有趣的语言材料，掌握优秀的传统道德观念和语文知识，为培养孩子的人格和进一步的语文学习打下基础；以纯文艺的散文作为教学辅助，通过多读多听（接触式学习）获得美的熏陶，为进一步培养孩子的鉴赏、评价能力打下基础。

简而言之，“傅雷版”语文教材专注传统文化，尊重孩子视角。无独有偶，笔者手头有一套《我在台湾教语文》，这套书由台湾一线顶级名师打造，旨在“教孩子用中华智慧来建设日常生活”。整套书分为入门卷、提升卷、超越卷三个系列，每个系列包括阅读两册、写作一册，面向小学高年级到初中阶段的学生。其阅读部分的选文有以下特点：（1）以古文（或古文改写）为主，现代文阅读只安排在“提升卷”《阅读不偏食》第三章；（2）从故事（史实改写）、古代寓言起步，进入《论语》等人生智慧篇章，专注中华智慧对现代生活的启示；（3）文学鉴赏安排在“超越卷”

《向古代文豪学写作》中，属于写作分册。这套书所体现的编辑思路——孩子视角、传统文化、循序渐进——与“傅雷版”语文教材接近。

借鉴傅雷的选文思路，我们可以在课程内容、教材内容方面明确初中文言文教学的内容：选文“以富有伦理观念与哲学气息兼有趣味性的故事、寓言、史实为主，以古典诗歌与纯文艺的散文为辅”，“把语文知识、道德观念和文艺熏陶结合在一起”，将“传承优秀文化”“夯实语文知识”作为本阶段的教学重点目标，把“文艺熏陶”作为本阶段的次要目标。

这样，在具体的文言文教学中，重点将放在读懂并背诵文言故事两个方面，借鉴台湾教材的编法：将重要的文言知识放在“学习重点”部分，将故事的背景知识、内容点拨放在“课文赏析”部分，并且在“作业”和“拓展”部分加以巩固、运用。文艺性散文则以背诵为主，也可以借鉴台湾教材的编法：将作品重要的写法和修辞作为语文知识放在“学习重点”部分，将作者生平、作品文风、作品赏析的文字放在“课文赏析”部分，在教材中直接呈现给学生阅读、积累，教师稍加讲解、点拨，为学生以后学习文学鉴赏做铺垫。

至此，我们又遇到了另一个问题：课堂教学如何有效实现教材目标？这既是个“怎么教”的问题，也是个“教什么”的问题。

三、陈日亮的“得法养习，历练通文”

读懂文言故事，既包括对故事中文言知识的学习与运用，又包括对故事中“伦理观念与哲学气息”的理解与同化。如何教学生读懂文言文？传统教育中依靠的是滚瓜烂熟的背诵系统、完整的经典教材和文言专家的串讲；今天的课堂，教师主要还是采用串讲的方式，但是滚瓜烂熟的背诵不再有，教材也不成系统，教师也大多不是文言专家。所以，传统教育通过浸入式的学习，使学生在几年内能够熟练掌握文言；今天常规课堂所见的串讲，虽然是继承传统而来，却因为无法让学生浸入文言，所以只能尽见其弊，难得其利。

那么，课堂教学如何既能让学生读懂故事，又能为学生以后的进一步学习打下良好的基础呢？

闽派语文领军人物陈日亮主张“得法养习，历练通文”：初中阶段，以指导自学方法为主组织自学，训练习惯；高中阶段，以开展自学活动为主施以辅导，形成习惯。整个过程以训练为主线，但不是训练别的，而是训练自学。

换而言之，初中阶段的文言文教学的重点是，教学生读文言文的方法，并且训练学生养成读文言文的习惯。

教“读文言文”该教哪些特殊的方法？综合陈日亮老师的理论以及诸多先进教师的实践经验，有如下做法。

（一）教“诵读”

古文讲究读。开头三遍一字一字地读，读准字音。然后，结合句意，按意义节奏变化和语气变化一句一句地读，一段一段地读；为体会虚词的作用，强化虚词或去掉虚词比较读；去掉标点，原汁原味读；将白话译成古文，比较体会读。最后熟读、背诵。

（二）教比较“古今语言的同与殊”

教学生读文言文，先要指导学生看到古今语言的“同”，再来研究古今语言的“殊”。例如，在不看注释，通读了三四遍之后，指导学生串译句子时，先用绿色的笔，把不需要看注释就能理解的语句先画出来；再用黄色的笔把看了注释才能理解的句子画出来；最后用红色的笔把需要教师讲解或借助其他工具才能理解的句子画出来。之后，在交流过程中，师生一起来比较古今汉语的同与殊，尤其注重分析“异形”中的“同”和“同形”中的“异”，辅之以体会句子意义节奏变化和语气变化的诵读。

（三）教“运用训诂、语境分析和变换比较等方法”

分析比较古今语句异形同质，重点在于掌握词语古今意义的变化和古文特殊句式的特点。教给学生常用的训诂法，教会学生根据上下文语境来解疑释惑，让学生运用汉语造字、构词、成句的特点来理解文言文，避免机械记忆。

（四）教“归纳、整理文言知识”

“每一课都可能有若干常见的文言实词、虚词或特殊句式，值得提示或强调，宜放到课文教完，加以整理归纳，以助识记，不要穿插在解读中进行。”指导学生分门别类地归纳、整理，当然，需要归纳、整理的还包括理解课文必不可少的文化常识。

（五）教“理解、运用文言故事”

设计读写结合活动，训练学生联系背景理解故事原意、联系现实思考故事的现代意义的多向思维能力；开展故事新编活动，拓展学生的创新能力。

以上种种，立足于教“读古文故事的方法”，立足于培养“读古文的习惯”。每学一篇课文，学生既读懂、背诵了一个文言故事，又练习了读文言文的方法。初中阶段只有几十篇文言文，就让学生熟练掌握文言、达到自主读书而言，几乎不能；但是，“得法养习，历练通文”，庶几足矣。

文言文教学之实践篇

千古痴人如何说

——《湖心亭看雪》教学设计及反思

深圳市光明新区实验学校　曾春霞

教学目标

1. 反复朗读，熟读成诵，积累文言知识。
2. 赏析写景句，掌握文中白描的写作手法。
3. 感悟张岱超凡脱俗的雅趣和深沉的故国之思。

教学重难点

1. 赏析写景句，掌握文中白描的写作手法。
2. 感悟张岱超凡脱俗的雅趣和深沉的故国之思。

教学过程

一、诗歌引“看雪”

师：关于西湖的诗句，同学们能背诵多少？杨万里说“接天莲叶无穷碧，映日荷花别样红”，这是明艳脱俗的西湖；白居易说“最爱湖东行不足，绿杨阴里白沙堤”，这是杨柳依依、生机盎然的西湖。诗人心中有一个春天，他笔下的西湖就春意盎然；诗人的心中有一份柔情，他笔下的西湖就温柔缠绵。可是如果诗人的心中寒冰一片，他笔下的西湖会是什么样子的呢？让我们和张岱一起去“湖心亭看雪”。

[设计意图：关于西湖的古诗很多都耳熟能详，从古诗切入，不仅拉近了学生与文章的距离，还形成了对比，激发了学生的阅读思考和兴趣。]

二、诵读明“事件”

教师范读课文，学生听读思考：文章写了一件什么事？

[设计意图：教师通过范读，带领学生进入情境；学生带着任务听读，

更好地把握文章的内容。]

学生自由朗读课文，然后教师指名朗读，检查学生能否读准字音、读通课文。

[设计意图：解决字词读音是文言文教学的基础，自由朗读是让学生消化的过程，指名朗读是检查的手段。]

教师带领学生概括文章内容。

时间：崇祯五年十二月，大雪三日后更定时分。（通过举例“三更半夜”使学生掌握“更定”的含义）

地点：西湖湖心亭。

人物：作者、金陵人、舟子。

事件：独往湖心亭看雪，偶遇金陵人。

[设计意图：文章的六要素非常明确，通过六要素能让学生快速地把握文章的内容。]

三、赏读知“白描”

师：作者独往湖心亭看雪，他看到了怎样的雪景？请找出写景的句子，读一读，品一品，试着用一个词来形容作者笔下的雪景。

[设计意图：让学生对作者笔下的景物有初步的感受，此为赏读的第一环节。]

师：若将句子改为“雾凇沆砀，天、云、山、水，上下一白。湖上影子，惟长堤一道、湖心亭一座，与余舟一艘、舟中人两三个而已”好不好？为什么？

（连用三个“与”字，写出了大雪后天地的混沌与苍茫。量词的缩小运用，使读者跳出尘世，从高空俯瞰，尘世中的人如沧海之一粟，有人物渺小、天人合一之感。）

[设计意图：虚词的改用，让学生清晰地体会景中蕴含的天地苍茫、人物渺小的心境，此为赏读的第二环节。]

师：对比周密《观潮》文段：“方其远出海门，仅如银线；既而渐近，则玉城雪岭，际天而来；大声如雷霆，震撼激射，吞天沃日，势极雄豪。杨诚斋诗云‘海涌银为郭，江横玉系腰’者是也。”同是对景物的描写，两文在写法上有什么不同？

（《观潮》采用工笔描绘，修辞形象，极致渲染，辞藻华丽；《湖心亭看雪》采用白描写法，不加渲染，大美至简。）

［设计意图：对比阅读，形象直观，无须多言，便可让学生掌握文章白描的特点。］

教师总结：张岱写景，寥寥数笔，勾勒出雪中西湖的神韵，表达了自己独特的内心感受。可谓是千古神笔！

［设计意图：这一环节采用主问题推进的方法，抓住景物描写，从选词，到改词，再到对比，由浅入深，让学生充分感受景物的特点，体悟张岱的心境，掌握白描的写法。］

四、细读论“人物”

师：借用文中的一个字来评价张岱，你会用哪一个字？为什么？

［设计意图：通过用文中的词评价张岱，带领学生深入文本，品读文本，走进人物内心。］

师：这篇文章让我们触摸到了张岱这位痴人，请读以下关于张岱的资料，再用一个词来评价张岱。

张岱出生于仕宦世家，少为富贵公子，过着游山玩水的风雅生活。自称“少为纨绔子弟，极爱繁华，好精舍，好美婢，好娈童，好鲜衣，好美食，好骏马，好华灯，好烟火，好梨园，好鼓吹，好古董，好花鸟”，奢侈豪华，绝非一般。随着明朝的灭亡，那种锦衣玉食的繁华生活一去不复返，成了一场永远的梦，一地的碎梦。所以他说：“想余生平，繁华靡丽，过眼皆空，五十年来，总成一梦。”“甲申以后，悠悠忽忽，既不能觅死，又不能聊生，白发婆娑，犹视息人世。”明朝灭亡，让他成为“遗民”，梦皆碎空，导致了他的孤独。

［设计意图：通过资料补充，帮助学生跳出文本深入理解人物，做到知人论世。］

教师总结：这节课，我们议了“痴行”，品了“痴景”，体会到了张岱的“痴心”。请看黑板，我们正好对出了一副对联：苍茫天地独品孤寂，孤独世界喜遇知己。让我们齐背课文，记住这一场痴情的往事和这个痴心的人！

五、板书设计

湖心亭看雪

张 岱

景	情	人	
苍茫天地	独品	孤寂	痴
孤独世界	喜遇	知己	

[设计意图：本节课主要通过品读“景”“情”“人”来展开教学。赏张岱笔下的景，抓住“苍茫”和“孤独”；悟张岱的情，抓住“独”和“喜”；论张岱之人，抓住知音难寻的“孤寂”。而所有的一切，都源于作者的“痴”。板书的词语不仅可以概括课堂的中心话题，还能连成一句对联，让学生印象深刻。]

教学反思

很早以前我便极喜欢张岱的《湖心亭看雪》，喜欢文中的“静雅”“孤寂”“痴心”。然而，我们成年人喜欢的美文，到了学生那里，却未必能获得共鸣。《湖心亭看雪》便是这样，因为张岱的遗民之情、清傲之心毕竟离学生太远，学生只能懂其表，而不能解其里。于是，如何让学生真正走近张岱这个千古痴人，便成了教学的重中之重、难中之难。

在教学时，为了让学生更快地进入情境、走进文本，我先采用了诗歌导入的方式，然后通过用不同的方式朗读课文使学生把握大意。因为课文字面意思相对浅显，而且学生预习得比较充分，所以没有采用常规的“先解决文言，再品读文义”的方式，而是“言”“文”结合，把对难点字词的理解穿插在具体的品读中。实践证明，这样的教学方式不仅没有因“文”废“言”，反而显得自然灵动。

课堂的重点之一是对“雪景”部分的赏读，不仅要使学生掌握白描的写法，还要引导学生结合情景交融的特点，由景入情。突破这个重点，分为三步。第一步是选词初谈感受，因为可深可浅，所以学生表现得很踊跃，有的选“白茫茫”，有的选“冰天雪地”，有的选“冷清”，有的选“苍茫”，有的选“渺小”，也有的选了“孤独”。这是本节课的预热环节，学生从这里才真正走进了文本。第二步是改句。学生很快就发现量词间的

“大”与“小”，而这恰巧扣住了刚才学生所说的“渺小”。这样生成性的东西，在课堂中显得尤为可贵。此时，我及时点拨：“其中什么显得渺小？而什么又显得特别大而空旷？”这么一来，学生理解天地之大、人物之小的苍茫与天人合一的混沌就水到渠成了。第三步是对比阅读。《观潮》是学生以往所学中比较典型的采用工笔描绘的文章，对潮水的描写运用了多种修辞极力描摹。二者相比较，各自的特点非常鲜明。学生很快便能掌握本文的白描写法。

课堂的重点之二是对“人物”的品读。我力求让学生走近张岱，理解张岱，而不是将张岱标签化。这个部分分为两个环节。第一个环节让学生结合文章谈，要因文论人。因为有了前面的铺垫，这个环节学生也甚是踊跃，很快就找出了“孤独”和“痴迷”。在谈“孤独”时，我引导学生思考“独往湖心亭看雪”和“舟中人两三粒”是不是矛盾，以此让学生体会张岱的孤傲和清高。在谈“痴迷”时，我着重引导学生从文本中理解张岱对故国的痴迷，如文中的纪年方式、与金陵人的对话。这个时候，学生对张岱的认识仍是浮于文字的。于是，我及时引入资料，在音乐声中，缓缓道出张岱的简要生平，以及他的文字，他的繁华，他的幻灭。这时，学生彻底沉静了下来。再让学生用一个词评价张岱，即使仍然是“孤独”和“痴迷”，此时也有了更深入的解读。例如，一学生说：“我用‘幻灭’来评价他，因为他的一生就是幻灭的一生，锦衣玉食的幻灭、理想的幻灭、人生的幻灭……”另一学生接着说：“因为幻灭，所以他痴迷，因为失去的才是最美好的；因为幻灭，所以他孤独，因为曾经沧海难为水。”至此，学生懂得了千古痴人的诉说，课堂在高潮中结束！

最后，结语就是通过板书重温课堂，重温张岱其文、其人。

我认为本节课上得还是比较成功的，最大的成功在于学生对张岱不是生硬地分析，对白描不是一知半解地认识，而是走进了张岱的景，走进了张岱的情，懂得了张岱的人！

当然，本课教学也存在很多的不足，例如，对文中的某些细节（喜逢知己的部分）品读得不够；对改文“天、人、山、水”与原文“天与人与山与水”的差别，学生不能很好地领悟，说明改动得并不成功，也分散了对量词的改动的讨论，得不偿失；赏读探究较为充分，但读得不够，对学生的朗读指导尤为不够，导致学生没能达到熟读成诵的程度，这是最为遗憾的地方！

精彩链接

以下是王君老师执教《湖心亭看雪》的课堂实录片段——领悟“痴”情。

师：来，我们一起再齐诵一遍，这次要求更高了。

（师生齐诵。）

师：文中有一个词语可以形象地概括出张岱的形象，请你找出来。

生：老师，我找出来了，这个字是“痴”。

（学生纷纷表示赞成，教师板书“痴”。）

师：“痴”用通俗的话怎么讲？

生：傻，笨！

生：呆。反正就是行为举止不同于常人。

师：对，这个张岱啊，就是一个与众不同的呆人。大家再自由读两遍，之后我们讨论一下他哪些地方表现出了特别的呆气。

（学生自由朗读，讨论，纷纷举手。）

生：“是夜更定”，他居然在晚上去看雪，真是不可思议！

生：还自称是一个人驾船去的，胆子可真大。

生：还不是在一个普通的冬天的晚上，而是“大雪三日，湖中人鸟声俱绝”的时候去的。

师：你把这句子有感情地、稍微夸张地读一遍。

（学生动情读，有意识地夸大处理了“大”字和“绝”字，师生颔首。）

师：想想三天大雪之后的情景。

生：什么声音都没有。

师：用一个成语表达，是什么？

生：万籁俱寂。

师：这是从哪个感觉器官来描写的？

生：听觉。

师：能从其他角度来写吗？

生：湖上白茫茫的一片，白得刺人的眼睛，人呵出的气到空中马上就被凝固了，耳边是呼呼的风声，空气都是冰凉的。

师：还不错，你能也用一个成语来表达吗？

生：天寒地冻。

师：在这样天寒地冻的天气里，你会在家干什么？

生：烤火。

生：缩在被窝里看书、睡觉。

生：喝热茶、热咖啡，聊天。

师：可是张岱居然在这样天寒地冻的天气里晚上跑到湖上去看雪，你看他是不是有些怪异啊？

生：就是，痴人首先是行为痴。

师：妙！（板书"行痴"）

生：还有张岱眼中的西湖雪景我觉得也挺怪异的。

师：你有感情地读一遍，说说怪异在哪儿？

（学生读，还挺有感情的，但是之后说不出来怪异在哪儿。）

师：来，我们一起读这两句，细细体会一下。

（学生读，有些韵味。）

生：反正就是觉得很不一样，一会儿大一会儿小的。

师：不要着急，我来帮你。老师觉得呀，这一句问题也挺多的。你看"天与云与山与水"，多拖沓啊，古人不是说要"惜墨如金"吗？张岱却一连用了四个"与"字，我看一个都不用也行。

生：不行，老师。

师：为什么不行？你看我读。（去掉四个"与"字读）

生：效果不对了。

师：哪里不对？你得说服我。

（学生议论纷纷，仿佛都表达不出来。）

师：那我们对比读一读。先去掉"与"字读一遍，然后把原文读一遍。

（学生对比读了一遍。）

生：我感觉出来了，这四个"与"字并不多余，它让"天、云、山、水"四种景物融合在了一起，如果去掉，好像它们就有了界限似的。

生：四个"与"字造成了一种天地苍茫的浩大气象。有这四个"与"

字，后文的“上下一白”才显得更有气势。

师：好样的，有眼光！来，让我们读出天地苍茫的景象。

（学生拖长音调读，摇头晃脑，韵味十足。）

师：还有一个地方，老师不明白。你说文中那些量词怎么这么怪啊？明明应该是这样的：“惟长堤一条、湖心亭一座，与余舟一艘、舟中人两三个而已。”

生：不好，显得好大！

师：大有什么不好吗？看得更清楚有什么不好？

生：前面的“大”和后面的“小”形成鲜明对比，这样才“异”嘛！

师：不仅量词有问题，我觉得顺序也有问题。如果我来写就这样安排“惟舟中人两三个、余舟一艘、湖心亭一座、长堤一条”，你看，越来越清晰，符合人的心理要求嘛！

生：不好，味道全没有了。

师：什么味道？

生：作者要把自己融进苍茫宇宙的那种味道。

师：漂亮！我们读读这一句，把那个“而已”的味道读出来。

（学生反复读，教师反复指导“而已”的读法。）

师：感觉到这“而已”的言外之意了吗？

生：景啊，人啊，不过是这沧海一粟罢了，在苍茫天地中，它们都似有似无，天人合一了！

（师生惊喜，热烈鼓掌。）

师：这位同学真是一语惊醒梦中人啊！原来痴人眼中有痴景，是因为有个天人合一、融入宇宙的愿望啊！（板书“痴景”）

带领学生感受“性灵文学”

——《满井游记》教学设计及反思

深圳市光明新区实验学校　游云云

教学目标

1. 疏通文义，感受北方初春的景象。

2. 理解袁宏道丰富而微妙的思想情感，及其厌倦官场、寄情山水的人生意趣。

3. 了解袁宏道“独抒性灵，不拘格套，非从自己胸臆流出，不肯下笔”的特点。

教学重难点

1. 在朗读中感知文义，感受北方初春的景象。

2. 理解袁宏道丰富而微妙的思想情感，及其厌倦官场、寄情山水的人生意趣。

教学过程

一、引入评价，激趣导入

师：山水小品中，袁宏道的《满井游记》为上乘之作，被赞为“健若没石之羽，秀若出水之花”。他高举“性灵文学”的大旗，写景独具慧眼，抒情物我交融。今天就让我们一起走进袁宏道的《满井游记》，看看他写了何景，抒了何情，又是怎样独抒性灵的。

[设计意图：用“健若没石之羽，秀若出水之花”“写景独具慧眼，抒情物我交融”评语开篇，一为激趣，二为顺势提出课堂教学的主问题。]

二、自读课文，疏通文义

1. 布置任务。

学生自读课文，要求：读准字音，疏通文义。对理解有困难的地方做好标记，再提交小组讨论；小组解决不了的，再提交全班思考解决。

教师也有任务，就是在前期诵读的基础上背诵全文。

师生竞赛，计时五分钟，看谁的任务完成得好。

2. 检查落实。

学生接龙朗读，正字正音；小组提交问题，疏通文义。

[设计意图：师生竞赛有利于激发学生的兴趣。学生先自读思考，然后小组讨论，最后全班解决，层进性化解学习疑难，从而避免学习中的“替代”现象。]

三、美读课文，感知春意

1. 师：同学们的任务完成得很好！现在请你们来检查老师的任务完成情况，老师将背诵《满井游记》全文。背诵前，老师有两个小小的请求：第一，认真倾听；第二，客观评价，不足之处请多多指出，谢谢！

教师伴乐背诵，漏掉“若脱笼之鹄”“晶晶然如镜之新开而冷光之乍出于匣也”“如倩女之靧面而髻鬟之始掠也”“毛羽鳞鬣之间皆有喜气”，把“郊田之外未始无春，而城居者未之知也”一句重复一遍。

教师背诵完毕，请学生点评。

生：老师，你背漏了一些句子。

师：同学们，我背的时候，漏掉了这些句子，可也没有影响原文的意思呀！所以我认为漏掉就漏掉了，大家意下如何？

2. 师：你们认为哪个句子最难？老师引导你们来一起解决。

重点研读第二段，结合上下文，具体分析这些句子的表达效果，看看它们写出了景物的什么特点。

(1) 学生齐读：廿二日天稍和，偕数友出东直，至满井。高柳夹堤，土膏微润，一望空阔，若脱笼之鹄。

语言赏析：

①“笼”照应了文中的什么内容？

明确：“局促一室之内，欲出不得。”

② 哪一句照应了“脱”字？

明确：“偕数友出东直，至满井”“一望空阔”。

③“鹄”改成“鸟”不是更欢快吗？行不行？

明确：鹄，视野更开阔，精神更自由，心情更愉悦。

④ 这一句是总写，有时间、地点、人物、事件、心情，用这一句来开篇，开门见山，岂不是更好？去掉第一段行不行？

明确：若没有第一段的拘束、烦闷，第二段自由、愉悦的感觉也不会那么强烈。所以，第一段是铺垫、衬托。

学生齐读，读出自由、愉悦的感觉。

⑤ 从这些地方我们可以看到袁宏道是一个怎样的人？

明确：一个追求精神自由、渴望无拘无束、个性自由奔放的人。只有这样的人才能提出文学创作要“不拘俗套”的“性灵说”。

(2) 男生齐读：于时冰皮始解，波色乍明，鳞浪层层，清澈见底，晶晶然如镜之新开而冷光之乍出于匣也。

语言赏析：

① 翻译这个句子。

② 这个句子采用了什么修辞手法？把什么比作什么？写出了春水的什么特点？

明确：比喻。冰皮——镜匣；水——镜；水光——镜之冷光；冰皮始解，波色乍明——镜之新开，冷光乍出。

教师总结：写出了春水的清澈明亮。南方人可能没有见过长河封冻、千里冰封的样子，但一定见过镜子。比喻的作用就是使本体具体可感，生动形象，所以本体和喻体之间要有相似点。

(3) 女生齐读：山峦为晴雪所洗，娟然如拭，鲜妍明媚，如倩女之靧面而髻鬟之始掠也。

语言赏析：

① 文中哪一句照应“靧面”一词？

明确：“山峦为晴雪所洗，娟然如拭。”

② 文中哪一处景物与“髻鬟”神似？

明确：“柳条将舒未舒，柔梢披风。”

③ 把“倩女”换成“君子”行不行？

明确：柔美与壮美不同，春天是柔美的，“倩女”也是清秀、秀丽、秀美的。用了这些修辞，文字更加清新洒脱，这也是“性灵文学”的特点之一。

④ 这句话写出了春山的什么特点？

明确：鲜妍明媚，清秀美丽。

女生齐读，读出柔美的感觉。

（4）学生荐读：凡曝沙之鸟，呷浪之鳞，悠然自得，毛羽鳞鬣之间皆有喜气。

语言赏析：“子非鱼，安知鱼之乐？”作者不是鸟和鱼，怎么知道鸟和鱼有喜气？

明确：“一切景语皆情语”，移情于物，把人的感情与景物水乳交融，把无形的情感化为有形的景物。如杜甫《春望》中所说的“感时花溅泪，恨别鸟惊心”。

[设计意图：赏析第二段是本课教学的重头戏，教学设计采用了“小步慢移，层层追问”的形式，使学生深入理解文章，并逐渐掌握语言赏析的方法。]

四、品读课文，感悟性灵

1. 袁宏道在《叙小修诗》中说：“大都独抒性灵，不拘俗套，非从自己胸臆流出，不肯下笔。”又说：“情至之语，自能感人，是谓真诗。”还说：“任性而发，尚能通于人之喜怒哀乐。”也就是说，他的作品都是有感而发，蕴含着饱满的情感的。请思考：作者在对满井春色的描绘中渗透了怎样的情感？

明确：既表达了一种轻松愉悦的心情，又流露出对自然重新焕发生机的欣赏和赞美之情，以及投身大自然怀抱的欣喜、闲适之情。在赏景赏情的过程中，我们可以发现袁宏道对满井景物的观察细致入微，他的性灵是真正融入景物当中了，如果不是这样，景物就很难触发他丰富的想象。

2. 在《满井游记》中，除了写景抒情、移情于物之外，还有没有其他地方（如一个字、一个词）渗透了作者的情感？请找出来，并品读它。

明确：燕地寒，袁宏道局促一室之内，欲出不得，心情烦闷。每冒风驰行，未百步辄返，实在是压抑至极。廿二日天稍和，他便迫不及待地来到满井，一望空阔，心情豁然开朗。积雪消融，吹面不寒杨柳风，吹绿夹堤高柳，吹得水光潋滟，鸟儿晒太阳，鱼儿戏绿水。面对此情此景，作者忍不住发出了深深的感叹，由衷地赞美："始知郊田之外未始无春，而城居者未之知也！"因体会到这一点，所以教师才在背诵时才由衷地反复咏叹。

3. 文学研究者指出"夫不能以游堕事，潇然于山石草木之间者，惟此官也"一句中包含了复杂的情感。请翻译并品读这句话，说说其中包含了哪些复杂的情感。

教师引导学生通过加语气词来品读句子：

（1）夫不能以游堕事，潇然于山石草木之间者，只有我这样的官哪！（自得、自乐）

（2）夫不能以游堕事，潇然于山石草木之间者，只有我这样的官罢了！（自嘲）

课件出示补充资料：

袁宏道轻视名利，无意于仕途。他于万历二十年（1592 年）就中了进士，但不愿做官，把做官看作"猢狲入笼中"。他曾辞去吴县县令，去访师求学，游历山川，写下了很多著名的游记。他生性酷爱自然山水，在登临山水中，他的思想得到了解放，个性得到了张扬，创作的激情也格外高涨。万历二十六年（1598 年），袁宏道收到在京城任职的哥哥的信，让他进京。他只好收敛游山玩水的兴致，来到北京，任顺天府（治所在北京）教授一职，次年升为国子监助教。但污浊的官场让他尝尽人间冷暖，于是，他告假还乡，过上了隐居的生活。

明确：污浊的官场让他感到压抑，对官场的厌倦，对名利的淡泊，让他无心做官。好在现在的这个官，还能"潇然于山石草木之间"，大自然给了他心灵的慰藉。（厌倦仕途，轻视名利，钟情山水）

[设计意图：上一环节带领学生通过语言赏析感知初春满井的春色，使学生初步体会了作者蕴含在字里行间的情感。这个环节先顺势提问："作者在对满井春色的描绘中渗透了怎样的情感？"接着荡开一笔："除了写景抒情、移情于物之外，还有没有其他地方渗透了作者的情感？"从而把重点集中在两个直抒胸臆的句子上——"始知郊田之外未始无春，而城居者未之知也"和"夫不能以游堕事，潇然于山石草木之间者，惟此官

也”，然后带领学生品读感悟，体味情感。]

五、总结全文，余音绕梁

师：世界上并不缺少美，而是缺少发现美的眼睛；世界上并不缺少美，而是缺少追寻美的脚步；世界上并不缺少美，而是缺少感悟美的性灵。让我们一起诵读《满井游记》，去发现美、追寻美、感悟美！

（师生伴乐朗诵。）

六、板书设计

满井游记

袁宏道

城中余寒：局促、烦闷、压抑

满井春色：
- 面：一望空阔　　愉悦
- 点：春水—春山—春柳—春苗—游人—虫鱼　　自由
- 叹：始知郊田之外未始无春，而城居者未之知也　　闲适

抒写性灵：自傲、自嘲、慰藉

［设计意图：板书采用文字先理清行文脉络，再将品读时概括提炼出的重点词语列举其后，有“景”有“情”，凸显重点，便于学生对照提纲，诵读理解。］

教学反思

《满井游记》选自人教版八年级下册第六单元。这一单元所选课文，以写景记游的古代散文为主。有的表达旷达胸襟，有的流露自得之乐，有的抒发闲适之情。所记景色不同，写作心境不同，却都是感事抒怀、借景言情的名篇。

《满井游记》是明代袁宏道的名篇。袁宏道在文学上提出了“独抒性灵，不拘格套”的“性灵说”，《满井游记》可以说是“性灵文学”的代表作。在本课教学中，教师既要拿捏游记共性的内容，也要紧扣“性灵文学”独特的内涵。在教学中，我进行了如下尝试。

一、主问题驱动，让文言文教学更有序

作为游记，写景抒情是其基本表现形式，《满井游记》也不例外。袁宏道提倡“独抒性灵”，提倡行文多采用借景抒情、移情于物，遣词造句

中渗透情感，直抒胸臆三种形式。因此，在导入时，我顺势提出本节课教学的主问题："写了何景，抒了何情，又是怎样独抒性灵的。"用这个主问题，牵一发而动全身。

1. 运用这个主问题，巧妙地从中部切入。首先研读第二段，在研读的过程中，通过追问"去掉第一段行不行"，顺势进行了第一段的教学。

2. 运用这个主问题，恰当地"一笔两用"。在赏析第二段时，以修辞手法的赏析为载体，"一笔两用"，顺便引导学生总结作者抓住了哪些早春景物，抓住了这些景物的什么特点来写，使"写了何景"这个问题迎刃而解。

3. 运用这个主问题，自然地衔接过渡。先用袁宏道的创作之道"非从自己胸臆流出，不肯下笔"来承上启下，追问"作者在对满井春色的描绘中渗透了怎样的情感"，过渡自然。赏"景"悟"情"之后，再通过追问"除了写景抒情、移情于物之外，还有没有其他地方（如一个字、一个词）渗透了作者的情感"，来引领学生再深思一层。

因为主问题集中，追问层次清晰，本节课教学显得很有序。

二、课堂激趣，让文言文教学更有味

课始，我们进行师生竞赛，促使学生都行动起来了，课堂效率也提高了。

提问，教师欲擒故纵。背诵时，我故意漏掉"若脱笼之鹄""晶晶然如镜之新开而冷光之乍出于匣也""如倩女之靧面而髻鬟之始掠也""毛羽鳞鬣之间皆有喜气"，并把"郊田之外未始无春，而城居者未之知也"重复一遍。背诵结束以后，学生提出："老师，你背漏了一些句子。"我辩解："同学们，我背的时候，漏掉了这些句子，可也没有影响原文的意思呀！所以我认为漏掉就漏掉了，大家意下如何？"这样一来，学生"赏析修辞"的激情再次被调动起来。有了学生的积极配合、深度思考，师生课堂互动自然会很充分。这样一来，语文课就有了趣味，有了灵性！

赏析，力求先"扶"后"放"。在"语言赏析"环节，因为句子理解起来很难？我就问："你们认为哪个句子最难？老师引导你们来一起解决。"在师生的配合之下，他们很有深度地理解了"若脱笼之鹄"的含义，接下来学生按照我引导的方法，很顺利地解决了对其他三个修辞句的赏析，从而达到了“授人以鱼，不如授人以渔”的效果。

文言文离我们的生活实际稍远，若“零敲碎打”，学生会感到乏味疲惫。抓住主问题，巧妙激趣，是文言文教学不错的选择。

精彩链接

本课课堂实录片段一：

师：我们重点研读第二段，赏析这四个句子，它们都是什么句？

课件出示：① 若脱笼之鹄；② 晶晶然如镜之新开而冷光之乍出于匣也；③ 如倩女之靧面而髻鬟之始掠也；④ 毛羽鳞鬣之间皆有喜气。

生：比喻句。

师：给大家五分钟时间，结合上下文，具体分析这些句子的表达效果，看它们写出了景物的什么特点。

师：你们读了之后，认为哪一句最难？

生：若脱笼之鹄。

师：“若脱笼之鹄”是个什么句子？

生：比喻句。

师：比喻句要生动形象，要写出人的心情，这一句写出了作者的什么心情？

生：自由、喜悦。

师：文章中哪个地方写出作者感觉像在一个笼中呢？

生：“局促一室之内，欲出不得。”

师：哪个地方像笼外呢？

生：“高柳夹堤，土膏微润，一望空阔。”

师：“鹄”是什么意思？

生：天鹅。

师：能不能换成“小鸟”？小鸟多欢快呀！

生：不行。

师：为什么？

生：我用一句歌词来解释吧！“我是一只小小小小鸟，想要飞呀飞却飞也飞不高。”飞不高能自由吗？作者用“鹄”，视野很开阔，精神很自由。这句话巧妙地写出了作者从城市到满井之后自由愉悦的心情。

本课课堂实录片段二：

师：文学研究者指出“夫能不以游堕事，潇然于山石草木之间者，惟此官也”中包含了复杂的情感。品读情感，需要先理解句意。谁来翻译一下这句话?

生：能够不因为游玩而耽误正事，潇洒徘徊于山石草木之间的，只有这个官职了。

师：他翻译得很好，但我觉得“惟此官也”还要再解释一下。唯：只有。此官也：像我这样的官位，像我这样的官儿。

(教师指导学生朗读：夫不能以游堕事，潇然于山石草木之间者，只有我这样的官哪!)

师：我们把后面的语气词变一下，把“哪”变成“罢了”再读读看。

(教师指导学生朗读：夫不能以游堕事，潇然于山石草木之间者，只有我这样的官罢了。)

师：读得还是有点昂扬。

(教师范读，学生齐读。)

师：这样读有什么样的感觉?

生：有点惋惜。

生：有点叹息的感觉。

师：还有点——

生：自嘲。

师：接下来我们来了解一下袁宏道这个人，看看我们品味得到底对不对。

[出示补充资料：袁宏道轻视名利，无意于仕途。他于万历二十年(1592年)就中了进士，但不愿做官，把做官看作“猢狲入笼中”。他曾辞去吴县县令，去访师求学，游历山川，写下了很多著名的游记。他生性酷爱自然山水，在登临山水中，他的思想得到了解放，个性得到了张扬，创作的激情也格外高涨。万历二十六年(1598年)，袁宏道收到在京城任职的哥哥的信，让他进京。他只好收敛游山玩水的兴致，来到北京，任顺天府(治所在北京)教授一职，次年升为国子监助教。但污浊的官场让他尝尽人间冷暖，于是，他告假还乡，过上了隐居的生活。]

师：官场有没有给他温暖？

生：没有。

师：什么给了他温暖？

生：自然。

师：换句话说，自然山水给了他心灵的慰藉。（板书“慰藉”）同学们，现在我们带着这些理解把这句话再读一遍。

（学生齐读，师生共读。）

巧借经典培养学生文言语感

——《送东阳马生序》教学设计及反思

深圳市光明新区公明中学　冯睿

教学目标

1. 积累和理解四字短语，了解作者生平及赠序的特点，了解文章内容。

2. 培养多角度品读课文、发掘文言之美的能力。

3. 感受乐以忘忧的精神。

教学重难点

1. 培养诵读能力。

2. 多角度品读课文。

3. 发掘文言之美。

教学过程

一、背读导入

师：今天我们先背三句简单的文言文，看谁背得又快又好。

课件出示：

余幼时即嗜学。

以中有足乐者，不知口体之奉不若人也。

盖余之勤且艰若此。

[设计意图：开门见山，直入主题，抓住文章的关键句展开教学。]

师：请同学们齐背这三句话。这三句话中，有哪几个关键词既概括了全文，又表现了“余”的特点？

生：嗜学、足乐、勤艰。

[设计意图：再度浓缩，从关键句转到关键词，抓住作品的内核。]

师："余"真的是这样的人吗？今天我们就来细读明初诗文三大家之一宋濂写给同乡晚生马君则的一篇《送东阳马生序》，看一看他是如何写就自身特点的。

[设计意图：引出主问题。]

二、诵读理解，整体感知

1. 读准字音。

(1) 请学生们大声地自由朗读一遍课文，读准字音，并勾画出四字短语。

[设计意图：学生自由读，提示学生关注读音和四字短语，培养学生的自学能力。]

(2) 教师朗读（或播放录音），纠正读音。

(3) 解决难字的读音及意思，请学生齐读下列词语。

弗之怠（弗 fú：不；怠 dài：懈怠。成语：消极怠工）

趋百里（趋 qū：快走。类似的跟走有关的字有赶、起、越、趔、趄、超、赳、赴、趁）

执经叩问（叩 kòu：请教）

叱咄（叱咄 chì duō：训斥，呵责）

俟其欣悦（俟 sì：等待）

负箧曳屣（箧 qiè：书箱；屣 xǐ：鞋子。）

足肤皲裂（皲 jūn：皮肤因寒冷干燥而开裂）

媵人（媵 yìng：古代贵族妇女出嫁时随嫁的人，这里指服侍的人）

以衾拥覆（衾 qīn：被子）

皆被绮绣（被 pī：同"披"，这里是穿的意思）

容臭（臭 xiù：气味，这里指香气）

烨然（烨 yè：光彩照人）

缊袍敝衣（蕴 yùn：旧絮）

[设计意图：明确字音，引导学生借助偏旁部首揣摩字词的本义。]

(4) 文中像"硕师名人"这样的四字短语还有很多，请找出来读一读。

硕师名人　德隆望尊　援疑质理　俯身倾耳　负箧曳屣

深山巨谷　穷冬烈风　持汤沃灌　朱缨宝饰　缊袍敝衣

足肤皲裂　四支僵劲

圣贤之道　口体之奉　白玉之环　滋味之享

① 齐读一遍，说一说上述短语的结构类型可以分成哪三类。（并列短语、主谓短语、偏正短语）

② 短语填空：________的宋濂。（援疑质理的宋濂；俯身倾耳的宋濂；负箧曳屣的宋濂；缊袍敝衣的宋濂；足肤皲裂的宋濂；四支僵劲的宋濂）

③ 让我们带着敬佩的心情大声地朗读一遍。

［设计意图：解决字词是文言文教学的基础，而四字短语是这篇文言文的显著特征，短语结构类型的辨识是八年级下册汉语语法教学的知识点之一，借助典型的文言四字短语来复习、巩固语法知识能达到一举两得的效果。把握字音是文言文朗读的必要前提，此设计力求在读好字音的基础上，提醒学生关注四字短语的朗读，这样有利于对节奏的把握。］

（5）总结过渡语：从宋濂的用词我们可以看出，他善用四字短语来表现自己的特点。他幼时嗜学的特点是不是也是四字短语"唱主角"呢？我们来译读第一段。

2. 译读理解。

（1）学生自由朗读第一段，抢答完成对下列词语的解释。

致（得到）、假借（借）、走（跑）、稍（稍微）、逾（超过）、以是（因此）、益（更加）、患（担心）、尝（曾经）、或（有时）、愈（更加）、至（周到）、俟（等待）。

［设计意图：培养学生对字词意思的猜测能力。］

（2）学生齐读第一段，对照注释翻译下列句子。

① 每假借于藏书之家，手自笔录，计日以还。

译：常常向藏书的人家去借，（借来后）亲手抄写，计算着日期按时归还。

强调：之，助词"的"，如厅室之东北角、水陆草木之花。

② 天大寒，砚冰坚，手指不可屈伸，弗之怠。

译：就是特别寒冷的严冬季节，砚池里的墨水结成坚硬的冰块，手指（冻得）不能弯曲、伸直，（我）也不敢松懈。

张调：之，指示代词，指代抄书工作。

③ 录毕，走送之，不敢稍逾约。

译：抄写完毕，跑着把书送回去，不敢稍微超过约定的期限。

强调：之，人称代词，指所借的书。

[设计意图：复习“之”字的常见用法，培养学生文言文的翻译能力。]

(3) 试用带有“之”字的四个字来概括以上三句话的内容。

抄书之苦（抄书的辛苦，“之”是助词）、抄书苦之（抄书使宋濂辛苦，“之”是人称代词，指宋濂）。

[设计意图：通过比较，加深学生对“之”字用法的理解。]

(4) 对文中的其他内容，请试用带“之”字的四个字来概括。

求师之难、奔走之艰、衣食之劣。

[设计意图：概括全文的主要内容，为多角度品读做准备。]

3. 导读提升，读出文言之美。

(1) 读出结构之美。

① 从结构上看，这篇文章可以分成几部分？

这篇文章可分成三部分。

一层：余幼时即嗜学。（生齐读）

二层：写抄书之苦（1 组读）、求师之难（2 组读）、奔走之艰（3 组读）、衣食之劣（4 组读）的句子。

三层：盖余之勤且艰若此。（生齐读）

② 学生分组朗读。

[设计意图：明确文章结构，在朗读中体会结构之美。]

(2) 读出叙议结合之美。

① 找出文中表达“余”受益的句子。

A. 以是人多以书假余，余因得遍观群书。

B. 故余虽愚，卒获有所闻。

C. 以中有足乐者，不知口体之奉不若人也。

② 这些句子从表达方式上看属于什么？（议论）读的时候要用什么样的口吻？（讲道理）

③ 其余部分属于哪种表达方式？（记叙）读的时候要用什么样的口吻？（讲故事）

④ 男女生配合读出叙议结合之美。（女生读借书抄书的句子，男生读表达受益的句子；女生读从师叩问的句子，男生读叙述获闻的句子；女生读描写寒冬求学的句子，男生读揭示乐以忘忧的原因的句子。）

［设计意图：在朗读中体会表达方式的不同。］

（3）读出语言之美。

① 课文第二段描写同舍生的句子有何用意？

对比突出“余”的衣食之劣，表现其乐以忘忧的高尚志趣。

② 朗读课文第二段，用下面的句式品读。

我认为本文妙在__________，因为写出了_______________。

例：我认为本文妙在“负箧曳屣行深山巨谷中”，因为写出了求学路的艰难。

（指导小结：妙在“足肤皲裂而不知”“四支僵劲不能动”，因为写出了寒冬求学的艰苦；妙在“被、戴、腰、佩”系列动词的运用，因为写出了富家子弟的衣着华贵；妙在“烨然若神人”的比喻，因为写出了同舍生得意骄人的神气；妙在“略无慕艳意”的表达，因为写出了宋濂的不慕荣利；妙在“以中有足乐者，不知口体之奉不若人也”，因为写出了宋濂乐以忘忧的崇高境界；妙在“盖余之勤且艰若此”的小结，因为写出了宋濂成功的奥秘。）

［设计意图：品味语言，进一步加深学生对作品的理解。］

（4）读出境界之美。

学生再读课文第二段，完成下面这个填空。

我不想有宋濂__________（文中词句）的经历，这也许会让我觉得__________（自己的话），我希望学习他__________（自己的话）的精神。

例：我不想有宋濂“负箧曳屣行深山巨谷中”的经历，这也许会让我觉得恐惧，我希望学习他求学无惧的精神。

（指导小结：我不想有宋濂“足肤皲裂而不知”“四支僵劲不能动”的经历，这也许会让我觉得疼痛难忍，我希望学习他不怕磨难的精神；我不想有宋濂“缊袍敝衣”的经历，这也会让我觉得丢人现眼，我希望学习他不慕荣利的精神；我不想有宋濂“寓逆旅”的经历，这也许会让我觉得饥饿难耐，我希望学习他乐以忘忧的精神。）

教师板书“不怕磨难、不慕荣利、乐以忘忧”。

[设计意图：把握文章的精神内涵，加深对“中有足乐者”的理解。]

总结过渡语：这就是我们通过这篇文章看到的宋濂。除此之外，他还有哪些传奇的身世呢？让我们走进今天的“非才勿扰”。

三、联读拓展

1. 非才勿扰——走近宋濂。

课件出示资料：

宋濂（1310—1381 年），字景濂，谥文宪，为明开国文臣之首，元末明初著名文学家、史学家、哲学家。宋濂自幼家境贫寒，但勤奋好学，“自少立志，未尝一日去书卷，于学无所不通”（钱基博语）。他年少时授业于元末古文大家吴莱、柳贯、黄晋等。元至正九年（1349 年），召他为翰林院编修，以奉养父母为由辞不应召，隐居龙门山著书。明初，征他做江南儒学提举，为王世子讲经，修《元史》，官至翰林院学士承旨、知制诰，朝廷的重要文书大都由他参与撰写。年老辞官，后因长孙宋慎犯罪，被流放到茂州（今四川），途中病死。他与刘基、高启为明初诗文三大家，著有《宋学士集》。他的著作以传记小品和记叙性散文为代表，文采或质朴简洁或雍容典雅，刘基曾赞许他“当今文章第一”。

洪武十一年（1378 年），即宋濂告老还乡的第二年，应诏入朝晋见明太祖朱元璋。正在太学读书的同乡晚辈马君则前来拜访，宋濂了解到马君则是个“善学者”，便写下这篇序，勉励他珍惜太学的条件，刻苦学习。

请学生根据上述简介口述填补下面的对话。

主持人飞飞：欢迎大家来到“非才勿扰”的舞台，下面我们有请下一位穿越至今的重量级男嘉宾，被称为“____________”的宋濂粉墨登场。

宋濂：大家好！我是宋濂，字____，很高兴来到“非才勿扰”的舞台。

主持人飞飞：您来到我们“非才勿扰”的舞台，要给我们带来什么样的才艺呢？

宋濂：____

主持人飞飞：这是什么绝活？今天有作品带来吗？

宋濂：这是我为洪武皇帝起草的____和我编写的________。

主持人飞飞：您还是______？请开始您的表演！

［设计意图：枯燥的人物简介很难给学生留下深刻的印象，这样的即兴改编的目的是激发学生的兴趣，引导学生回归文本，同时锻炼学生的口才。］

2. 余乃马君则——回赠宋公。

师：结合全文，代表马君则用“余虽无宋公______，但余当______；余即有硕师________，亦当________；余同舍生________，定当______。……”这样的句式写一段话回赠宋濂，请写出文言味。

［设计意图：读写结合，旨在引导学生体会赠序的内涵，锻炼学生的写作能力。］

四、巩固所学，完成作业

1. 背诵全文。

2. 结合你学习这篇文章的体会，以《致宋濂书》为题写一篇150字左右的短文。

五、板书设计

送东阳马生序

宋　濂

抄书之苦
求师之难
奔走之艰
衣食之劣

嗜学
足乐
勤艰

不怕磨难
不慕荣利
乐以忘忧

［设计意图：旨在扼要概括文章主要内容，点出文章关键词，揭示勤奋学习的内涵。］

教学反思

《送东阳马生序》是一篇勉励学生要刻苦学习的经典篇章。与《伤仲永》《孙权劝学》等同为劝学题材的篇目相较，《送东阳马生序》篇幅较长，作者以自身经历述说道理，用语精妙，娓娓道来，易于成诵。四字短语的大量运用，总分总的结构层次，客观平实的叙事，简明扼要的说理，幼时、加冠、从师的大时间跨度的陈述，逐层深入地点明了自己对待读书难、求师难、环境艰的正确态度。

该篇是文言积累背诵的典型材料，是探寻部分短语类型规律的典型材料，是层次分明、叙议结合的典型材料，是语言赏析的典型材料，更是勉励当今学子刻苦学习的典型材料。

基于以上解读，我的教学以关键句为切入口，从四字词语着手，设计背读、译读、导读、联读等主要环节，引导学生由浅入深，逐层进行文言解码，不断明晰作者的写作意图，通过反复朗读不断加深对读书求学的认知体验。教师在执教过程中应当注意以下问题。

一、目标不宜过多

该教学设计有知识积累，有语法知识学习，有译读方法指导，有结构分析，有概括能力训练，有朗读能力训练，有多角度赏析能力训练，有改编练习，有写作训练，似乎在追求面面俱到，但实际语文教学往往讲究“一课一得”。这就需要教师在实际操作中根据学情合理取舍，注意扣住文本，落实有层次的朗读指导，上出语文味。

二、环节不宜过细

教学设计中的环节过于细致，开放性不足，教师需要做好充分、合理的预设方能达到理想的教学效果。固定句式填空环节较多，这在一定程度上限制了文言解读能力较高的学生的思维。教师在实际应用中可以根据学生的实际水平进行调整，允许学生不受句式的限制。短语类型分辨的语法知识复习部分，在实际操作中可引导学生探究典型短语类型的语法规律，并拓展至已经学过的文言篇目中的四字短语。

三、解读力求深入

一堂课要想上得游刃有余，首先要在文本解读上下功夫。对于文言经典，教师在备课时应对解读的深度有更高的要求。程少堂老师提出的“上一堂课，至少读10本相关书籍”的硬功夫很值得一线教师在上经典篇目的课时付诸实践。语文味的教学设计理念要求教师对作品的解读达到文化层面。我因没有足够的阅读积累，对宋濂的了解不够深入，因而在教学设计中偏重于对基础能力的训练，虽紧扣文本，但文学层面的指导尚且不足，更没有上升到文化的高度。这需要进一步深入解读文本，创设更为灵动的教学情境。

四、板书力求新颖

王松泉老师指出，板书是反映课文内容的镜子、展示作品场面的屏幕，是教师教学时引人入胜的导游图、学生听课时掌握真谛的显微镜，是每一堂课的眼睛、进入知识宝库的大门，是启发学生思维的钥匙、读写结合的桥梁。足见板书对于语文教学的重要性。该板书设计以关键词为核心，属于典型的要点总结式板书，虽然简洁明了，但尚未达到艺术的高度。执教时可结合教学目标再行设计，力求新颖。

总之，我认为诵读指导是初中文言文教学的重中之重，正如钱梦龙老师所说的“这非常有利于学生形成对古汉语的语感”。文言文的诵读指导应当遵循一定的规律，讲求层次，如抽丝剥茧般不断深入，指导学生把文言文读通顺，读明白，读出情感，读出味道，读出文学，读出文化，读出精神，读出文明古国的文化自信。

精彩链接

一、严乔老师执教《送东阳马生序》的课堂实录片段

片段一：

师：有同学的反应很快，不急，请再次默读课文，圈点勾画出你觉得“余”生活艰苦的语句，尝试从求书之苦、求师之苦、求学之苦这三个方面，任选一方面说一说。教同学们一个学习的方法——先翻译，然后设身处地想象他当时的境况，并讲述出来。

（学生默读，思考。教师板书“求书”“求师”“求学”。）

师：很多同学已圈画出来了，你来说说。

生：“天大寒，砚冰坚，手指不可屈伸，弗之怠。录毕，走送之，不敢稍逾约。”

师：怎么看出苦的？

生：天是如此寒冷。

师：天非常寒冷，砚台里的冰是什么？

生：墨汁。

师：墨汁结成了冰，手指不能弯曲或伸直，但他仍不敢懈怠。抄完后，怎么送回去？

生：跑着送书。

师：不敢稍微超过约定的期限。

生：天非常冷，宋濂还要看书、抄书，而且手冻得都不能弯曲或伸展了，从这里可以看出宋濂非常刻苦。

师：在如此艰苦的环境下，我们想象一下，墨变成了冰以后，宋濂还要继续抄书，他得先把冰——

生：融化。

师：想象一下他会怎么做。

生：用炉子或热水把冰融化。

生：可能抱在怀里捂着。

师：不容易，融化了才能继续抄。“手指不可屈伸”，这是什么状态？（模仿手冻僵的样子）

生：手冻僵了。

师：这个姿势是在做什么？（模仿文中的描写做动作）

生：写字。

师：用冻僵的手写字，手上甚至可能长满了冻疮，但他还是要写字。为什么？

生：为了学习。

生：为了抄书，“不敢稍逾约”。

师：不敢稍微超过预定期限，要不然别人以后就不会把书借给他了。所以我们在读这句话的时候，可以重读刚才分析的词——“大”“冰坚”“不可屈伸”“不敢”，以体现他的生活之苦。一起读一下这一句。

（学生齐读。）

生：“尝趋百里外，从乡之先达执经叩问。”他走到百里之外去求师。

师：为了求师要到百里之外。

生：“当余之从师也，负箧曳屣行深山巨谷中。穷冬烈风，大雪深数尺，足肤皲裂而不知。”

师：你和老师的感受是一样的。

（出示文字及相关图片。）

生：他脚上的皮肤都因寒冷干燥而开裂了。

师：冻僵了。再看看这句的其他地方。

生："负箧曳屣行深山巨谷中。穷冬烈风，大雪深数尺，足肤皲裂而不知。"

师：大家想象一个画面，周围都是高高的山，深深的山谷中有一个人——宋濂，他背着箱子。猜一猜，箱子里面有什么？

生：书。

师：同学们第一个反应就是书，为什么不是行李或其他的东西？

生：因为他特别喜欢书。

师：走在一条什么样的路上？

生："大雪深数尺。"

师：数尺深的雪，好不好走？

生：不好走。

师：穿着一双什么样的鞋子？

生：破鞋。

师：为什么说是破鞋？

生：因为是"曳屣"。

师：翻译一下。

生：拖着鞋子。鞋子拖着走，因为已经破了。

师：鞋也坏了，以至于脚——

生：破裂了都不知道。

师：我们的耳边似乎能听到呼呼的风声，甚至能够感受到宋濂在深雪中咯吱咯吱的踩雪声。我们一边想象这样的画面，一边一起读这句话，感受他生活的艰苦。

（学生齐读，读得缓慢而有感情。）

师：同学们读出了这种苦的味道。求师之苦呢？

生："余立侍左右，援疑质理，俯身倾耳以请；或遇其叱咄，色愈恭，礼愈至，不敢出一言以复；俟其欣悦，则又请焉。故余虽愚，卒获有所闻。"

师：你说一说。

生："或遇其叱咄"，他……他……（不知如何表达）

师："叱咄"的意思是——

生：训斥。

师：此时的“余”多大了？

生：成年了，“既加冠。”

师：“余”敢不敢回一句嘴？

生：“不敢出一言以复。”

师：为什么？

生：想学习。

师：面对叱咄，一个血气方刚的青年隐忍下来，只为从“先达”那里学到更多的知识。再读一读这句话。

（学生齐读。）

师：这样的生活确实非常艰苦，然而宋濂从中只尝到了苦味吗？有没有其他的滋味？

生：“以中有足乐者，不知口体之奉不若人也。”还有乐的滋味。

师：这个“乐”字告诉了我们宋濂的快乐。请同学们浏览全文，画出能体现“余”乐在其中的语句。

片段二：

师：宋濂在求学中经历了生活的艰辛，却也乐在其中。下面这段文字是老师对本文的小结，请同学们一起读一读。

（出示文字：作为“开国文臣之首”，宋濂在这篇赠言里现身说法，生动而具体地描述了自己借书求师之难与饥寒奔走之苦，并与太学生优越的条件加以对比，有力地说明学业能否有所成就，主要在于主观努力，而不在于天资的高下和条件的优劣。全文层次分明，描摹细致，语重心长，循循善诱。）

师：怎么通过朗读来体现这种循循善诱呢？老师给同学们一些建议：模仿长者对晚辈说话的语气，亲切而又平缓地读。试着读下面几句。

（出示：①余因得遍观群书；②故余虽愚，卒获有所闻；③盖余之勤且艰若此。）

师：你来试着读一下。

（学生读。）

师：你来评价一下他读得怎么样。

生：很温柔，像个长辈。

生：挺好的。

师：那你也来试试。

（学生带着感情读。）

师：读出了停顿，很亲切。老师再教同学们一个方法可以把这种感情表现得更强烈：拉长“余”字的读音。我们一起读，看老师的手势。

（师生同读。）

师：“余”是一个饱受生活之苦的人，“余”又是一个对学习如饥似渴的人，“余”更是一个对晚辈满怀关爱的长者。老师作为你们的长辈，也想借这篇文章对同学们说几句话。请同学们把课本放下，看着老师。

（学生专注地看着教师，教师动情演背。）

师：能感受到老师传递出的感情吗？我们一起把刚才老师说的话再读一遍，拿起书来，带着感情读，带着表情读。

二、戚成林老师执教《送东阳马生序》的课堂实录片段

师：品味最令你震撼的语句。

生：最震撼我的语句是“负箧曳屣行深山巨谷中。穷冬烈风，大雪深数尺，足肤皲裂而不知”。宋濂求学的奔走之劳，让我更懂得了要珍惜今天优越的学习条件。想起自己一到冬天就舍不得离开热被窝，每天早起都怨气满怀，我真感到脸红。

生：最震撼我的语句是“或遇其叱咄，色愈恭，礼愈至，不敢出一言以复；俟其欣悦，则又请焉”。宋濂的谦恭来自他的求学心切，他对老师的敬畏源于他对知识的敬畏。虽然我们今天的师生关系应当更和谐、平等，但带着一颗虔敬之心求学还是很有必要的。

生：最震撼我的语句是“余则缊袍敝衣处其间，略无慕艳意”。校长要求我们“不和同学比吃穿”，可我总是不自觉地去比，对老师反复提到的已经被公派新加坡留学的学姐初中三年都是穿妈妈做的布鞋的事例也不以为然。宋濂穿着“缊袍敝衣”，却能“略无慕艳意”，是源于他对学习之乐的深刻理解呀！

师：收到这篇赠序后，马君则会对宋濂说什么呢？

生：余三生有幸，蒙宋公抬爱，劳形作序劝余，心中不胜感激。余虽

无冻馁之患，奔走之劳，叩问之难，亦当效公之嗜学、勤学、苦学。余定当惜此优境，益用心于学，不负公之厚爱。学路漫漫，余将上下而求索，以公为范，专心于学，以报公知遇之恩也。

生：闻宋公教诲，如醍醐灌顶，备感贴心，先表谢意于此。公之苦心已昭然于我心，为学不易，唯不畏险阻，不思安逸方可成。古今贤人多读书以明志。何为志？修身、齐家、治国、平天下也。公以学识报国，修史册，荣列文臣之首，生仰慕之至，生当循先达之道而行。公之教诲，深契于心，感激不尽。

生：宋先达德隆望尊，此赠序字字珠玑。公誉余为善学者，余愧不敢当。今余业未精而德未成，当得先达之志，效先达之专，以日有所进，不负先达之厚望。

生：沐赠序，心感激。悟甚多，愧亦多。敬宋公，借书读，手自录，计日还。为求学，行深山，刺骨寒，苦也甘。衣袍敝，无愧色，得学问，中足乐。想今朝，条件优，比宋公，勤不够。专于学，惜年华，得长进，谢先达。

多角度品读“神品”

——《记承天寺夜游》教学设计及反思

深圳市光明新区光明中学　罗灼

教学目标

1. 反复诵读，掌握常用文言词语，理解课文大意。

2. 了解文体，把握游记小品文叙事、写景、抒情相结合的写作特点。

3. 通过诵读，培养文言语感。

4. 赏读写景句，体会景中含情的妙处。

5. 领略文中月色自然之美，感受作者胸怀旷达之美。

6. 学习作者旷达乐观的生活态度，培养良好个性，拓展生命意识。

教学重难点

1. 熟读成诵，积累文言知识（重点实词、倒装句式）。

2. 品析文中的写景句和议论句，体会作者悠闲、豁达、超脱的心境。

3. 结合作者在黄州的经历，深入探究“闲人”的内涵，拓展生命意识。

教学过程

一、引入评论，激趣导入

师：同学们，我们平时写作文要求写多少字啊？若太短就很难把事情写清楚、写细腻。但是，请看我们今天这篇文章，仅有85个字，何其简短！却有名家评价它是“神品”（板书）。那么，这85个字的文章究竟“神”在哪里？今天，我们一起来赏读苏轼的这篇游记小品文《记承天寺夜游》。

[设计意图：导入语从学生平时的作文实际谈起，再引用名家评论，让学生对文本肃然起敬，产生阅读兴趣。]

二、诵读全文，整体感知

1. 自读课文，疏通词句。

学生自由朗读全文两遍，要求读通读顺，读准字音和节奏。

解决难字的读音和意思。

月色入户（户：门。成语“门当户对”）

未寝（寝 qǐn：睡觉。成语“废寝忘食”）

念无与为乐者（念：想到，考虑。注意“心”字底）

藻、荇交横（藻 zǎo、荇 xìng：均为水生植物。注意两字均为草字头）

[设计意图：落实字词的读音和意思是文言文教学的基础，通过对解、偏旁等方式可让学生轻松、高效地记住字义。]

学生挑战无句读朗读，看自己能否准确断句。

2. 再读课文，翻译全文。

学生再读课文，对照注释翻译全文。

教师提醒：本文出现了两个倒装句，翻译时要按现代汉语的规范调整句子语序。

（1）相与步于中庭。（状语后置。译：一起在庭院中散步）

（2）但少闲人如吾两人者耳。（定语后置。译：只是缺少像我俩这样的闲人罢了）

[设计意图：积累常见的文言句式，培养学生的文言阅读能力。]

3. 齐读课文，概括内容。

学生配乐齐诵全文。

师：全文写了一件什么事？请你用简洁的语言概括出来。

明确：苏轼和张怀民夜游承天寺。（注意标题的作用）

三、主问推进，精妙品赏

主问题：仅仅 85 个字的小品文，竟被赞为“神品”，它究竟“神”在哪里呢？请同学们细读文本，小组合作，就这个问题展开探讨，说说自己的看法。

1. 结构神。

师：给你一个任务——试着将课文进行变形。什么是变形呢？有没有同学知道？

提醒：这篇课文别看它只有一大段，内在的层次却非常奇妙，可分为两段，可分为三段，还可分为四段。现在，请你选一种分一分，重新编排文章的段落层次。

（1）两分法——依据内容。

第一段：从“元丰六年”到“盖竹柏影也”，讲整件事情的发生、发展（事件）。

第二段：从“何夜无月”到“但少闲人如吾两人者耳”，讲作者心中的想法（由事件升华出来的感慨）。

（2）三分法——依据表达方式的不同。

第一段：从“元丰六年”到“相与步于中庭”，这部分是记叙。

第二段：从“庭下如积水空明”到“盖竹柏影也”，这部分是描写。

第三段：最后三句，这部分为抒情议论。

（3）四分法——依据起承转合。

第一段：从“元丰六年”到“欣然起行”，月色撩人，作者一时兴起，便出来散步（事情的起因）。

第二段：从“念无与为乐者”到“步于中庭”，作者找到张怀民并一起走到中庭（事情的发展）。

第三段：从“庭下如积水空明”到“盖竹柏影也”，写庭中景色（笔锋一转，出现一个特写镜头）。

第四段：从“何夜无月”到“但少闲人如吾两人者耳”，作者抒发自己的感慨。

师：你看，这 85 个字多么有趣，它的组合何等多变，层次何等奇妙！现在，让我们把文章齐读一遍，来体会“神品”的魅力。（板书“结构神”）

[设计意图：通过各种方式的层次变形，让学生理解“神品”之神，神在其结构多变。]

2. 写景神。

课件出示：庭下如积水空明，水中藻、荇交横，盖竹柏影也。

师：这句话写的是什么？（月光）你是从哪里读出来的？（“如积水空

明”，常说“月光如水”）能否翻译一下这句话？（庭院中的月光，宛如一泓积水那样清澈透明，水中藻、荇交错纵横，原来是竹子和柏树的影子啊）

师：有人说，此句乃“神品”中的“神来之笔”，请你仔细再读几遍，看看它究竟好在哪里。

（1）比喻之妙。

月光如水，这个比喻本不新奇，新奇的是“积水空明”。

“空明”是什么意思？（澄澈、透明）

空明的水是什么样的？空明的月光又是什么样的？（干净、明亮、皎洁、宁静）

闭上眼睛，想象一下：深蓝的夜空，清澈明净，好似一块透明的蓝水晶。此时，一瀑皎洁的月光正从夜空倾泻而下，落在庭院中，仿佛一潭积水。水清如明镜，似乎还能看到藻、荇，藻、荇纵横交错，摇曳生姿。这水，哦，不，这月光，该是多么清澈、透明、洁净、静谧啊！

步于中庭，赏此美景，苏轼心中应该非常宁静、喜悦。

比喻之妙，把满庭的月色比作空明的积水，突出月光的清明、澄澈，抒发心中的宁静、喜悦。

再读这个句子，把自己融入这美丽的月色中，读得舒缓一些，读出月色的空明澄澈，读出苏轼心中的宁静、喜悦。

同学们，这个句子不仅好在比喻，它还有更神奇的地方，你发现了吗？

（2）虚词之妙。

我们把“盖”字换成“乃”字，读读这句话：庭下如积水空明，水中藻、荇交横，乃竹柏影也。

跟原句比较一下，有什么发现？（乃：就是。很肯定，实实在在，没有惊讶的感觉）

“盖”是什么意思？（原来是）现在换回“盖”字，再读原句。注意：读的时候，“水中藻、荇交横”后面停顿三秒，然后把“盖”字拖长音，夸张一些去读。

你读出了一种怎样的感觉？（恍然大悟，如梦初醒，惊讶，惊喜）

（预设：若学生说不出，教师需重现意境——庭院里，好像有一潭积水清澈透明，水中藻、荇交叉纵横。哦！原来是竹子和柏树的影子呀！哦！原来刚刚看到的不是水，而是如水的月光呀！）

这说明苏轼当时进入了一种怎样的状态？（忘情投入、迷幻沉醉）

是啊，当时的苏轼已全然沉浸在这泓清澈美丽、如梦似幻的水中了，自己仿佛成了一尾水中的游鱼，自由惬意地游着，游着……等到回过神来，才发现交错的藻、荇原来是竹柏的影子。眼前的景色，就好像是一个梦。我们说人喝醉了是醉酒，那苏轼此时可算是醉月了。所以，“神品”的第二“神”，乃“神”在写景。（板书“写景神”）

你看，一个“盖”字，写出了月夜的空明澄澈、如梦似幻，更写出了苏轼的忘情醉月。

［设计意图：通过对写景句的赏读，让学生学会从修辞手法和虚词揣摩两个角度品析文言美句，理解苏轼月夜出游的兴致和忘情醉月的情态。］

3. 境界神。

过渡语：一番夜游，让苏轼欣赏了美妙的月色，那是否也让他获得了人生的感悟呢？请大家找出作者直抒胸臆的句子。

课件出示句子并指导学生读：何夜/无月？何处/无竹柏？但/少闲人/如吾两人者耳。

（1）读出“闲人”必然的自由、闲适。

师：“闲人”的字面意思是什么？（清闲的人）前文哪些地方写到他们闲？

课件出示：月色入户，欣然起行。念无与为乐者，遂至承天寺寻张怀民。怀民亦未寝，相与步于中庭。

师：因为有闲情，才能与月相邀、与友闲游，才能欣赏到这美妙的月夜、摇曳的竹柏影。你看，多么闲适，多么自由啊！来，齐读最后三句，读出“闲人”的自由、闲适。

（2）读出“闲人”难免的落寞、苦闷。

师：在苏轼看来，明月夜夜有，竹柏处处栽，只是缺少什么？（缺少像我俩这样清闲的人）那苏轼与张怀民究竟是怎样的人呢？作者真的“闲”吗？

师：张怀民，我们不太了解，暂且不谈。对苏轼，你了解多少？谁来说说？

学生介绍苏轼的生平以及学过的苏轼的诗词。

课件出示背景助读1：

37岁，苏轼说“至君尧舜，此事何难”，话慷慨。

38岁，苏轼说“会挽雕弓如满月，西北望，射天狼”，抒豪情。

40岁，苏轼时任太守，抗洪救家，力挽狂澜，践壮心。

43岁，元丰二年，苏轼因乌台诗案被捕入狱，险被杀头。出狱以后，被贬黄州，降职为团练副使，做着有职无权的闲官。

补充说明：乌台诗案说的是苏轼反对王安石的新法，就有人从他的诗文中挖出只言片语，说他“诽谤朝廷，讥讽国家大事”。苏轼因此被捕入狱，险被杀头。后来虽然免去了牢狱之灾，但被贬到边远的小镇黄州，在那里他也做官，但这个官无薪俸，没实权，不能审批公文，不能随意外出。

师：看教材中的注释，文章写于什么时候？（苏轼贬官黄州期间）苏轼的前半生，可谓春风得意、壮志满怀，人到中年却经历了人生的巨大挫折。此时，他的心中难免会感到——（失落、痛苦、无奈、悲凉）

课件出示：一句“闲人”，道出了苏轼壮志满怀，却遭遇理想破灭的落寞和苦闷。

师：好，让我们读最后三句，体会苏轼贬官后的失落、苦闷。

（3）读出“闲人”之外的豁达、乐观。

师：理想破灭，人生遭遇重大挫折，一般人会怎样？比如，你考试没考好，你的心情会怎样？校园的花儿开了，你看得到吗？今晚明月当空，你会去欣赏吗？是啊，我们的眼睛常常只看到了人生的失意，而不见明月清风，不闻鸟语花香。苏轼呢？他是否跟我们一样？

学生发言。

师：苏轼的生命舞台比我们一般人宽广、开阔得多。请看材料，齐读——

课件出示背景助读2：

在黄州，他无薪俸，生活困难，便开辟荒地，每日躬耕；他种黄植桑，养家糊口；他亲近自然，娱情山水；他笔耕不辍，佳作迭出。

离开黄州后，苏轼一路被贬，一直被贬至海南。历典八州，行程万里，却能够随遇而安，一路走来一路诗……

师：同学们，看出来了吗？苏轼是一位有着怎样心境的人啊？（豁达乐观，洒脱随性，面对挫折不卑不亢、坚持自我，热爱自然和生命）

课件出示：一句“闲人”，更道出了苏轼闲庭漫步的自在、携友赏月的惬意、沉醉美景的自得、笑傲挫折的豁达。

师：现在，我们再读这三句，要读出苏轼的豁达、乐观。（板书“境界神”）

[设计意图：最后三句是全文的主旨句，体现了作者复杂的心境。为了突破这一难点，让学生理解苏轼的心境，这一环节主要抓住“闲人”来展开，紧扣文本，引入资料，层层推进，让学生读出“闲人”的多重内涵，理解苏轼的豁达、乐观，感受苏轼广阔的生命境界。]

四、延伸拓展，感悟情志

在中国古代，仕途是文人才子求取功名、实现价值的一条途径，但这并非是一条康庄大道，谪迁乃常有之事。而官员面对人生的这种不幸，有着不同的生活方式：有的隐居，有的自杀，有的忍辱，有的闲适……

林语堂曾在他的《苏东坡传》中说“东坡是个无可救药的乐天派”，那苏轼为何能如此长久地保持他的快乐、洒脱呢？因为他的眼睛不只看到了人生中的功名理想，还看到了清风明月、松柏竹影，而这些，难道不是大自然给予我们每个人最美好、最神奇的馈赠吗？

同学们，送给大家一段话。

“人”字有两脚，一脚踏着社会，一脚踏着自然。在社会中有事业和理想，在自然中有清风明月、高山流水。人的生命只有包含了社会和自然两方面，才是真正的丰富、自由、高贵、美丽，社会和自然铸就了人最完整的生命舞台。

苏轼的生命舞台，就是如此广阔。做得了太守，放得下功名；发得了政论，赏得了自然。然而，他更享受生命本身的快乐——怀揣一颗闲心，带上一份闲情，在自然万物中发现美、欣赏美、体会美。这，岂不是一位“神人”？（板书“神人”）

深陷苦难，还有谁能发现生命的美丽？（联系刚学过的《陋室铭》）

“斯是陋室，惟吾德馨”道出刘禹锡安贫乐道的豁达，“晴空一鹤排云上，便引诗情到碧霄”更道出他对抗挫折的潇洒。

同学们，在人生的舞台上，有人广阔，有人狭窄，有人明亮，有人晦暗。那么，你拥有怎样的生命舞台呢？

［设计意图：此环节通过拓展延伸，引导学生感受人的生命应该由社会和自然两部分组成，拓宽学生对生命意义的认识，使学生树立正确的人生观。］

五、回顾文本，指导背诵

师：同学们，根据大屏幕上的思路提示一起把课文背一背，让经典永驻心间，让苏轼与我们同行！

课件出示：

叙事：月色入户—欣然（欢欣）—念（微憾）—遂（激动）—寻（急切）—亦（心有灵犀）—相与步（平和从容）

写景：月色——积水空明　竹柏影——藻、荇交横

抒情：无月？无竹柏？但少闲人！

六、巩固所学，完成作业

1. 布置作业。

必做：背诵并默写《记承天寺夜游》，积累文言词汇。

选做：推荐阅读林语堂的《苏东坡传》、余秋雨的《苏东坡突围》。

2. 结束语：同学们，尽管千年的时空相隔使我们无法与苏轼握手相拥，但他豁达、乐观等美好的心态值得我们永远学习。让我们记住苏轼，学习他对自然的追求、对生命的热爱，让我们的生命舞台更加广阔。

七、板书设计

记承天寺夜游

苏轼（宋）

神品：结构神　写景神　境界神

神人：豁达乐观　生命广阔

[设计意图：此板书力求简洁明了地反映本课所学内容，使学生了解“神品”之神奇精妙，感受“神人”之旷达乐观。]

教学反思

《记承天寺夜游》是苏轼被贬黄州期间所作。本文通过对承天寺月夜景色的描写表现出苏轼的坦荡、旷达，我们在感受庭院月夜美景的同时，更感受到他那从容应对苦难的人格魅力。根据语文新课标的教学要求和八年级的学情，我确定了本节课的教学思路：以“神品”为线索，以朗读、赏读、背读为依托，带领学生一步一步走进文本，从而读出“神品”的三个层次：结构神、写景神、境界神。在本课的教学过程中，我个人觉得有以下几方面值得在以后的教学中继续保持和发扬。

一、朗读贯穿课堂，读法灵活多样

语文新课标要求文言文要以诵读为基础。文言文有其深厚的文化内涵，无论从内容上还是形式上，都应多让学生去感知，而感知的最好办法就是诵读。所以在本课的教学中我采取了十多次不同形式和不同层次的诵读，引导学生在读中感悟、体验，达到了以读悟情、以读悟人的教学目的。

二、学生自主译读，体会文言之妙

学生是课堂的主人，在内容翻译这一环节我采取了学生自主疏通、小组合作解决疑难的教学方式，培养学生自主学习文言文的能力。通过教和学的互动，帮助学生在整体把握文义的同时领会文言字词的含义和用法，尤其是虚词的传神之妙。

三、问题设计巧妙，材料引入灵活

为了让学生理解这篇游记小品文的神奇美妙，我在教学伊始就引入名家对它的评论，然后在学生整体把握文义后提出了一个主问题：仅仅85个字的小品文，竟被赞为“神品”，它究竟“神”在哪里呢？接着引导学生细读文本、赏读探究，从而读出本文的结构神、写景神、境界神。为了突破“境界神”这一难点，我引导学生关注文末的议论句，紧扣“闲人”一词，再次走进文本，援引资料，引导学生读出“闲人”的多重内蕴——“闲人”必然的自由、闲适，“闲人”难免的落寞、苦闷，“闲人”之外的豁达、乐观，也读出作者生命意境的无比广阔，从而拓展学生的生命意识，使学生树立正确的人生观。

精彩链接

一、余映潮老师执教《记承天寺夜游》的课堂实录片段——有味地朗读

1. 读出一点文言的味道。

师：读出文言的味道除了有的音节要拉长一点以外，我们还要注意这个音节里所渗透出来的情感。我读，你们听一下，看哪些字需要拉长，并有情感的意味蕴含于其中。

（教师范读。）

师：哪几个字？

生：念、盖、但。

师："念——无与为乐者"，有一点寂寞之感；"盖——竹柏影也"，有一点兴奋；"但——少闲人如吾两人者耳"，有一点感慨之情。把这三个字的音节拖长一点，文言的味道就出来了。

（学生齐读课文，模仿教师的语音处理方式。）

师：读出一点味道了。

2. 读出一点宁静的氛围。

师：为什么要宁静呢？夜游，他写的是美景，细细欣赏眼前的美景，所以心情不错。那么，宁静的氛围要怎么读出来呢？第一，语速缓一点；第二，音调低一点。下面开始轻声地朗读，注意那三个字的拖音仍然要保持。

（学生轻声朗读。）

师：味道更浓一点了。

3. 读出一点夜游的兴致。

师：有几个地方要读得快乐一点。现在我们看课文，你认为哪几个地方或者哪几个字词要读得快乐一点呢？开始思考，我们讨论后再读。

（学生认真思考一分钟。）

师：我们来交流一下，说说你的看法。

生：我觉得"相与步于中庭"要读出一点夜游的兴致来，因为见到了好朋友，心情自然高兴了起来。

师："相与步于中庭"，很惬意，虽然默默不语，但心灵是相通的。

好，谢谢。

生：“欣然起行”，月色照着，作者的兴致非常好，于是很快从床上爬起来，然后去找张怀民。

师：“兴致”一词用得非常好，因为有兴致，所以“欣然起行”。好，继续。

生：“怀民亦未寝”这句，作者去找张怀民，发现张怀民也没有睡觉。

师：怎么表述得更清楚呢？“怀民亦未寝”这句，他发现——

生：怀民和自己一样。

师：我来找你玩，你居然也没睡，如果怀民睡着了，作者就会觉得怎么样？

生：很遗憾，很扫兴。

师：很好，谢谢你。

生：我觉得“盖竹柏影也”体现出一种恍然大悟的高兴的情致。

师：看到那么美好的景色，那样皎洁的月光静静地透过枝叶将影子投射到地上，啊，原来是竹柏的影子，“盖竹柏影也”，有点赞叹的味道。好，谢谢。

生：我觉得最后一句“但少闲人如吾两人者耳”，表达了作者当时不得志的一种心情。我觉得这句话写得非常好。

师：我给你补充一下，这个地方的感情比较复杂，我们留到下一环节再来讨论它。好，老师小结一下。刚才同学们找的几个地方，都要读出一点淡淡的快乐。

（教师朗读，强调“亦”字中透露出的欣喜，学生一起有味地朗读全文。）

4. 读出一点复杂的情愫。

师：作者很感慨，但这种感慨的意味我们一时又说不清楚。“何夜无月？何处无竹柏？但少闲人如吾两人者耳。”是啊，这种复杂的情愫好像只可意会，不可言传。但是我们可以通过读来把它表现出来。现在请同学们合练一遍，把之前的朗读感受都表达出来，注意这个“盖”字，有点欣喜的味道，注意延长：“盖——竹柏影也。”

（教师有感情诵读，学生再齐读课文。）

师：很好，我们都体悟到“神品”的力量了吧？它能够让我们这样去朗读，这也许是苏轼也没有想到的。

二、王君老师执教《记承天寺夜游》的课堂实录片段——悟奇情

课件出示：

元丰二年七月，苏轼被诬陷以诗诽谤朝廷，被捕入狱。经过长达四个月的审问和折磨，苏轼幸免于死，被贬黄州。

苏轼蓬头垢面、跌跌撞撞地带罪从湖州向黄州走来，带着官场和文坛泼给他的浑身脏水，被人押着，到了荒凉的小镇黄州。

在黄州，他无薪俸，生活困难，便租荒地（城东坡之地）经营，故称苏东坡。在黄州，他完成了千古流芳的佳作《念奴娇·赤壁怀古》和《前赤壁赋》……苏轼离开黄州之后一路被贬，一直被贬到了海南。历典八州，行程万里，却能够随遇而安，一路走来一路歌，越贬越豁达……

（学生读。）

师：你还觉得苏轼奇怪吗？（问刚才说“奇怪”的女生）

生：奇怪，他这么惨，还能这么豁达，奇怪。（众笑）

师：那我们再看——后来苏轼被贬官到海南岛。当时的海南岛不像现在是旅游胜地，当时还是蛮荒之地。这个惩罚，只比诛杀九族好一点点。

课件出示：

贬官惠州：“日啖荔枝三百颗，不辞长作岭南人。”

贬官琼州：“报说先生睡未足，着人休撞五更钟。”

贬官海南：“九死蛮荒吾不恨，兹游奇绝冠平生。”

正如他自己在黄州所言：“回首向来萧瑟处，归去，也无风雨也无晴。”

（组织学生读。）

师：还奇怪吗？

生：看来苏轼不管遇到什么苦难，他的态度都是一样的。他看什么都惊喜，看什么都喜欢。他太乐观了！

师：是啊！苏轼说过很多话，影响了很多中国人。

课件出示：

苏轼说：

“江山风月，本无常主，闲者便是主人。”

“吾上可陪玉皇大帝，下可陪卑田院乞儿，眼前见天下无一个不是好人。”

“谁道人生无再少？门前流水尚能西！休将白发唱黄鸡。”

“莫听穿林打叶声，何妨吟啸且徐行。竹杖芒鞋轻胜马，谁怕，一蓑烟雨任平生。”

师：选择你喜欢的，马上读，马上背诵，马上琢磨琢磨。

（请学生现场朗诵或背诵。）

师：还奇怪吗？（继续追问）

生：我懂了，不奇怪了。苏轼跟我们不一样，不管对人还是对事，他都很明白，他很想得开。在任何时候，他都可以过得很幸福。他的幸福是不受外界干扰的。他的心很大很大，什么都装得下。

生：他不是奇怪的人，他是奇人！

师：说得漂亮！他是奇人，这个“奇”，就叫“通透”，就叫“空明”，就是内心世界没有尘埃，明镜一般。（板书“因为人是空明之人，所以月才成为空明之月”）

师：月光的空明，指月色的澄澈透明。这其实是一个人内心世界的折射。（板书“空，了无尘埃；明，明心见性”）

师：一个空明的人，就能够摒除杂念、灵魂安宁，就能认识自我、通达自我，于是在任何时刻他都能享受自然的美好、生活的美好。苏轼是这样的人，他的朋友张怀民也是这样的人。要想更多地了解苏轼，推荐大家读一读林语堂的《苏东坡传》。

三、名家鉴赏

空明的月色　旷达的情怀

——读苏轼的《记承天寺夜游》

在命运的重锤下，我国古代的诗人们基本上有这样三种态度：一种是坚持真理，不变初衷，执着地走着既定的道路，顽强地回击命运的挑战。屈原的“余不能变心以从俗兮，……虽九死其犹未悔”，文天祥的“臣心一片磁针石，不指南方誓不休”就属于这一类型。另一种是在打击下灰心丧气，从此消极忍让，沉默不言，如安史之乱后的王维、江州之贬后的白居易即是如此。他们忏悔以往的行为，尽力磨去自己身上的棱角与锋芒，认为“三十气太壮，胸中多是非”，表示从此要“面上灭除忧喜色，胸中消尽是非心”。第三种则是被重击吓破了胆，变节从俗，苟且偷生，如清兵入关后的钱谦益、吴伟业就是如此。宋代大诗人苏轼所采取的是第一种态度，只不过由于糅合了佛老思想，所以表现得更为超然，更为达观。他对掌权者的排挤、迫害采取一种超然物外的态度，认为只要“游于物之外”，则“无所往而不乐”（《超然台记》），命运的拨弄反倒给他创造出另外一种生活乐趣。他极力去追求和领悟另外一种生活美，从京城贬到杭州，他说“我本无家更安住，故乡无此好湖山”；贬到黄州，他感到“长江绕郭知鱼美，好竹连山觉笋香”；贬到惠州，他居然说“日啖荔枝三百颗，不辞长作岭南人”；甚至在贬到天涯海角的海南岛后，他还是泰然处之，并从中发现奇趣：“九死蛮荒吾不恨，兹游奇绝冠平生。”这篇《记承天寺夜游》同样表达了他在贬谪中坦然的心绪、旷达的情怀，以及对生活中的另一种美感——闲适淡雅之美的领悟和追求。

苏轼曾这样形容过自己散文的特色：

吾文如万斛泉源，不择地皆可出。在平地，滔滔汩汩，虽一日千里无难。及其与山石曲折，随物赋行，而不可知也。所可知者，常行于所当行，常止于不可不止，如是而已矣！（《文说》）

《记承天寺夜游》全文只85字，就像一篇信手记下的日记，但它绝不是如同“在平地，滔滔汩汩”，而是仿佛在山石间曲折穿行，抒情插于记事、描景之中，闲旷的情怀表现在如水的月色和静谧的氛围里。

开头一句“元丰六年十月十二日夜，解衣欲睡”，看来平淡无奇，简直就像日记。但起句平平，然后在平易中起波澜，这方是大家做法。果然，波澜接着而来：“月色入户，欣然起行。”“解衣欲睡”是倦怠无兴致，“欣然起行”却活跃兴致高。这两句一伏一起，一沉闷一活跃，文章顿显波澜。而造成这种转换的契机则是“月色入户”。为什么月色入户能使作者披衣而起，兴致顿增呢？可能有两个原因：一是苏轼对大自然特别是对月光有一种特殊的感情，在他留下的诗文中有相当数量的咏月佳句，如“但愿人长久，千里共婵娟”等。二是由于贬斥之中的孤独和无聊，他企图在大自然的美景中排除纷扰，获得慰藉，在月的世界中寻求一种污浊的官场和喧闹的尘世所没有的静谧的心境和纯洁的氛围。元丰二年七月，苏轼被御史舒亶等罗织罪名，逮捕下狱，经弟弟苏辙等多方营救才算保住了脑袋。同年十二月被贬往黄州，虽然给了个检校水部员外郎黄州团练副使的头衔，实际上是作为政治犯交地方官监管，不准签署文件、处理公务，甚至连行动自由也受到限制。一个人独处定惠院内，友人不敢来往，生活上也很窘迫。这也就是在文中所说的“念无与为乐”。诗人的一切都被剥夺，只有清风明月才属于他。接下去，作者写他在月下寻友。承天寺，在今湖北黄冈市南。张怀民，名梦得，他不但与苏轼遭遇相同，也是贬谪到黄州，而且襟怀也相似。张怀民到黄州后寓居在承天寺，并在寺旁筑一亭，苏轼题名为“快哉亭”，苏轼的弟弟苏辙还写了篇《黄州快哉亭记》，在记中他称赞张怀民“不以谪为患，窃会计之余功，而自放山水之间”，可见他是个寄情于山水、不以贬谪为念的旷达之人。因此苏轼引为同调，在此月白风清之夜，去承天寺寻张怀民，而“怀民亦未寝”。这个“亦”字大有讲究：首先，它暗暗证实，张怀民确与苏轼同调；其次，作者与张怀民是“心有灵犀一点通”的；再次，作者未寝，张怀民亦未寝，这为后面的“但少闲人如吾两人耳”结论做了铺垫。行文如山石曲折又前后照应，于此可见一斑。

以上是叙事，写作者由夜寝而见月，由见月而起兴，由起兴而寻人。以下转入写景，当然景中亦有情。作者写月色用了 18 个字：“庭下如积水空明，水中藻、荇交横，盖竹柏影也。”这历来被誉为写月色的绝唱。究其原因，不外三点：其一，处处有月又处处不提月。三句之中没提一个“月”字，给人的感觉却是月光无处不在。这个表里澄澈的月的世界，完全是靠喻体来完成的。其二，比喻能摆脱陈俗的旧套。它与视觉、错觉、悬念、联想结合起来，给人耳目一新之感。一般人写月色，总是说月色如水，这虽很准确，但显得陈旧。苏轼同样把月光喻成水，却是一种视觉错觉：庭院如积水，而且是一种澄澈得近乎空明的积水。这本身就比单纯说月光如水显得生动。然后作者再加以联想：有水就会有水生植物藻、荇，而且这些藻、荇还交错在一起。那么这些藻、荇怎么跑到院内来了呢？作者在一番设疑后再一句点破：“盖竹柏影也。”这种悬想设疑之法不但把竹柏的影子写得生动而逼真，还暗示那无处不在的月色，确实无比精妙。其三，动静相承，给月色增添十分诗意。“积水空明”，这是一种静谧之美；“藻、荇交横”，这是一种动态摇曳之美。动静相承，给我们勾画出了一个淡雅而又具有风韵的诗化的透明世界。只有在这个世界中，作者才摆脱了迁谪的压迫感，才从类似拘囚的狭小天地中解放了出来，才能达到物我两忘、天地共存的悟境。

文章的最后一段，写作者在空明月色中对人生哲理的领悟。“何夜无月？何处无竹柏?”连续两次发问，目的是引出下面的结论：“但少闲人如吾两人者耳。”这句话是全文的点睛之笔，它是作者对人生哲理的领悟和月色感觉的集结。“但少闲人”的内涵很丰厚，表面上看，他似乎是说自己与怀民因遭贬斥，无所事事，故多闲暇，才会有这闲情逸致来夜赏明月；实际上，它是对碌碌人生的否定和庸庸官场的鄙视，也是对宦海浮沉的解脱和受诬遭贬的排遣。作者实际上是在告诉我们，只有摆脱杂念的缠绕，有着一副旷达的胸襟，才能领略这风清月白的自然之景，才能交融在这表里澄澈的透明世界中。这就是作者对人生哲理的领悟，也是这篇散文的“文眼”所在。

（选自《古典散文鉴赏》，陈友冰著，安徽教育出版社）

品读经典，传承璀璨传统文化

——《曹刿论战》教学设计及反思

深圳市光明新区光明中学　李爱

教学目标

1. 诵读课文，积累重点文言词句，理解课文大意。
2. 感悟《左传》描述战争的艺术魅力。
3. 通过诵读，提升对文言文的感悟力。
4. 品读人物语言，分析人物性格，学习刻画人物的方法。
5. 学习“论”的智慧。
6. 学习曹刿铁肩担道义、忠心献祖国的爱国精神。

教学重难点

1. 熟读成诵，积累文言知识。
2. 品析文中人物语言，学习刻画人物的方法。
3. 理解曹刿关于战争问题的论述。

教学过程

一、引入评论，激趣导入

师：《左传》写战争，并不局限于正面的战斗场面描写，而是重在描述战争胜败的内外因素，以历史学家的卓越见识叙写战争，达到“微而显，精而腴”的艺术境界。后人对《左传》的评价非常高。朱自清《经典常谈》提出：“《左传》不但是史学的权威，也是文学的权威。”清代冯李骅《春秋左绣》誉之曰：“左氏极工于叙战，长短各尽其妙……篇篇换局，各各争新。”今天我们就来学习其中的《曹刿论战》，来管中窥豹，品味经典。

二、梳理字词，理解文义

1. 齐读课文，读通读顺。

字音：间（jiàn）　帛（bó）　孚（fú）　徧（biàn）　乘（chéng）
　　轼（shì）　靡（mǐ）

节奏：一鼓/作气，再/而衰，三/而竭。

2. 自由朗读，圈画字词。

学生自由读，提出自己的发现或者疑问，解决难读字音和难解字义。

重点实词：间、信、孚、福、轼。

通假字：徧。

古今异义词：鄙、牺牲、狱、可以。

肉食者：吃肉的人。“肉食”在当时与公膳制有关，公膳是对某种品位的官员在办公时间免费供给的一种膳食，按规定“大夫以上，食乃有肉”。因此，“肉食者”是指古代享受公膳食肉待遇的大夫以上的官员，此处借指有权位的人。

句式：何以战；必以分人。

3. 分角色读课文，感受对话之美。

（1）读出对话的节奏。（一问一答，简洁干脆）

（2）读出对话的层次。（战前、战中、战后）

（3）读出对话的韵味。（对偶的句式）

例如：

肉食者谋之，又何间焉？（读出反对的意味）

小惠未徧，民弗从也。（读出否定的意味）

忠之属也。可以一战。（读出肯定的意味）

夫战，勇气也。一鼓作气，再而衰，三而竭。（语调应舒缓、深沉，读出议论的语气）

夫大国，难测也，惧有伏焉。（有解说的意味，语调应低缓）

三、主问题推进，理解人物

1. 文章是以第三人称的方式叙述故事的，请学生换成第一人称来讲述这个故事。

［设计意图：转换叙述人称，体验人物角色，感受语言之妙，整体感知故事情节，增强故事的趣味性。］

2. 文章的题目为什么不以“齐鲁长勺之战”为题，而用“曹刿论战”呢？哪个更好？

明确：（1）全文重点是写人物曹刿，而非事件长勺战役，所以不能改；（2）叙事时详写了论战，略写了作战，所以不能改；（3）从记史文章的功能看，落笔的重心在于揭示战争取胜的原因，目的是提供治国方略，以鉴后人，所以不能改。

（学生能理解文章是以“论”为重点，通过“论”来突出曹刿对战争的见解即可。）

3. 既然如此，曹刿是如何论战的呢？言语之中体现出他有怎样的人格魅力？

（1）理清文章的结构层次。

时间上：战前（公将战）—战中（战于长勺）—战后（既克）

人物活动上：请见—参战—论战

（2）画出曹刿论战的语句，理解人物。

① 战前之论（公将战）：三问三答。

衣食所安，弗敢专也，必以分人——小惠未徧，民弗从也

牺牲玉帛，弗敢加也，必以信——小信未孚，神弗福也

小大之狱，虽不能察，必以情——忠之属也。可以一战

明确：

A. 通过这三问三答，回答从“弗”到“可以”的变化，表现了曹刿的思之甚全、谋之甚远，突出表现了曹刿重视人民力量的政治远见。

B. 作战不是只靠“肉食者”，故曹刿说“未徧”。

C. “战则请从”，何等干脆、当仁不让，与前“鄙”可一体观之。曹刿之问及对答，实是其政治素养及谋略的体现。

D. 加入文言诵读，诵读和理解相结合。

② 战中之论（参战）：两“未可”，两“可矣”。

思考：这个情节极为精简，但蕴含着丰富而微妙的心理活动。分组讨论，对画线处进行补白，从中你感受到了一个什么样的曹刿？

公将鼓之。刿曰：“未可＿＿＿＿＿＿。”齐人三鼓。刿曰：“可矣＿＿＿＿＿＿。”齐师败绩。公将驰之。刿曰：“未可＿＿＿＿＿＿。”下视其辙，登轼而望之，曰：“可矣＿＿＿＿＿＿。”遂逐齐师。

[设计意图：一场兵刃相交的激烈战争，仅用52字就交代完了，这正是《左传》极大的魅力。采用补白形式，引导学生更好地理解人物的心理和品格。]

③ 战后之论（论战）。

思考：克敌制胜之后，曹刿又“论”了什么呢？展现在你面前的是什么样的人物形象？

进攻时机：“彼竭我盈”之时（故克之）——军事素养、善抓时机

追击时机：“辙乱旗靡”之时（故逐之）——心思缜密、办事沉稳

明确：公问其故，曹刿用解说克敌制胜的原因来阐明自己的军事思想和作战策略，展示了他的远见卓识、深谋远虑、心思缜密及杰出的军事才能。这部分又是详写：于事合理——战事紧急，无暇细说；于文增色——行文重点突出，人物个性凸显。

四、拓展延伸，畅所欲言

师：以上，我们遵循文章的叙述线索，重点分析了曹刿其人及其“论战”。当然，通过对《左传》的简介及评价，我们知道它的魅力远远不止这些。接下来，我们针对以下三个问题畅所欲言，加深对文本的认识。

（1）从《曹刿论战》谈鲁庄公“鄙”乎。（创造性地看待人物）

（2）从《曹刿论战》谈“天下兴亡，匹夫有责”。

（3）从《曹刿论战》谈“民不可失，机不再来”。

五、强化感受，背诵全文

采用挖空背诵引导学生背诵全文。

十年春，齐师＿＿＿我。公将＿＿＿，曹刿＿＿＿＿。其乡人曰：“＿＿＿＿谋之，又何＿＿＿焉？”刿曰：“肉食者＿＿＿＿，未能＿＿＿＿。”乃入见。问：“何以战？”公曰：“＿＿＿＿，＿＿＿＿，＿＿＿＿。”对曰：“小惠未＿＿＿，民弗从也。”公曰：“牺牲玉帛，弗敢加也，必以信。”对曰：“小信未＿＿＿，

神弗____也。”公曰：“小大之狱，虽不能察，必以情。”对曰：“忠之____也。可以一战。战则请从。”

公与之____，战于长勺。公将____之。刿曰：“______。”齐人三鼓。刿曰：“______。”齐师____。公将____之。刿曰：“未可。”下视其____，登____而望之，曰：“______。”遂逐齐师。

既克，公问其故。对曰：“夫战，________。一鼓作气，再而____，三而____。彼____我____，故克之。夫大国，难测也，惧有____焉。吾视其辙乱，望其旗____，故逐之。”

六、板书设计

曹刿论战

论 { 何以战（战前）/ 从战指挥（战中）/ 克敌之故（战后）} 取信于民、善于把握战机、心思缜密、深谋远虑

［设计意图：遵循脉络，提纲挈领，清晰明了，提炼出人物性格关键词。］

教学反思

学习古文，不仅是为了考试，更是为了传承中国几千年的璀璨文化。《曹刿论战》是《左传》中的经典篇章，全文简明而又完整地记录了齐鲁长勺之战的史实，剪裁精当，短小精练，人物形象鲜明，有利于提高学生的文言文学习兴趣，有利于学生认识和积淀古代优秀文化。

《左传》善于在对矛盾冲突的描写中展开对人物性格的刻画。如通过曹刿不顾乡人的劝阻而执意要入见鲁庄公，表现其爱国心和责任感；通过曹刿与鲁庄公关于“何以战”的三问三答，表现其远见卓识；通过曹刿临阵指挥作战时的两番“未可”“可矣”的对答，表现其从容镇定、机智谨慎的军事家风度。他的深谋远虑真令人惊叹。

我做的教学设计有如下特色。

一、教学中有诵读

读是眼、耳、脑并用的创造性的阅读活动，是化无声的文字为有声的语言，用声音再现原作的一种手段。尤其是文言文，必须要读，只有读出

文言文的味道，才能更好地理解文本。在本课中，诵读可以说贯彻在整个教学过程之中。在梳理字词阶段，我设计了齐读、自由读和分角色读的活动。理解文本必须建立在熟悉文本的基础上，诵读可以提升学生对文本的认识，加强学生对文义的理解，又能为下一环节品读人物做铺垫。尤其是分角色读，符合《曹刿论战》中的对话特点，能激发学生的阅读兴趣。

二、教学中有文言知识的积累

著名语文特级教师黄厚江认为，文言文教学必须重视文言知识的积累，但重视积累不等于孤立的字词训练，更不等于古汉语知识的系统学习。所以我利用多种方式灵活解读文言词语，在解读的过程中，我鼓励学生主动质疑，尽量避免过度传授，以免让学生失去学习的兴趣。

三、教学中有文言的鉴赏

对文言的鉴赏主要是品析人物，这也是课堂的主要活动。我提出核心问题：曹刿是如何论战的呢？言语之中体现出他有怎样的人格魅力？遵循文章战前、战中、战后的叙事脉络，分解成三个小问题，重点分析曹刿其人及其“论战”。很明显，语言是主要的抓手。对战前的三问三答，战中的两“未可”、两“可矣”，战后克敌制胜原因的分析，有详有略，都特别精彩。通过分析，引导学生去领略这种精彩，感悟《左传》的艺术魅力。本文对作战过程的描写很简略，因此我设计了一个补白的环节，以激发学生的想象力，引导学生更好地理解人物的心理和品格。

四、教学中有人文价值的拓展

语文新课标中指出，阅读教学是学生、教师、教科书编者、文本之间对话的过程，应尊重学生在阅读过程中的独特体验。因此我设计了一个拓展讨论环节，在此提出三个问题：（1）从《曹刿论战》谈鲁庄公“鄙”乎。（创造性地看待人物）（2）从《曹刿论战》谈“天下兴亡，匹夫有责”。(3）从《曹刿论战》谈“民不可失，机不再来”。这个讨论环节旨在深化学生跟文本的对话，加深学生对文本的理解。

本课的设计理念基于我们课题组提出的“文言文教学要言文统一”。我认为，文言文教学既要重视教授文言知识、文学知识，培养学生的文言阅读能力，同时又要重视挖掘文章中独特的人文价值，体会传统文化的精神内涵。我极力达成这样的目标，但本课也有很多不足。到底确定什么样的教学内容？如何将“言”和“文”统一？如何避免先“文”后“言”的刻板模式？学生可以从本文中学习到什么？人文价值的挖掘深度该如何把握？这些将是我进一步思考的问题。

精彩链接

毛泽东是伟大的军事家，他是怎样看待长勺之战的呢？

一、给了它最高规格的“待遇”

毛泽东是在《中国革命战争的战略问题》一书中引用《曹刿论战》这段文字的，这在毛泽东的著作中是比较少见的。除了一些专门的解析、评述类文章，恐怕这种现象在其他人的文章中也比较少见。所以说，这是一种最高规格的“待遇”。同时，毛泽东还把这次战争作为一个典范，楚汉成皋之战、新汉昆阳之战、袁曹官渡之战、吴魏赤壁之战、秦晋淝水之战等都是符合这个典范的战例。

二、这是一种积极战略防御中的战略退却

该文出现在《中国革命战争的战略问题》第五章“战略防御”的第三节中，本节专门讲的是“战略退却”。积极的战略防御，是为了保存军力、待机破敌而采取的一个有计划的战略步骤，是避免军事冒险主义的有效途径。在这里，毛泽东把战争的双方比作两个放对的拳师，“聪明的拳师往往退让一步，而蠢人则气势汹汹，劈头就使出全副本领，结果却往往被退让者打倒”。紧接着，他拿《水浒传》中的林冲和洪教头做进一步解释，说：“结果是退让的林冲看出洪教头的破绽，一脚踢翻了洪教头。”这就是说，有计划的战略退却是一种积极防御，避其锋芒，既不是冒险主义的“御敌于国门之外”，也不是失败主义的回避逃跑。它只是退让一步，然后抓住有利时机进行反攻。

在长勺之战中，鲁庄公是没有“退却一步”这个打算的。齐人擂鼓，他也准备击鼓（公将鼓之），结果让善于掌握时机的曹刿制止了。等到“彼竭我盈”之时，曹刿才建议鲁庄公击鼓攻击齐军。

在毛泽东看来，长勺之战是一个不大的战役，却说出了战略防御的原则。

三、这是以弱胜强的典范

在毛泽东看来，这是一个典型的以弱胜强的有名战例。书中提到，

“当时的情况是弱国抵抗强国。……有名的大战，都是双方强弱不同，弱者先让一步，后发制人，因而战胜”了强大的敌人。

实际情况正是这样的——齐强鲁弱。齐国是姜子牙建立的国家，由于他采取了一系列发展经济和亲民的政策，齐国很快就富强起来了，周天子也授予他征伐之权。后来，齐桓公能够称霸诸侯，虽然说与管仲大力推行改革有关，但齐国的基础好也是一个必不可少的条件。公元前685年，齐桓公刚刚即位，还没有坐稳，鲁国就想用军队强行护送公子纠回齐国为国君。在这种情况下两国发生了干时之战，齐国照样打败了鲁国。可以说，齐国军队根本就看不起鲁国军队。曹刿的“三鼓论”，也是建立在这个基础之上的，那就是本来就弱，然后进一步示弱。

四、红军时期的“十六字诀”和此战有相通之处

红军时期有一个游击战争的“十六字诀”，这就是“敌进我退，敌驻我扰，敌疲我打，敌退我追”。毛泽东把曹刿的“三鼓论”看作“十六字诀”当中的“敌疲我打”。他说：“鲁庄公起初不待齐军疲惫就要出战，后来被曹刿阻止了，采取了‘敌疲我打’的方针，打胜了齐军。”红军初期的军事原则就是这“十六字诀”，它包举了反“围剿”的基本原则。这“十六字诀”充分体现了毛泽东初期的游击战争基本思想，他能把“敌疲我打”和《曹刿论战》联系在一起，可见这篇文章对他的影响有多深。

长勺之战是一次不大的战役，《史记》当中没有记载这次战事。《中国革命战争的战略问题》是为了总结第二次国内战争而写的，是毛泽东重要的军事著作，为什么这样一次不大的战役会引起毛泽东的高度重视呢？如果我们反复揣摩一下全文，感受它那无穷的魅力，就不会觉得奇怪了。

品美言，赏美景，悟德馨

——《陋室铭》教学设计及反思

深圳市光明新区公明中学　张琼

教学目标

1. 反复诵读，掌握常用文言词语，理解课文大意。
2. 掌握比兴、托物言志等写作手法。
3. 学习作者超凡脱俗的乐观心态和一身正气的君子之风。

教学重难点

1. 熟读成诵，积累文言知识。
2. 赏析文中的重点语句，体会作者乐观、脱俗的心境。

教学过程

一、引入故事，激趣导入

师：唐朝有位性格倔强的诗人。34 岁那年，他因为参加政治革新运动被贬至安徽和州县当一名小小的通判。按规定，通判应住在县衙里，可和州知县故意刁难，安排他在城南面江而居，他不但毫无怨言，反而很高兴，还写下一副对联贴在门上："面对大江观白帆，身在和州思争辩。"和州知县知道后很生气，吩咐人把这位诗人的住处从县城南门迁到县城北门，房屋面积由原来的三间减少到一间半。新居位于德胜河边，附近垂柳依依，环境不错，这位诗人触景生情，又在门上贴了一副对联："垂柳青青江水边，人在历阳心在京。"那位知县见其仍然满不在乎，又把他调到县城中部，而且只给他一间能容下一床、一桌、一椅的小屋。这位知县实在是欺人太甚，于是诗人愤然提笔写下了这篇超凡脱俗、情趣高雅的《陋室铭》，并让人刻在石碑上，立在门前。知县得知后，气得哑口无言。这位诗人就是著名的唐代诗人刘禹锡。今天，我们就来学习刘禹锡的

《陋室铭》。

[设计意图：以作者创作的背景故事导入，让学生对文本产生好奇，激发阅读的兴趣。]

二、反复诵读，感知美

1. 欣赏音频，标注读法。

请学生欣赏名家朗读课文的音频，注意在书上标注自己读得不准确的字音及名家朗读的语气、重音、停顿。

明确：惟吾德馨（xīn）　苔（tái）痕上阶绿

可以调（tiáo）素琴　无案牍（dú）之劳形

[设计意图：欣赏音频有助于学生直观地掌握读法，帮助学生学习朗读技巧，提高朗读能力，掌握生字的读音。]

2. 教师范读，总结读法。

山不在高，有仙则名。水不在深，有龙则灵。（高、深声调上扬，仙、龙重读）

斯是陋室，惟吾德馨。（德、馨重读）

苔痕/上阶/绿，草色/入帘/青。（绿、青重读）

谈笑/有鸿儒，往来/无白丁。（有鸿儒、无白丁重读）

孔子云：何陋之有？（何陋声调上扬）

[设计意图：教师的范读是一种十分有效的朗读指导方法，学生从教师的朗读中受到熏陶和启发，潜移默化地学到一些朗读的技巧和方法。]

3. 录音跟读，掌握读法。

请学生按照自己喜欢的方式自由朗读课文，注意读准字音，并按照刚才总结的朗读技巧朗读。

请几名学生分别朗读课文，其他学生认真听，然后请学生对他们的朗读做出评价。

[设计意图：学生朗读，再由其他学生评价，有助于提高学生的朗读能力，也有利于让没有朗读的学生认真听其他学生朗读，集中注意力。]

4. 小组竞读，梳理文义。

全班学生分小组竞读课文，体会文章的韵律美。

小组学生结合注释梳理文义。

提醒：(1)“山不在高，有仙则名。”名：名词活用为动词，闻名，出名。(2)“苔痕上阶绿。”上：方位名词活用为动词，长到。(3)“无案牍之劳形。”劳：形容词使动用法，使……劳累。(4)“何陋之有？”宾语前置，即“有何陋”，译为：有什么简陋的呢？

[设计意图：通过竞读使学生体会课文的节奏，感受“铭”的音韵美、励志美，同时也为课堂最后写一则小铭文做好铺垫。]

三、深入课文，品味美

主问题：刘禹锡的陋室陋在哪里？他的陋室真的陋吗？从文中哪里可以体现出来？在陋与不陋之间可以看出作者怎样的品质？

小组学生一起讨论交流，明确：陋室不陋。

1. 清幽的景。

“苔痕上阶绿，草色入帘青。”

明确：“上”“入”，原本是一般的动词，这里却将静态的写景画面描绘成了动态的生命成长过程。绿色的苔藓不知不觉爬上了门前的台阶，院中繁盛的青草也将绿色映入陋室，进而从侧面衬托出往来的人很少。台阶上的一片绿色，给人以生机勃勃的感觉，也营造了清静幽雅的环境。

2. 脱俗的人。

“谈笑有鸿儒，往来无白丁。”

明确：这一句写室中人，作者与博学的鸿儒来来往往，谈笑风生，没有浅俗之人出现，说明陋室中的人不陋，室亦不陋。

3. 高雅的事。

“可以调素琴，阅金经。无丝竹之乱耳，无案牍之劳形。”

明确：抚琴调弦、展卷读经的怡然生活情趣，体现了室主人高雅脱俗的情志。室主人不陋，室亦不陋。刘禹锡的小屋里没有嘈杂的音乐扰乱他的耳朵，没有成堆的公文使他的身心劳累，概括写出了他摆脱官场事务后的轻松和淡泊充实、怡然自得的隐士式精神生活状态。

教师总结：在刘禹锡的人生经历当中，我们也可见这样的品质——他虽然被一贬再贬，被迫三次搬迁，但他仍说：“斯是陋室，惟吾德馨。”他宦海几度沉浮，贬官时间长达二十三年。“巴山楚水凄凉地，二十三年弃置身”就印证了他被贬的时间之久、地点之苦。他成了朝廷的弃儿，漫漫的贬官之路，情何以堪？但是他不改其志，即使被贬和州仍活得超凡脱俗，颇有君子之风。本文看似写陋室，却一再强调陋室不陋，实则通过赞美简陋的居室，表达了不慕荣利、安贫乐道的生活情趣。

［设计意图：通过对主问题的逐层分析，引发学生的思考，使学生明白陋室不陋，很自然地引出了本文的主题思想，同时也明确了本文托物言志的写法和铭的特点。］

四、自我创作，展示美

仿《陋室铭》的文体，练习写一篇《______________铭》的文章。

例：《教室铭》

房不在大，能住就行。人不在多，热闹则行。家虽简单，却很温馨。走进小书房，书本入眼睛。听首流行歌，看部好电影。可以聊聊天，谈谈心。没有痛苦哀愁，只有快乐开心，天天笑嘻嘻，年年喜盈盈。众人云：欢乐家庭！

［设计意图：设计仿写这一环节可以加深学生对“铭”这种文体的特点的理解及掌握，鼓励学生大胆创作，让学生学以致用。］

五、板书设计

陋室铭

刘禹锡（唐）

	景：清幽	
陋室不陋	人：脱俗	何陋之有
	事：高雅	

托物　　言志

［设计意图：此板书力求简洁明了地反映本课的教学思路，使学生了解陋室不陋之处，感受、学习刘禹锡高洁傲岸的节操和安贫乐道的情趣。］

教学反思

《陋室铭》是刘禹锡被贬和州所作，文章表现了作者不与世俗同流合污、洁身自好、不慕名利的生活态度，表达了作者高洁傲岸的节操，流露出作者安贫乐道的隐逸情趣。在设计本课时，我遵循了以下思路：以“陋室”为线索，以诵读为方法，引导学生逐渐深入品读文本，明确“陋室不陋”，并在总结写法中不断体会作者超凡的气节。本课教学有以下几个特点。

一、在“趣”上下功夫

1. 以读促趣。

语文新课标要求文言文要以诵读为基础。本文文质兼美，篇幅短小，学生在朗读中不仅可以感知语言，也可以揣摩作者的感情。所以在本课教学中我安排了多次诵读活动，总结读法，并请学生予以评价。这种方式带动了全班学生的诵读热情，使学生在读中品味文章的语言，品味作者的精神与情感。

2. 主问题激趣。

我安排了这样一个主问题：刘禹锡的陋室陋在哪里？他的陋室真的陋吗？从文中哪里可以体现出来？在陋与不陋之间可以看出作者怎样的品质？

这个问题的出现，打破了那种“读一段，讲一段，析一段，品一段”的习惯性讲读思路。这个主问题就是一条教学线索，牵动着学生的阅读和思考。这个问题立即将学生吸引住，彻底激发了他们的求知欲，使他们主动地进入文本，进入专心致志、全神贯注的阅读状态，开始对文本进行整体性感知阅读，阅读效率和效果明显提高。

3. 探究生趣。

在教学中，我多次让学生分小组讨论探究，充分激发了学生的主动意识和进取精神，培养了学生的团体合作意识和竞争意识。从学生的自主合作探究过程中，我感受到了他们获得的快乐，也感受到了作为引导者的自豪。

二、在“合”上寻探索

1. 在知识层面上“合”。

在疏通文义这个环节，我采取了学生小组合作翻译课文，小组合作解决疑难的教学方式，培养了学生的自主学习能力，调动了学生的学习积极性。我鼓励学生从文中发现问题，大胆提出疑问，然后师生讨论解答，做到了以生为本，把课堂交给学生。

2. 在疑难问题上“合”。

在主问题提出后让学生探究，经过合作讨论，学生明确：这里的陋指的是房屋坐落在僻静的地方，没有繁华喧嚣的环境。实际上作者表现的是不陋，体现在陋室的景清幽、人脱俗、事高雅上。

3. 在拓展探究上“合”。

《陋室铭》这篇文章，难点是要探究作者的人文情怀，明确作者是一个怎样的人。在明确“陋室不陋”之后，学生经过小组合作交流明白了：人的生活当然需要物质基础，但人的生活更需要精神支撑，当一个人的精神生活充实时，物质生活的欠缺也就不会那么不堪忍受了。作者觉得陋室不陋是因为他“德馨”，是因为他的道德追求和精神境界高尚。

精彩链接

刘禹锡的《陋室铭》，是古代散文中的名篇，以其立意鲜明、格调高雅、文句精美而脍炙人口而久为传颂。今天让我们一同走进“陋室”，品美言，赏美景，悟美德。

一、品味错落有致的语言美

《陋室铭》作为古代铭文的精品，在语言上极富个性，含蓄精练，富有表现力。比如，“苔痕”两句的色彩描摹，用“上”“入”赋予动态，生意盎然，极其形象、逼真。文章除末句外，通篇都是骈句，又重在五言，间以四言、六言，这种参差的句式使文章古朴自然，节奏明快，语言错落有致。连看似散句的“可以调素琴，阅金经”两句，也巧用“可以”一词统领，使全句变为节奏匀称的对偶句，在变化中表现了一种整齐美与错综美相结合的和谐美。文章除结尾一句不押韵外，通押一个韵，韵味十足，音调铿锵谐美，读来抑扬顿挫、和谐悦耳，在听觉上给人以音乐的美感。此外，文章集描写、抒情、议论表达方式于一体，对比、白描、用典、借代、类比等多种修辞手法的运用使得文章的表达更为生动，而且韵律感极强，读来金石掷地又自然流畅。

二、欣赏陋室淡雅的自然美

陋室虽然简陋，但在作者眼里是高雅、美好的象征，作者巧妙地借它来自述其志，表达自己高洁傲岸的节操和安贫乐道的情趣。陋室之美在于其景色之雅、主人交往之雅、主人情趣之雅。青苔使陋室的台阶生绿，碧绿使屋内呈现青色，幽静清雅的环境使人悦目。“上”“入”两字用拟人的手法，表明苔藓也想从台阶爬到陋室，听听主人在说些什么；青草也想从窗户窥视主人在干些什么。这样就把苔藓和青草写活了，既有生机又有韵味，我们已不觉得陋室的环境凄凉、荒芜了，而感觉到春意正浓、生机盎然，感受到作者的喜悦之情。幽雅的陋室里，居室的主人或邀客谈笑，或窗下抚琴，或展卷读经，乐而忘忧，超凡出世，这又使人爽心。细细想来，陋室之中有如此悦目的美景，又有这么多可以畅怀的知音与爽心的雅事，哪里还会有一丁点“陋”的感觉呢？透过这些描写，我们仿佛看到一位恬然自得、安贫乐道的古代雅士。陋室淡雅的自然美衬托着这位雅士的高洁人格，而雅士高洁的人格又使这间陋室熠熠生辉。

三、感悟主人高洁的人格美

细细品味，我们不难发现，刘禹锡不愿与得势权贵同流合污，于是借“陋室”颂扬其“德馨”，字里行间所表现出来的是他那令人叹服的高尚的人格美。陋室里没有笙簧迭起、纷扰杂乱的丝竹之声“乱耳”，也没有繁忙的公务、纷繁的书簿来“劳形”，相反却景色优美，雅事不断。从这些描写中，我们足以窥见主人居住在陋室不仅没有丝毫的简陋之感，反而怡然自得，乐趣无穷。令人敬仰的诸葛亮、扬子云也住过这样的陋室，作者与他们一样，也要安贫乐道，保持自己的节操。这样的类比，淋漓尽致地表达了作者不愿与世俗同流合污的心声和不戚戚于贫贱、不汲汲于富贵的高尚品德。在文章结尾，作者引用孔子的“何陋之有”，意在表明自己正是孔子一类的君子，自己的生活态度正如孔子一样，这就更突出了作者高洁傲岸、不随世俗的志趣和抱负，凸显出一种至善的人格美。一个乐观坦荡、洁身自好、安贫乐道的文人形象便跃然纸上。

总之，《陋室铭》不仅给我们以美的艺术享受，而且让我们感受到古人高尚的节操。我们学习课文，不仅要掌握一定的知识、技能，更应从课文所表现、所歌颂的精神品质中汲取精华，完善自己的性格与品质，砥砺自己的意志与毅力。

文化浸润，以言带文

——《与朱元思书》教学设计及反思

深圳市光明新区公明中学　舒才友

教学目标

1. 复习巩固基本文言词语和重点句子。

2. 体味“奇山异水”的语言精妙，感受文章意趣。

3. 探寻作者的写作意图，激发对祖国大好河山的热爱之情与对自由的向往之情。

教学重难点

1. 在朗读和讨论中巩固常用的文言词语。

2. 体味作者描写“奇山异水”的语言特色，培养基本的审美能力。

3. 理解“鸢飞戾天者，望峰息心；经纶世务者，窥谷忘反”的内涵。

4. 体悟文人的“出世”人生哲学。

教学过程

一、引一引，激趣导入

师：同学们旅游过吗？都到过哪些地方？有没有去浙江看过富春江呢？那里美吗？我们伟大的祖国山河壮丽，无数名山大川熠熠生辉，装扮着中华大地，引得历代文人墨士为之作诗、吟唱。单单是富春江这里，就有元代大画家黄公望创作的《富春山居图》，还有南朝梁文学家吴均为我们留下的脍炙人口的《与朱元思书》。今天，就让我们一起走近富春江，走近吴均，去探寻风光旖旎的富春江！

[设计意图：从生活角度切入，既能激发学生的兴趣，又能巧妙地导向课文，沿着旅游的线路去一路探寻文章的美。]

二、读一读，整体感知

1. 初读课文，弄清字词。

先请学生听配乐示读课文，听读时注意字词的读音，听清句子的停顿。听完请学生仿照示读放声自由朗读，并弄清以下问题。

（1）作者：吴均，____（朝代）文学家，他工于写景，诗文自成一家，常描写山水景物，其文章“清拔有古气”，被称为“________”。

（2）给加点字注音。

轩邈　缥碧　横柯　窥谷　戾天　经纶

（3）通假字。

蝉则千转不穷　窥谷忘反　有时见日

（4）解释加点的字。

风烟俱净　任意东西　猛浪若奔

互相轩邈　横柯上蔽

［设计意图：解决字词的读音和意思是文言文教学的基础，通过偏旁、对解等方式，让学生掌握关键字的音、意。］

2. 再读课文，梳理文义。

本文是一篇优美的写景小品文，朗读时速度宜慢，以“乐山水”之心去读，读出一种愉悦感。先请学生自己独立试读，然后小组内交流朗读节奏、停顿和重音，接着请个别小组成员示范朗读，读后小组间互评，教师给出朗读指点。

略读课文，说一说《与朱元思书》是一篇什么样的文章。角度很多，关键在于想象。先请学生仔细想一想，然后把自己的想法旁批在课本上。

学生自由发言，说出不理解的句子，教师从旁指点，梳理清楚文义，并明确此文的多重文体：从语言形式上看，四六严整，属骈体古文；从文体上看，是山水小品，属散文；从标题上看，是一封寄友书信，属应用文。

［设计意图：通过不同语气停顿的示范朗读和释义，使学生融入课文，读其文，感其美，会其情；通过旁批、互评等方式，使学生积累文体知识，培养合作探究精神。］

三、品一品，赏美探究

1. 韵律美。

师：同学们刚刚都读了课文，也梳理了文章大意。从读的角度上，大家读出了文章中的句子都有什么特点？先独立思考，然后同桌之间小声地交流。先思考，再交流！

讨论提示：对仗整齐，四个字或六个字一句，两句一节。

通过学生的发言讨论，教师引出“骈文”的概念：骈文，也称“骈体文”“骈俪文”或“骈偶文”，因其常用四字、六字句，故也称“四六文”或“骈四俪六”。这是魏晋以后产生的一种文体，南北朝是骈体文的全盛时期。全篇以双句（俪句、偶句）为主，讲究对仗的工整和声律的铿锵。

[设计意图：通过思考和讨论，引导学生掌握“骈文”的概念，感受文章辞采隽永、音节和谐的韵律美。]

2. 结构美。

(1) 师：同学们知道了骈文的作用在于韵律美。那大家再一起来看一看，富春江山水在作者眼中是什么样的？文中哪句话概括了富春江山水的特征？

学生思考后发言，教师指导并明确：①“奇山异水，天下独绝”是景色的特征，全文都围绕着“奇”“异”这两个字在展开；②文章结构为总一分。

(2) 小组讨论：作者是怎样一步步展现“异”和“奇”的？

明确：写“异水”，依次写了江水之色、江水之深、江水之清、江水之净、江水之急。静中有动，动静结合，显示出富春江水的秀丽之美和壮观之美，突出表现了一个“异”字。写“奇山”，从山之形、山之声、山之色角度突出山之“奇”。

[设计意图：通过学生的个人思考和小组探讨，培养学生合作探究精神的同时，引导学生了解文章结构，从不同侧面去理解文章的美，解决教学重点。]

3. 意境美。

师：“仁者乐山，智者乐水。”仁者之乐，就像大山一样，岿然矗立，崇高安宁；而智者之乐，就像流水一样，阅尽世间万物，悠然淡泊。本文重在写景，直接抒情言志的语言很少，但历来优秀的诗文都讲究情景相生，请同学们反复品读课文，看看作者描写景物时流露出怎样的情感和志趣。

学生找出相应的描写景物的句子，小组讨论与展示，学生自由发言，教师适时补充拓展，挖掘文本的文化意蕴。

(1)“从流飘荡，任意东西”一句。这一句让人感受到一种自由自在、无拘无束、无牵无挂的轻松和惬意，流露出作者恬静的心境，展现了作者旷达的情怀。

教师根据学生的体悟和品味，拓展“魏晋风度”相关文化知识。吴均身上体现了魏晋时期名士们所具有的那种率直任诞、清俊通脱的行为风格和生活方式，即“魏晋风度”，正契合了“吴均体”“拔”出于齐梁柔靡之清峻，上追汉魏风骨之古气。

(2)“急湍甚箭，猛浪若奔”“负势竞上，互相轩邈”两句。作者赋予了山水以情感、生命——水在争相向前，山在竞相向上，表现了作者对自然、自由的热爱，对生命力的赞颂。

学生自由发言，教师适时点拨。

[设计意图：通过对文章美句的玩味，充分调动学生的主观能动性，一方面通过品赏使学生感受文章的意境美，另一方面加深学生对文章的深层认识，同时也达成部分教学目标。]

四、释一释，点击文化

1. 释文题，何为“书”?

书即书信，是古代的一种文体。这篇小品文就是吴均写给他的好朋友朱元思的一封书信中的一部分，书信中其他部分现已遗失。经后世文人考究，其好友一作“宋元思”。

2. 释文义，为何要写“书”?

在外旅游并写信告诉朋友，大约有四种情形：观赏到美景的自豪之乐；向朋友介绍美景的自得之意；面对奇山异水的自嘲之味；囿于世事的无奈之感。引导学生讨论出本文有两重写信意图，除了有观赏到美景的自豪之乐以外，还有囿于世事的无奈之感，有希望归隐自然、远离世俗尘嚣之意。

3. 释文韵，“书”了何种情怀？

“鸢飞戾天者，望峰息心；经纶世务者，窥谷忘反。”这句话不仅从侧面衬托险峰幽谷夺人心魄的魅力，更传达出作者对功名利禄的鄙弃和对官场政务的厌倦。这句话集中反映了作者高雅的志趣、高洁的情怀，反映了当时一部分文人士大夫流连自然风光的生活情趣和回避现实的清高隐逸的思想。这是有特定的社会根源和思想根源的。从当时士林崇尚清谈、鄙弃世务的社会风气看，作者在这里流露的清高隐逸之情正是这种社会时尚的表现；从作者本人的生活经历来看，由于他出身于寒贱家庭，在异常讲究门庭的南朝时代，仕途上很不得意，便由此转向规避现实。

教师进而引申出中国文人的出世文化，即中国传统的隐逸文化。南朝紧承魏晋，是一个政治极其黑暗、文人内心十分压抑的时代，吴均所在的梁朝是梁武帝萧衍篡齐而建。吴均私自修史，悄悄写了《齐春秋》，记录了这段君主眼里是为禁区的历史，不久事情被梁武帝发现，下令对吴均“焚其书，坐免职”。可是不久之后，吴均又被召见，令其修订梁朝官方史书《通史》。仕途坎坷，处于此境地的吴均如履薄冰，于仕途猛进之间顿生退心，于是发出“鸢飞戾天者，望峰息心；经纶世务者，窥谷忘反”的感叹。这也是“入世”与“出世”的处世态度在作者身上的矛盾体现，入世表示一个人渴望在现实生活中实现自己的价值；出世则相反，表示一个人不再关心生活中大家都追求的功名、权位、财富等，希望超脱世人的生活，注重精神上的追求。

[设计意图：通过对文题、文义的阐释，旨在立足文本，拓展文化，将传统文言文教学中的遗余拾掇起来，纵向立体开掘，发现文本更深处的文化存在，引导学生在积累、感悟和运用中，提高自己的欣赏品位和审美情趣，将文化体悟融进教学过程中，加深对文言美的感受和回味。]

五、课堂总结

师：《与朱元思书》是一幅风光旖旎的山水画，从中可以看到祖国大好河山的一阕；《与朱元思书》也是一首意味隽永的诗歌，在韵律和谐中呈现出至美；《与朱元思书》还是一篇作者用心雕刻的自塑像，雕刻出了他对现实的无奈与对自由的渴望。

教师自编一首诗总结吴均和全文：人生自有三不朽，吴均立言自在走。智者乐水仁乐山，入世出世两难了。格物致知还正心，诚意修身君知晓。与时俱进传风骨，名士风度皆可有。

最后学生齐读文章，回味文章中透露出来的独特韵味。

六、板书设计

与朱元思书

- 异水奇山
  - 异水
    - 清澈之美
      - 水绿
      - 水深
      - 水清
    - 激越之美
      - 流激
      - 浪大
      - 势猛
  - 奇山
    - 山之形——高峻、挺拔、茂密、雄奇
    - 山之声——泠泠、嘤嘤、千转、百叫
    - 山之色——忽晦、忽明、有晖、有阴

[设计意图：课文以“奇山异水，天下独绝”总领全篇，以“奇”“异”两字展开，概括出富春江山和水的鲜明特点。板书结构上纲举目张，脉络分明，突出了文章的重点内容，让学生一目了然。]

教学反思

《与朱元思书》文虽小，却精湛，是骈文中写景的精品。我在执教这篇课文的过程中，摈弃了逐字逐句翻译的传统文言文教学方式，尝试用文化浸润课文，采取以言带文的方式，先从关键字词的探究上疏通文义，解决基础问题；而后激发学生的自主性，品赏玩味课文中的美词美句，解决教学目标和教学重点；最后衍生文化知识的拓展学习，使学生对中国传统的出世文化有比较深刻的了解和认识。

课堂上，我采用引一引、读一读、品一品、释一释四个环节，调动学生听、说、读、思等方面的学习积极性，穿插个别回答、同桌交流、小组讨论、全班探究等多种教学活动方式，不仅活跃了课堂氛围，而且培养了学生自主合作探究的精神。整节课以“文言”“文学”“文章”“文化”四维统一为目标，实现了真正的文言相生。

但在本课教学中，我也发现仍存在一些不足。比如，过于拘泥于课文本身的教学和探讨，把关注点都放在了对文章的纵向挖掘上，缺少与其他类似文章的横向对比探究。如果能选取同时代的一些典型诗文来做比较，将会使学生对文人的出世现象有更深一层的认知，对文化的浸润和拓展就会更贴切、更理想，文言相生的效果也会更好。这是我今后需要不断努力和探索的地方。

精彩链接

以下是后人对《与朱元思书》的评价。

1. 元代诗论家方回：《与朱元思书》诚为叙庠佳作。

2. 北京大学中文系教授陈平原："奇山异水，天下独绝"是作者对富阳至桐庐间的山水景色特征性的概括。那负势竞上的寒树，那争高直指的气势，难道不是作者独立自由的一种个性、勇往直前的一种气势吗？与禽鸟共舞，与山水同乐，沉浸在这奇山异水之中，什么世间俗务，什么利禄功名，刹那间便会伴着美的体验灰飞烟灭。

3. 原贵州作家协会主席何士光：《与朱元思书》是一篇不可多得的写景奇文，玄妙不可测，真可谓"云山苍苍，江水茫茫"。

以文带言，文言相生

——《孙权劝学》教学设计及反思

深圳市光明新区公明中学　舒才友

教学目标

1. 了解有关《资治通鉴》的文学常识。

2. 掌握文中涉及的常用文言词语。

3. 能在熟练朗读的基础上，正确断句和停顿。

4. 通过理解文义，体会人物对话中的不同语气，揣摩、想象人物当时的神态和心理活动，进而分析人物形象及其性格特征。

5. 明白“士别三日，当刮目相看”的道理，培养爱读书的好习惯。

教学重难点

1. 揣摩、体会人物的语言特点，并能读出人物不同的语气、语调。

2. 理解吕蒙与鲁肃对话的含义。

3. 联系故事本身和中国传统文化，真正领悟读书有益于人的发展和完善的道理。

教学过程

一、故事导入，引人入胜

师：三国故事中有“刘备借荆州——有借无还”的故事，想来大家都很熟悉。后来，孙权、鲁肃都想要夺回荆州，终不能如愿。直到建安二十四年（219 年）七月，刘备令守荆州的关羽率主力攻樊城，孙权一看机会来了，一面用计迷惑关羽，一面命一个人为大都督，率兵袭取荆州。这个人把精兵隐藏在大船舱内，命摇橹士兵穿白衣，伪装成商人西进，然后出其不意急袭荆州。关羽率军回救荆州失败，走麦城，中埋伏被俘杀。这就是历史上有名的白衣渡江之计。这个夺荆州擒关羽的厉害人物是谁呢？他就是吕蒙。吕蒙，字子明，三国时吴国名将。吕蒙为什么这么厉害呢？今天要学的《孙权劝学》会告诉我们答案。这篇文章选自《资治通鉴》，作者是司马光，哪位同学来介绍一下司马光的相关资料？

学生自由发言。

师：我们对司马光砸缸的故事非常熟悉，我们一起来认识一下司马光这个人。司马光（1019—1086 年），字君实，北宋政治家、史学家。《资治通鉴》是司马光主持编纂的一部编年体通史，记载了从战国到五代共 1362 年间的史事，宋神宗以其“鉴于往事，有资于治道”，命名为《资治通鉴》，司马光编纂此书的目的是为统治者治国提供历史经验和教训。

[设计意图：引语从三国故事入手，设计问题，引发思考，引人入胜，激发学生的学习兴趣，同时拓展司马光及《资治通鉴》的相关知识，开拓学生的视野。]

二、诵读课文，感知内容

1. 自读释疑，疏通字词。

学生借助工具书自读课文，提出疑难读音、字义等，小组间讨论解决，或提出来共同解决，从而了解文义。

[设计意图：解决字词、读音是文言文教学的基础，通过自主的方式解决疑难并了解文义，有利于培养学生良好的自主学习习惯。]

2. 品析重点，把握语气。

教师引导学生对课文中部分重点语句进行朗读品析，通过对人物语气、神态、动作的把握，体验人物心理。

（1）“卿今当涂掌事，不可不学！”

“不可不学”用双重否定的形式，语气坚决，不容置疑，向吕蒙指出“学”的必要性，表现了孙权对吕蒙要求严格，同时严厉中又可见关心、厚望。

（2）“卿言多务，孰若孤？”

孙权现身说法，鼓励吕蒙求学，可谓语重心长，言辞恳切。这番劝言，表现出孙权的善劝。既有严格的要求，又有殷切的期望；既责备吕蒙的不争、无志，又透出关怀、爱护之心。那种庄重而语重心长的神态可见一斑。

（3）“孤岂欲卿治经为博士邪！”

“邪”表示反问语气，译为“吗”。联系句意，隐隐可见孙权对吕蒙不听劝诫的不悦神情和责备的意味。

（4）“卿今者才略，非复吴下阿蒙！”

感叹句，可见鲁肃当时十分惊奇的神态。吕蒙的变化使鲁肃既吃惊，又情不自禁地发出赞叹。这句话从侧面反映吕蒙因“学”而使才略有了令人难以置信的长进。

（5）“士别三日，即更刮目相待，大兄何见事之晚乎！”

“三日”形容时间很短，“刮目”是擦拭眼睛，表示十分惊奇、难以置信的样子。“乎”表示感叹语气，相当于“啊”。这是吕蒙对鲁肃赞叹的巧妙接应，并不是埋怨鲁肃，而是为自己的进步深感自豪。从吕蒙的答话中可见他颇为自得的神态，他以当之无愧的坦然态度，表明自己才略长进之快。

[设计意图：通过对人物说话语气的感受和体会，使学生进一步领悟人物的心理活动及思想情感，更好地理解文章的意思及内涵。]

3. 演读全文，深入感知。

全班齐读，分角色朗读。

模仿表演：请四名学生分角色扮演孙权、吕蒙、鲁肃、旁白。要求表演时注意模仿人物的语气，体会人物的心境。

[设计意图：通过学生的朗诵和表演情况，一方面可以检验学生对人物情感和文章内涵的理解程度，进而根据学生的具体情况有针对性地进行教学；另一方面，可以进一步提升学生的诵读和表演能力，同时在诵读和表演过程中培养学生的语感。]

三、合作探究，互动释疑

1. 质疑释疑。

把全班学生分成六个小组，将六个小组分成三对。每对中的一个小组设计问题，挑战另一小组。每组提两个问题，问题不得重复。

下面是学生可能提的问题。

（1）课文写了一个什么故事？

（2）谁是课文描述的主要人物？

（3）读了课文后你喜欢谁？

（4）文中描述人物最精彩的部分在哪里？

（5）孙权究竟是如何劝说吕蒙的？

（6）文中为什么要写鲁肃？

（7）鲁肃为什么会对吕蒙“刮目相待”？

［设计意图：通过小组间相互提问，进一步深化学生对课文的理解、对情感的体会、对人物的认知、对道理的感悟，在巩固知识和提高能力的过程中，培养学生的情感态度和价值观。］

2. 设疑抢答。

教师检查学生的学习情况，梳理课文内容，要求学生用原文回答以下问题。

（1）孙权劝学的原因是什么？

（2）吕蒙推辞的理由是什么？

（3）孙权是怎样论述读书的重要性的？

（4）吕蒙就学，鲁肃是如何称赞吕蒙的？

（5）吕蒙因学而才略大有长进的句子是哪句？

（6）表明吕蒙自己治学的毅力和自信心的语句是哪句？

［设计意图：采取问题推进的方式，进一步引导学生深刻、全面地领悟文义，不断提升学生的阅读能力、思考能力和理解能力。］

四、巩固拓展，培养品德

1. 本文成语。

“吴下阿蒙”即当年在吴县时的阿蒙，特指原来不好读书的吕蒙，后泛指缺少学识和文才的人。

“士别三日，刮目相待”指别人已有显著进步，不能再用老眼光来看待。

［设计意图：进一步巩固文化知识，加深理解，培养学生形成用发展的眼光看待别人的进步的优秀品质。］

2. 关于读书的故事。

师：是读书改变了吕蒙的命运，是善于接受别人正确规劝的态度决定了吕蒙的成功。除了这个故事之外，你还知道哪些有关名人读书的故事？

请说出来与大家分享。

[设计意图：在明确人物成功原因的基础上，加深学生对读书重要性的理解。讲述古人刻苦读书的故事，既能丰富学生的课外知识，又有利于启发学生明确读书的重要性，使学生养成爱读书的好习惯。]

3. 名言填空。

书读百遍，其义自见。

读书破万卷，下笔如有神。

黑发不知勤学早，白首方悔读书迟。

问渠那得清如许，为有源头活水来。

少儿好学，如日出之阳；壮而好学，如日中之光；老而好学，如炳烛之明。

[设计意图：通过名言填空，进一步深化学生对读书重要性的认识，教导学生珍惜大好时光，认真读书学习。]

五、诵读全文，总结归纳

师生一起诵读课文。

教师总结：本课讲述了三国时东吴名将吕蒙听从其主孙权的劝告而读书学习的历史故事，揭示了开卷有益、好学上进、用发展的眼光看待别人的进步的道理。

[设计意图：通过对课文的再一次整体把握和总结性回顾，引导学生用发展的眼光看待别人的进步，懂得珍惜时光好好读书，培养良好的学习习惯和品质。]

六、作业布置

师：我们学过《伤仲永》，天才少年方仲永与吕蒙相比，一个是幼年不学，毫无所成，一个是年长好学，学有所成。请设想一下，假如有一天方仲永巧遇吕蒙，他们会演绎出怎样的故事呢？请以《方仲永巧遇吕蒙》为题，展开联想，写一篇作文，文体、字数不限。

[设计意图：通过联想写作的方式，引导学生在充分发挥想象力、思考人物心理活动、展开语言对话场景的过程中培养写作能力、表达能力，并树立谦虚好学、热爱读书、积极向上的价值观。]

七、板书设计

孙权劝学

《资治通鉴》

孙权——劝学

吕蒙——就学

鲁肃——赞学

[设计意图：清晰明了地总结概括课文的人物及故事梗概，帮助学生准确、快速地把握课文的脉络结构，为学生体会文章内涵、把握人物特征奠定良好基础。]

教学反思

《孙权劝学》是一篇自读课文，故事性强，人物形象生动，文言障碍较少，适合学生自主学习。授课过程中，我采用以文带言的方式进行，注重文言相生，从三国故事导入，通过自由读、齐读、分角色读等多种朗读方式疏通课文，使学生体会人物说话的语气，把握人物形象，再抓住课文揭示的道理拓展传统文化知识。自主、合作、探究的学习方法在这节课中得到了充分体现，课堂气氛十分活跃。最后通过联想写作的方式布置课后作业，注重培养学生阅读浅易文言文和概括、表达、写作等能力，积极引导学生形成良好的习惯、品德，树立正确的价值观。

本堂课的优点有以下几方面：注重发挥学生的主观能动性，引导学生采取自主研习、小组合作、探究延伸等方式强化学习；注重对学生阅读能力、理解能力、写作能力等语文素养的培养及提升，引导学生感悟道理、树立正确的情感态度和价值观，环环相扣，步步推进。不足有以下几方面：在教学环节衔接过渡方面还需进一步改善，使过渡更加平缓、自然；在充分发挥学生主观能动性的过程中，要做到收放自如；在发挥教师引导作用和对学生的激励性评价方面，还需再下功夫。

总而言之，知识无穷尽，学习无止境。“授人以鱼，不如授人以渔。”作为教师，我们传授知识只是最简单、最基本、最基础的一步。如何激发学生的学习兴趣，充分调动和发挥学生的主观能动性，培养学生主动学习、乐于学习、善于学习的能力，引导学生树立正确的情感态度和价值观，是永恒的课题，需要我们在教学的道路上孜孜不倦、上下求索。

精彩链接

朱熹在《训学斋规》中提出：读书有三到，谓心到、眼到、口到。心不在此，则眼看不仔细，心、眼既不专一，却只漫浪诵读，绝不能记，记亦不能久也。三到之中，心到最急，心既到矣，眼、口岂不到乎？

增加教学课时，充分研读文本

——《唐雎不辱使命》教学设计及反思

深圳市光明新区长圳学校　付宁

本课教学安排为两课时。第一课时的主要任务是疏通字词，使学生掌握重要词句的翻译，并在反复朗读和品味语言中，体会人物形象的特点，初步了解《战国策》的文学价值。在教学实践中，经常有学生质疑文本，因此专门安排第二课时进行拓展延伸，补充资料，引导学生思考文本的真实性，从而了解《战国策》的历史价值。

第一课时

教学目标

1. 掌握“以”的基本用法，以及“易”“挠”“谢”“加惠”“逆”等实词的用法；通过朗读，体会“其”“与”“哉”“乎”“耳”等词包含的情感色彩。

2. 体会唐雎的人物形象，进而了解战国时期“士”这个特殊阶层。

3. 初步了解《战国策》的文学价值。

教学重难点

1. 品读人物对话，理解人物形象。

2. 进行朗读指导，读出人物情感。

教学过程

一、导语

1. 根据意思猜成语，看谁能最快说出。

（1）释义：心里想往南去，却驾车往北走。比喻行动和目的相反。

（南辕北辙）

（2）释义：蛇本来没有脚，画蛇时给蛇添上脚。比喻做了多余的事，非但无益，反而不合适。也比喻虚构事实，无中生有。（画蛇添足）

（3）释义：狐狸假借老虎的威势。比喻依仗别人的势力欺压人。（狐假虎威）

（4）释义：因为羊圈的破损羊被狼叼走了才去修补羊圈。比喻在受到损失之后想办法补救，免得以后再受类似的损失。（亡羊补牢）

（5）释义：垫高枕头睡觉，无忧无虑。比喻平安无事，不用担忧。（高枕无忧）

（6）释义：记住从前的经验教训，作为以后的借鉴。（前事不忘，后事之师）

（7）释义：比喻双方争执不下，结果两败俱伤，让第三者获得好处。（鹬蚌相争，渔翁得利）

（8）释义：在一百步以外射中杨柳的叶子。形容箭法或枪法十分高明。（百步穿杨）

[设计意图：从学生耳熟能详的成语引入学习，拉近学生与文本的距离。]

2. 师：这些大家熟悉的成语都出自一本书——《战国策》。请同学们看课本的注释，了解《战国策》是怎样的一本书。

提示：由这段注释，我们可以了解到两个信息。其一，《战国策》是一部反映战国历史的国别体史书；其二，西汉末年的刘向对《战国策》进行了整理，该书的作者不可考。

师：今天我们学习的文言文《唐雎不辱使命》也出自《战国策》。

3. 师：《唐雎不辱使命》是《战国策》中很有名的一篇文章，我们通过这节课的学习，要达成以下学习目标。

课件出示学习目标：

（1）掌握“以”的基本用法，以及“易”“挠”“谢”“加惠”“逆”等实词的用法；通过朗读，体会“其”“与”“哉”“乎”“耳”等词包含的情感色彩。

（2）体会唐雎的人物形象，进而了解战国时期“士”这个特殊阶层。

(3) 初步了解《战国策》的文学价值。

[设计意图：课堂之初展示学习（教学）目标，增强学习的指向性，从而提高课堂效率。]

二、初读课文，读准字音

课件出示：

唐雎（jū） 怫然（fú） 徒跣（xiǎn） 抢地（qiāng）
王僚（liáo） 韩傀（guī） 要离（yāo） 休祲（jìn）
缟素（gǎo） 色挠（náo） 寡人谕矣（yù）

1. 自读。

2. 指名朗读，正音。

3. 提示：有些参考资料提出，“寡人谕矣”中的“谕”通“喻”，意为明白，懂得。在文中注释标注的还有哪些通假字？

归纳：“秦王不说”中的“说”通“悦”；“仓鹰击于殿上”中的“仓”通“苍”；“故不错意也”中的“错”通“措”。

[设计意图：本文中的一些生字，学生认读有难度，需要教师帮助正音。另外，通过此环节可引导学生自己学会归纳通假字。]

三、解题

1. “唐雎不辱使命”，“辱”在这里是什么意思？

提示：辱，意为辱没、辜负。

2. 如果以此标题写作文章，你在文章中会写哪些内容呢？

提示：唐雎是一个什么样的人？唐雎出使到哪个国家？唐雎为什么要出使？唐雎出使的经过和结果如何？

3. 我们进一步学习这篇文章，看作者是不是回答了同学们提出的这些问题。

[设计意图：以课题作为教学的切入口，引出后面的层层品读。]

四、一问“唐雎为什么要出使”

1. 浏览文章，看哪一段回答了这个问题。

提示：文章的第一段。

2. 自读文章的第一段，概括该段的主要内容。

提示：主要写了秦王使者和安陵君的对话，揭示了唐雎出使秦国的缘由。

3. 品读秦王使者与安陵君的对话。

（1）课件出示：秦王使人谓安陵君曰："寡人欲以五百里之地易安陵，安陵君其许寡人!"

朗读指导1："寡人欲以五百里之地易安陵"中的"易"在这里是什么意思？（交换）

联系课文注释——安陵是当时的一个小国，原是魏国的附属国，以及从后文看，安陵只不过方圆五十里。秦王为什么要以大易小呢？

联系学生熟悉的完璧归赵的故事中秦王许诺用十五座城池换和氏璧，此处故伎重演，以大易小的实质就是要强占安陵国。

朗读指导2："安陵君其许寡人"中的"其"的注释是"句中用来加重语气的助词"，它可以换成哪个现代词语？（可换成"一定""必须"，表达出秦王不容置疑的语气）

指名朗读此句，读出秦王使者的强硬和狂妄。

（2）课件出示：安陵君曰："大王加惠，以大易小，甚善；虽然，受地于先王，愿终守之，弗敢易!"

朗读指导：修改句——安陵君曰："受地于先王，愿终守之，弗敢易!"与原句比较。

提示："加惠"的意思是"给予恩惠"；"虽然"翻译为"即使这样"。

提问：安陵君的回答中，"大王加惠，以大易小，甚善"一句能否去掉？为什么？

提示：这是安陵君婉言拒绝。朗读时，口气要柔和。

追问：安陵君已经看清了秦王的骗局，为什么不直接拒绝秦王呢？

提示：联系注释，安陵国是魏国的附属国，而魏国已经被秦国所灭。安陵国与秦国实力相差悬殊，所以安陵君不敢直接拒绝秦王。

指名朗读此句，读出安陵君无奈、谦卑下的坚守。

4. 全班齐读第一段。

[设计意图：人物语言是人物性格的流露和体现。通过对关键词的品读、对关键句的揣摩、联系背景知识等方法，让学生透过语言的表层走进人物的内心世界。]

五、二问“唐雎完成使命了吗”

1. 浏览文章，看哪一段回答了这个问题。

提示：文章的第四段。

2. 自读该段，概括本段内容。

提示：从秦王的神态、动作和语言描写，可见唐雎达到了出使的目的。

3. 梳理重点字词。

(1) 神态：色挠。

提示：挠，屈服。联系成语“不屈不挠”“百折不挠”来理解。

[设计意图：有人将成语誉为语言的“活化石”，其中很多的字义保留着古意。学习文言文时，将重点词的词义与成语关联比较，有助于学生的理解和掌握。]

(2) 动作：长跪而谢之。

提示：联系课文注释，理解“长跪”是表示庄重和对说话者的敬意。谢，认错，道歉，联系词语“谢罪”来理解。

(3) 语言：“安陵以五十里之地存者，徒以有先生也”中两个“以”的用法是否相同？

提示：第一个“以”为“凭借”；第二个“以”为“因为”。

提问：很多参考资料上对这句话的翻译为“安陵凭借方圆五十里的土地保全下来的原因，只是因为有先生您”。有没有问题？

提示：“原因”与“因为”重复。

[设计意图：引出常见的翻译错误，体会文言文翻译的准确性。]

4. 全班齐读第四段。

六、三问“唐雎是怎样完成使命的”

1. 浏览文章，找出哪些文字写了唐雎怎样完成使命。

提示：第二段和第三段，具体描写了唐雎完成使命的经过。这是课文的主体部分。

2. 自读第二段，概括该段的主要内容。

提示：第二段描写了秦王与唐雎的对话。

（1）重点字词释义。

本段中“以”出现三次，用法是否相同？

① 寡人以五百里之地易安陵。（用）

② 而君以五十里之地存者。（凭借）

③ 以君为长者。（把）

（2）指导朗读秦王的话。

① 揣摩“且秦灭韩亡魏，而君以五十里之地存者，以君为长者，故不错意也”的深层含义。

提问：秦王对唐雎说“秦灭韩亡魏”之事的言外之意是什么？

提示：安陵君如果违抗秦王的意愿，安陵国的下场将会和韩、魏一样。

提问：秦王不打安陵国，是真正把安陵君当作长者吗？

提示：秦王根本没有把安陵国放在眼中，不屑出兵一战。

② 读出两个问句的语气。

问句 1：寡人以五百里之地易安陵，安陵君不听寡人，何也？

问句 2：今吾以十倍之地，请广于君，而君逆寡人者，轻寡人与？

比较“安陵君不听寡人”与“而君逆寡人者”两句含义的差别：“逆”是违背的意思，比“不听”程度深，表达了秦王对安陵君的不满和对唐雎的谴责。因此朗读第二个问句时，语气应该更加强烈。

③ 自读，指名朗读秦王的话。

（3）指导朗读唐雎的话，与安陵君的回答做比较。

句 1：安陵君曰：“大王加惠，以大易小，甚善；虽然，受地于先王，愿终守之，弗敢易！”

句 2：唐雎对曰：“……安陵君受地于先王而守之，虽千里不敢易也，岂直五百里哉？”

提示：安陵君的回答，先肯定，后拒绝，态度既恭敬又鲜明。“岂直五百里哉？”翻译为“难道只是五百里的土地吗？”这是一个反问句，唐雎对秦王的拒绝直截了当，铿锵有力。

（4）学生自读，请两名学生分角色朗读秦王和唐雎的对话。

小结：秦王和唐雎，一问一答，你硬我强，第一次交锋，不分胜负。

3. 自读第三段，概括本段内容。

提示：秦王与唐雎的对话。这是秦王和唐雎的第二次交锋。

(1) 指导朗读秦王的话。

① 秦王“怫然怒”，注释中对“怫然”的解释是“盛怒的样子”，相当于我们现代汉语中形容怒气的哪一个词语？(勃然大怒)

“公亦尝闻天子之怒乎”中“天子”的意思是“皇帝”，可见当时秦王虽然还没有完全统一中国，但是已经以帝王自居，以天子自比了，何等狂妄！

② 难句翻译：“布衣之怒，亦免冠徒跣，以头抢地耳”中的“布衣”指“平民”。“耳”的意思是“罢了”，表达了秦王对布衣之怒的不屑与鄙视。

③ 指名朗读。

(2) 指导朗读唐雎的话。

① 看注释自读。难字：士（这里指有才能有胆识的人）；休祲（休，吉祥；祲，不祥）；缟素（白色的丝织品，这里指穿丧服）

② 唐雎为了突出士之怒，举了哪几个例子？

提示：三个例子，包括“夫专诸之刺王僚也，彗星袭月；聂政之刺韩傀也，白虹贯日；要离之刺庆忌也，仓鹰击于殿上”。三个例子构成排比，一气呵成。

全班很有气势地齐读此句。

③“与臣而将四矣”这句话在这里是什么意思？

提示：唐雎暗示秦王，自己将效法这三个人，刺杀秦王。同时可见，唐雎认为自己也是一个“士”。

(3) 总结：这第二回合的交锋，秦王讲天子之怒，唐雎就回应布衣之怒；秦王不屑庸夫之怒，唐雎就列举士之怒。唐雎与秦王针锋相对，毫不示弱。

(4) 学生自由组合读，要求：分角色表演朗读，可辅以表情，可设计动作。

指名两个或者三个组合，在班上表演朗读。

[设计意图：继续通过品读关键词、比较辨析关键句、揣摩言外之意

等方法，体会语言描写，指导朗读。]

七、四问“题目能否改成《唐雎完成使命》”

1. 学生讨论，各抒己见。

提示：原题“不辱”，强调唐雎通过自己的言行，没有辜负安陵君交给自己的使命，维护了国家的领土完整。同时，在强权面前，唐雎以“士”自居，不卑不亢，维护了自我的尊严。因此，原题更好些。

2. 战国时期，“士”是一个非常特殊的社会阶层。

（1）在唐雎眼中，专诸、聂政和要离三个刺客是“士”，他们有什么共同特点？

提示：勇敢无畏，甚至能够舍弃生命，可谓勇士、武士。

（2）唐雎身上除了勇敢无畏，还有哪些特点？

提示：正气凛然，不畏强权；沉着冷静，能言善辩。

（3）由唐雎的这些特点，我们还可以联想到战国时期的哪些著名人物？

提示：由其正气凛然、不畏强权可以联想到荆轲；由其沉着冷静、能言善辩可以联想到张仪、苏秦和毛遂等。

（4）总结：在课文注释中，“士”的解释是“指有才能有胆识的人”。战国时期，风云变幻，为这些“士”提供了广阔的舞台，从王廷到社会底层，到处都活跃着他们的身影。同学们如果感兴趣，下课后查找相关资料，进一步了解战国时期的“士文化”现象。

[设计意图：题目中的“不辱”是题眼，由此深入了解唐雎这一人物形象，同时拓展了解战国“士”这一特殊阶层。]

八、了解《战国策》的文学价值

1. 本文塑造的人物形象栩栩如生，除了唐雎，还有秦王。请用几个词概括一下本文中秦王的形象。

提示：骄横狂妄、阴险狡诈、色厉内荏。

2. 浏览全文，本文在塑造唐雎和秦王的形象时，运用得最多的描写手法是什么？

提示：语言描写构成了文章的主要内容。文章中的语言描写不仅符合人物各自的身份，还表现出人物的内心活动，而且通过人物语言的前后变化，丰富了人物的性格。这是《战国策》之前的史书所没有的。所以，有人评价，《战国策》标志着先秦叙事文学发展到一个新高峰。尤其是其在语言描写中爱用铺排手法，这对后世创作影响深远。

[设计意图：通过前面的品读和指导朗读环节，学生对文中的人物形象已经了然于胸。此环节进一步揭示此文语言描写的特色，从而使学生了解此文的文学价值。]

九、布置作业

本文主要采用语言描写刻画人物，请发挥想象，增加动作描写、神态描写、心理活动描写等多种描写手法，选取第二段或第三段进行扩写。

十、板书设计

唐雎不辱使命

《战国策》
↓ 语言描写
生动的人物形象
- 唐雎
  - 勇敢无畏　舍弃生命
  - 正气凛然　不畏强权
- 秦王
  - 骄横狂妄
  - 阴险狡诈

第二课时

教学目标

1. 培养独立思考的能力和批判性思维。
2. 通过对课外文言文的阅读，提高文言文阅读能力。
3. 初步了解《战国策》的历史价值。

教学重难点

1. 在比较分析中发现问题，进而提出问题。
2. 初步了解《战国策》的历史价值。

教学过程

一、导语

师：通过上节课的学习，我们感到《唐雎不辱使命》确实是一篇精彩之作，可是有人怀疑它的真实性。前段时间，有人在新浪博客中发文《“唐雎不辱使命”是个大牛皮》。确实，读这篇文章时，稍稍动动脑筋，就会发现不少漏洞。

[设计意图：构设悬念，激发学生思考、探究的兴趣。]

二、自读课文

提出要求：自读课文，可以独立思考，也可以和周围同学讨论，在文章中你觉得有疑点、有漏洞的地方做记号。

三、全班交流

1. 学生很容易质疑第三段中的“挺剑而起”，指名回答，说明原因。

2. 课件出示补充资料：

资料一：《史记·刺客列传》中有一段文字：“而秦法，群臣侍殿上者不得持尺寸之兵；诸郎中执兵皆陈殿下，非有诏召不得上。”

资料二：荆轲刺秦王，“秦王发图，图穷而匕首见”。

这两则资料不难，指名翻译，教师补充。

引导学生得出结论：唐雎根本不可能带剑面见秦王。若没有“挺剑而起”的武力相逼，秦王不可能“色挠”，以及“长跪而谢之”，唐雎也就不可能完成使命。

四、对比质疑

教师印发相应的材料给学生，引导学生比较分析，找出文章中的疑点和漏洞。

材料一：唐雎其人在《战国策》中前后共出现四次。

第一次见于《楚策三·唐雎见春申君》。依《史记·春申君列传》记载，本章时为楚考烈王元年（公元前262年），是年楚以黄歇为相。

第二次见于《魏策四·秦魏为与国章》。策文说：“魏人有唐雎者年九十余。”他不顾老迈，挺身而出，请求魏王允许他西说秦王出兵相助，应在魏安僖王十年至十五年，即公元前 266 年到公元前 262 年这四年之间。

第三次见于《魏策四·唐雎说信陵君章》。有“信陵君杀晋鄙，救邯郸，破秦人，存赵国，赵王自郊迎”等语，此章应系于魏安僖王二十年（公元前 257 年）。

唐雎第四次出现在《魏策四·秦王使人谓安陵君章》，即本文所写的时间，在课文的注释里，灭韩为公元前 230 年，亡魏为公元前 225 年。

引导学生得出结论：唐雎第二次出场时其实已经九十余岁了，到第三次出场已经是百岁老人，到我们课文再出场时已一百三十多岁了。所以从年龄上推断，唐雎使秦是不可能的。

材料二：《资治通鉴·卷六》中记载，公元前 241 年，楚、赵、魏、韩、卫合从以伐秦……秦师出，五国之师皆败走……魏旦暮亡，不能爱许、鄢陵，魏割以与秦。

注释：鄢陵为安陵君的封国，因此又称安陵。

引导学生得出结论：在公元前 241 年时，安陵国已经被魏国割让给秦国了。怎么课文中还会出现一个安陵国呢？

[设计意图：第一个疑问存在于课文之中，学生联系以前了解的历史知识，稍微动脑筋就能发现其中的破绽。而第二个疑问和第三个疑问，需要给学生补充课外材料，使学生在拓展阅读中发现文本的漏洞。在材料选择上，教师删去了有较大阅读障碍的文字，保留了关键信息，同时也补充难字的释义，学生在好奇中、在发现中阅读和理解，并不觉得晦涩枯燥。]

五、讨论“虚构”

师：通过前面的发现与讨论，我们发现《唐雎不辱使命》一文中这么多漏洞，都指向“唐雎不辱使命这件事情是虚构的”，那么为什么要虚构这件事情呢？

学生讨论，指名回答。

提示：这个问题意在引发学生进一步思考，没有现成的、标准的答案，或赞颂“士”的胆识和智慧，或丑化秦王形象，合理即可。

[设计意图：通过追问“为什么”，进一步激发学生思考，使学生在发

散性思维中体验到探究的快乐，这才是学习的快乐。]

六、评价《战国策》

师：《唐雎不辱使命》是《战国策》中很有影响力的一篇文章，你如何评价《战国策》一书呢？

提示：《战国策》作为一部反映战国历史的国别体史书，有些内容的真实性值得商榷。“真实”是历史著作的生命所在，《战国策》的史学价值要大打折扣。

课件出示补充资料：

《史记·刺客列传》重墨记载荆轲刺秦王，而对于唐雎为安陵使秦却只字不提；《资治通鉴·卷七》记有荆轲刺秦王及秦王欲以五百里之地易安陵之事，却也绝口不提唐雎使秦；其他史书对此也语焉不详。

四川大学缪文远先生在《战国策考辨》中指出，《战国策》借托人名和一定事实而表达作者主观愿望的文章有98篇之多。

[设计意图：由课文学习扩展到了解《战国策》，体现出“课文只不过是一个例子”的教学思想。]

七、《战国策》阅读建议

师：如果将《战国策》当作文学作品来读，我们可以欣赏其酣畅淋漓的文笔；如果以读史书为目的，就要有去伪存真的眼光。有人这样评价《战国策》：“厕身于史书之列，它似乎有些‘卑劣’，然而作为史传文学，它仍不失其伟大!”以后，我们还将学习《邹忌讽齐王纳谏》，同样选自《战国策》，相信同学们会用更全面、更深入的眼光去看这篇文章。

[设计意图：由《唐雎不辱使命》到《邹忌讽齐王纳谏》，引导学生带着思考的眼光去阅读，不迷信书本。这是一种正确的阅读态度，是我们十分缺乏的，对学生的影响也是深远的。]

教学反思

执教此课，我在第一次进行教学设计时，按照公开课、优质课的惯例，用一个课时完成了整篇文章的教和学。在这节课中，我既要求学生领会《战国策》伟大的文学价值，又要使学生通过质疑了解其历史价值的缺憾，进而了解《战国策》是一本怎样的史书。但是，这个设计不成功。原因在于，这节课的教学目标定得太高太大。可以想象，按照这个教学设计实施的课堂实践，课堂容量太大，必然导致教学环节和步骤过于密集，而每个教学环节和步骤都只能点到即止，不能充分展开，更别说留给学生学习、思考的时间了。这样，师生都会处于过度紧张的状态，没有喘息之机，更谈不上在学习过程中收获愉悦和满足了。

那么，一节课的教学容量该如何确定呢？

首先，要看教学内容的多与少、难与易。《唐雎不辱使命》一文最大的写作特色就是运用语言描写刻画人物，这也是其文学价值的主要体现。光是让学生有所知还不够，更要让学生在朗读中感受，在品读中理解，通过文本的语言去触摸人物的灵魂。而且，这篇文章的真与伪历来都有争议，学生学完之后也常有疑问。对这个文本的特殊性是忽略不计、视而不见，还是充分发挥它最大的教学价值？我选择了后者，因此，在修改稿中，我改用两课时：第一课时，以语言描写的朗读和品读为突破口，使学生揣摩人物的内心变化和性格特点，进而体会文本的文学价值；第二课时，引导学生发现文本的漏洞和疑点，提出问题，培养批判性思维，从而了解文本的历史价值。将原来高而大的教学目标分解成两个小目标，每节课集中完成一个小目标，这样每个教学目标才能落到实处，使学生真正学有所获。

其次，要看学生主体的学习情况。比如，学习新知识时，学生有没有必要的背景知识做铺垫、学生对新知识的兴趣与渴望、学生对新知识的接受与反应情况等。本节课中，学生是第一次接触《战国策》，那么对这本书的总体情况就有介绍的必要。如何读出人物的语气，以声传情，这是学生的学习难点。另外，学生长期养成了唯书、唯师的心态，缺乏发现问题的能力和敢于质疑的精神，这些都需要教师的鼓励和方法引导。因此，教师在课堂上要给学生留有充足的时间，甚至适度等待。那种一厢情愿地拖拽着学生赶进度的做法，只是完成了教师教的目标，而更为重要的学生学的目标是无法达成的。一节课的教学容量，既要看教师教了多少，又要看学生学了多少。一节课必须立足于具体的教学对象来设计，必须在具体的课堂教学情境中来实施。

精彩链接

一、《唐雎不辱使命》改编课本剧

第一幕　秦国来使

安陵君大殿，歌管细细，彩袖飘飘，群臣正坐在安陵君身边听乐赏舞。忽一小吏来报：有秦国使臣前来谒见。安陵君忙命众人退下，整衣正冠端坐，传使者上。

使者（大踏步上，从容施礼）：我是秦国使臣，奉秦王之命，特来拜见您。

安陵君（赐坐）：先生请坐。不知先生前来，有失远迎，还望先生见谅。（稍停）敢问先生前来，所为何事？

使者（满脸堆笑）：是这样的，秦王见安陵地方狭小，又视您为兄长，因此愿用五百里的地方来交换安陵。这样一来可以扩大您的国土，二来是为了表达对您的关怀。这是我们秦王的一番美意呀，您可一定要答应啊！

安陵君（心中一惊，转瞬笑道）：秦王如此待我，实在感激不尽！只是……（面露难色）

使者（慌，忙问）：您有何顾虑？

安陵君（一脸无奈，叹，低声）：只是……只是这块地方是先王传下来的，要是到我手里换掉了，实在是不太好向祖先交代呀！

使者（神色紧张，双眼盯着安陵君）：那你？

安陵君（调整了一下情绪，憋足劲，望着使者）：我只好烦劳先生转告秦王，不是我不换，实在是换不得呀！

使者（大怒）：好你个安陵君！我们秦王的洪恩你竟敢拒绝，你等着瞧吧！哼！（说完，拂袖而去）

安陵君（心急如焚，在大殿中踱来踱去，自言自语）：如何是好？如何是好啊！……（良久）唉，只有请唐雎去一趟秦国了，但愿他能说服秦王，让安陵避过这一劫。

第二幕　唐雎使秦

秦王大殿高大幽深，隐隐透出一股杀气，秦王与唐雎对面而坐。

秦王（微笑，语调舒缓）：先生为换地一事专程赶来，是安陵君已经答应了吗？

唐雎（镇定，从容）：安陵君对您的慷慨万分感激。但祖上的土地万万换不得的，还望秦王见谅！

秦王（脸带怒色，语调骤然升高）：什么？他还是不换？我用五百里的地方换他小小的安陵，他竟然不答应，这不分明是瞧不起我吗？他也不想想，我们连韩、魏这样的大国都灭掉了，安陵却凭着这五十里小小地方幸存下来，这是为什么呢？无非是我把他当兄长看，不去打他的主意罢了。现在我用十倍的地方来为他扩大领土，明明是为了他好，他却违背我的意思，这不是太不识抬举了吗？

唐雎（毫无惧色，正气凛然）：不是这样的！您误会了！安陵君从先王那里继承下来的土地，理应遵从祖训，细心守护，就算是一千里的土地也不能换啊，更何况只有区区五百里的地方呢？

秦王（勃然大怒，拍桌，长身而起）：先生可曾听说过天子发怒吗？你不怕天子发怒吗？

唐雎（面不改色，从容不迫）：恕我孤陋寡闻，我不曾听过，自然谈不上怕与不怕。您还是说来听听吧！

秦王（神情傲慢）：告诉你吧，天子一旦发起怒来，将会有上百万人死亡，他们的鲜血将把河流染红。

唐雎（缓慢地、针锋相对地说，语调平和、缓慢）：您知道平民发怒的情形吗？

秦王（无比蔑视，不屑一顾，坐下）：哼！平民发怒能怎么样？最多就是摘掉帽子，脱掉鞋子，把自己的命算上，用脑袋撞地罢了。

唐雎（义正词严，浩气凛然，声调渐高）：哼！您说的都是些平庸无能之辈，并非真正有胆识的人。我告诉您吧，从前专诸刺杀吴王僚的时候，彗星的尾巴扫过月亮；聂政刺杀相国韩傀的时候，一道白光直冲向太阳；要离刺杀庆忌的时候，苍鹰扑倒在大殿上。他们三个都是平民中有胆识的人，心里的愤怒还没有释放出来，上天就降示了征兆。这三种情形才是我说的布衣之怒，如今我要是发起怒来也会是这样的！

秦王面有惧色，略显惊慌，但仍故作镇定。

唐雎（稍停，面目含威，语气坚定、高亢，目光直逼秦王）：如果有胆识的人发怒，就不会让天下人饱受战争之苦，弄得尸骨成山、血流成河。只需要死两个人，鲜血就喷洒在五步之内，但天下人都将穿上丧服，今天就是这样的情形。

唐雎语毕，拔剑而起。一时间天昏地暗，狂风怒吼，电闪雷鸣。一道闪电划过大殿，照在唐雎刚毅、愤怒的脸上，唐雎犹如一尊巨像，挺立在秦王面前。

唐雎的话在秦王耳边回响。

又是一个惊雷滚过大殿的上空。

秦王（大惊失色，脸色惨白，声音颤抖，讨好地说）：先生请坐！您别生气，我只不过是开个玩笑罢了，您何必当真呢！我现在明白了，我们秦国之所以能够灭掉韩、魏两国，安陵却凭着五十里的地方存在，完全是由于有先生您啊！

风停云散，色彩逐渐明亮。

旁白：唐雎出色地完成了出使的任务，不但折服了秦王，更使得安陵躲过了一场浩劫。千百年来，唐雎不怕威胁、正气凛然的英雄形象一直活在人们的心中。

二、李祖贵老师《唐雎不辱使命》备课感悟

《战国策》是一部带有演义性质的故事集锦，作者通过诸多历史事件为我们塑造了一系列丰神俊朗、个性鲜明的士人形象，再现了春秋战国时期的历史画卷，对后世几千年的儒林士风具有深远的影响。不管是邹忌的隐喻类比，还是荆轲的图穷匕见，不管是冯谖的长铗归来，还是苏秦的滔滔雄辩，都不仅反映了作为说士、勇士、谋士、义士的个性风采，还表现了士人的共性特质——以天下为己任的责任意识，安贫乐道的士人气节，平交王侯的布衣情怀。为此，要真正上好《唐雎不辱使命》这一课，就必须首先真正了解“士人”这个群体和“唐雎”这个个体。换句话说，只有把这个问题弄清楚了，我们才会明白教学《唐雎不辱使命》这篇文章的目的和意义。

唐雎为什么会临危受命，深入虎穴，系安危于一身，挽狂澜于既倒呢？因为他是“士”。孔子门生曾参曾说过：“士不可以不弘毅，任重而道远。仁以为己任，不亦重乎？死而后已，不亦远乎？”孔子也说过：“行己有耻，使于四方，不辱君命，可谓士矣。”由此可见，唐雎使秦既是道义之驱，也是使命使然，即是“要我去”和“我要去”的共同结果，是国家大义与人生信念的高度契合。所以说，此时的唐雎不仅是安陵君派出的一个说士，更是一个准备舍生取义的勇士和义士。当然，这还只是基于常理的推演，深入文本，我们是否会真正发现唐雎一身而兼数任的身影呢？

任何文本都是可以感知的文本，任何文本的解读都必须落实到语言的品味和揣摩上。先看唐雎作为说士是不是很出色。秦王雄姿英发，横扫六国，既靠武力，也靠智慧，为区区五十里之安陵而兴师动众，于名于利都不划算，所以他编了一个口惠而实不至的谎言，想名利双收。显然，秦王的谎言就是“皇帝的新衣”，谁都知道底细但谁都不敢戳穿。此时，唐雎采用的办法是借力打力：你不是说用五百里换五十里是赔本买卖吗？可我这地受之于先王，“虽千里不敢易也，岂直五百里哉？”第一回合的交锋，唐雎用一个倒装句、一个反问句，既保全了秦王的面子，又赢得了论辩的胜利。这是外交谈判的最佳境界——和而不同。

当时的秦王，威加海内，气吞八荒，正处于自我膨胀的极盛时期，不期然碰了软钉子，不禁露出虎狼本色。于是，第二回合的交锋，他一方面极力渲染天子之怒的恐怖，一方面极力矮化布衣之怒的力量，妄图通过这样一种气势上的对比消磨唐雎的意志。这时，唐雎的应对之策是一方面重新定义布衣之怒，把庸夫之怒与布衣之怒区分开来，另一方面努力提升布衣之怒的力量，赋予布衣之怒天人感应的神话色彩，暗示自己将要采取的行动顺天意、得民心，无论是在境界上还是气势上，都再一次压过秦王。从表面上看，这是一种论辩技巧，骨子里却是士人人格独立、平交王侯的布衣情怀。至此，唐雎作为说士的形象——反应机敏、应对得当、据理力争、不输气节，已经完全立起来了。

事实上，邦交大事并不完全靠三寸不烂之舌，尽管唐雎雄辩滔滔，但秦王并没有被真正说服，如果此时唐雎打道回府，那他至多只能算一个外交使臣或外交说客，而不能算真正意义上的“士”。因为真正意义上的“士”，是既有外在行为准则又有内在精神追求的人。用孔子的话说，外在的行为准则就是“不辱君命”，内在的精神追求就是“行己有耻”。结合课文看，唐雎作为说士的使命完成后，其作为勇士和义士的形象就该自然而然地凸显出来。所谓“挺剑而起”，并不一定是预设中的程序，却是顺理成章的结果。因为，“宁鸣而死，不默而生”（范仲淹语），“虽千万人吾往矣”（孟子语）是所有士人共同的价值追求。显然，唐雎“挺剑而起”这一“挺”，是士人形象的挺起，是士人风骨的挺起，也是文眼或课眼的挺起。

其实，文章结尾虚构的成分比较多。因为，且不说唐雎铤而走险有无可能，把握何在，单说秦王是何等人物就不足信。灭六国、废井田、登泰山、置郡县的秦王，绝不是懦弱无能易于就范的庸主，像他这样的人怎么会轻易被说客征服呢？我们只要读一读《史记·刺客列传》就会知道，面对荆轲锋利的匕首，猝然之间，秦王仍可“以手共搏之”，由此可见其不仅身手矫健而且处变不惊，并不是一个容易对付的人。显然，文中“色挠，长跪而谢之”的形象和历史上的秦王嬴政有很大的差异。那么，作者为什么要这样写呢？唯一的理由就是要成全唐雎完美的士人形象。英雄也需要成全，一代枭雄秦王嬴政的“色挠”与“长跪”，与其说是被唐雎大义凛然的气势所压倒，倒不如说是被他的道理所征服，被他的气节所折服——这是英雄与英雄间的惺惺相惜，这是胆魄与气度的完美结合，这是智慧与力量的最佳权衡。

重视学生自主学习能力的培养

——《愚公移山》教学设计及反思

深圳市光明新区高级中学　李凤姣

教学目标

1. 积累文中重要的实词、虚词，辨析一词多义。

2. 反复朗读课文，整体把握文义，探究文章的内涵，培养文言文自读能力。

3. 把握愚公这一人物形象，体会对比、衬托手法的表达效果。

4. 了解寓言的特点，学习愚公精神。

教学重难点

1. 积累文言文的常用词语，培养语感。

2. 理解本文的时代意义。

3. 培养多角度分析问题的能力。

4. 理解神话结尾的作用，了解寓言的特点。

教学过程

本课安排为两课时。第一课时主要为学生自学，自查资料了解文义。以下为第二课时的教学过程。

一、导语设计

师：愚公移山的故事已经家喻户晓，相信同学们也一定耳熟能详。请大家说说，愚公的“愚”是什么意思？

[设计意图：从“愚”字的意思开始教学，既激发了学生的兴趣，也为后面剖析愚公精神埋下伏笔。]

二、朗读课文，整体感知

1. 教师示范背诵课文，学生循声跟读。

[设计意图：诵读是文言文教学的重要手段，教师的示范背诵既体现

教师准备之充分，可激起学生诵读的热情，又让学生在聆听中体会文言文的语调、停顿所带来的特别韵味，让学生在跟读中理解文本。]

2. 学生齐读课文，教师提示句子停顿。

示例：惩/山北之塞　曾不能/损魁父之丘　遂/率子孙荷担者/三夫

邻人京城氏之孀妻/有遗男　命/夸娥氏二子/负二山

3. 学生根据注释提示，借助工具书，疏通文句，圈点勾画难词、难句。同桌之间讨论交流，教师巡视，答疑解惑。

(1) 通假字。

始一反焉　汝之不惠　亡以应　一厝朔东　无陇断焉

(2) 重点句了。

① 甚矣，汝之不惠！

② 遂率子孙荷担者三夫。

③ 投渚渤海之尾。

[设计意图：学生跟读、齐读、自由朗读课文至少三遍以上，在朗读中疏通重要词语的意思，既避免了翻译全篇课文式的串讲所带来的冗长无聊，又能提升学生对文言文的理解能力。]

三、思读课文，理解寓意

1. 愚公为什么要移山？

明确："惩山北之塞，出入之迂也。"惩，苦于。愚公希望"毕力平险"后能够"指通豫南，达于汉阴"。

2. 参与移山的人有哪些？

明确：参与移山的有愚公、子孙荷担者三人、遗男共五人。"年且九十"：且，将。"京城氏"：氏，姓；京城氏，姓京城的。"始龀"：龀，齿旁，换牙；始龀，刚刚换牙，指七八岁。"孀妻有遗男"：孩子的爸爸死了，他母亲是寡妇，他自己是孤儿，"遗男"是出生之前就死了父亲的孩子，遗腹子。

3. 周围的人对愚公移山的态度如何？

明确：家人持支持的态度，"杂然相许"，许，答应。但妻子提出了自己的疑惑："以君之力，曾不能损魁父之丘，如太行、王屋何？且焉置土石？"如……何，即把……怎么样。且，并且。焉，哪里。最后大家商量将挖出来的土石投到“渤海之尾，隐土之北”。问题得到了解决。

旁人有支持的也有反对的。支持的是京城氏之孀妻，让七岁的儿子过来帮忙。反对的人是智叟。叟，老头。智叟就是有智慧的老头。

品味比较以下两句话的语气。

(1) 其妻献疑曰：“以君之力，曾不能损魁父之丘，如太行、王屋何？且焉置土石？”

(2) 河曲智叟笑而止之曰：“甚矣，汝之不惠！以残年余力，曾不能毁山之一毛，其如土石何？”

明确：两个问句，句式相同，内容相近，但表达的语气、感情很不相同。愚公的妻子说：“凭您的力气，还不能削平魁父这样的小山，能把太行、王屋怎么样呢？而且要将土块、石头放到哪儿去呢？”这是很合乎情理的疑问。智叟却说：“凭你这一大把年纪和剩下的一点力气，还不能毁掉山上的一棵草，又能把土块、石头怎么样啊？”话说得过于夸张，带着嘲讽的意味。“其如土石何”与“如太行、王屋何”句式相同，但智叟的话中多一“其”，同“岂”，加强了反问的语气。这些都说明智叟对愚公移山的态度是反对和嘲笑，即反对得更加强烈，跟愚公的妻子的“献疑”有所不同。

再从称谓上看，愚公的妻子称愚公为“君”，智叟则称愚公为“汝”，显得很不客气，也表现出智叟对愚公轻视的态度。“汝”在文言里一般是轻贱的称呼，而且智叟开始就用嘲讽的语气说“甚矣，汝之不惠”，这个倒装句，强调的是愚公不聪明的程度，说明了智叟对愚公的轻视。

[设计意图：围绕“移山”，设计了三个主问题：愚公为什么要移山？参与移山的人有哪些？周围的人对愚公移山的态度如何？三个问题的设计既遵循了课文内容的顺序，也是思想上的由浅入深，最后自然引出智叟的态度，从而推出课堂教学的高潮：“愚”与“智”之辩。]

4. 你同意智叟的观点吗？

学生再读课文，然后分两组展开课堂辩论。

辩题：愚公、智叟到底谁愚？

正方观点：愚公实愚。

反方观点：智叟不智。

以下为辩词选摘。

正方：愚公实愚。

两座大山面积七百里，高万仞，实难移走。且愚公年近九十，山未移身先死，如何享利？仅五人参与其中，还有一个是七八岁的孩子，力量微弱。工具落后，敲石挖土，用畚箕装了土石运往山外。路途遥远，一年才能往返一次。明知不可为而为之，愚公是真愚。

反方：智叟不智。

愚公痛感迂塞之苦，有艰苦奋斗的精神；"指通豫南，达于汉阴"，确知移山之利，有长期奋斗的思想准备；有子孙的支持，使移山之役得以顺利开始；深明可移之理，"子子孙孙无穷匮也，而山不加增"，有发展变化的观点。坚持就是胜利，愚公的坚持不仅让操蛇之神惊惧不已，更是感动了天帝，使移山得以成功。智叟知难即止，无所作为，讥讽、阻拦愚公移山才是真正的愚。

教师总结：经过一番激烈的辩驳，愚公、智叟孰智孰愚已得出了结论，那就是愚公不愚，智叟不智。

[设计意图：课堂上采取辩论这种特殊的方式，不只是为了追求形式上的新颖，更是为了内容上的落实。对于愚公的行为，很多学生确实表示不能理解，用辩论的方式可以让学生把自己困惑的地方在争论中大胆地提出来。不要求学生都赞成愚公的行为，有自己的思考就是收获。]

5. 如果没有智叟这个人物，故事还有没有这种趣味性？为什么？

明确：智叟这个人物与愚公形成鲜明的对比，从侧面衬托出愚公的决心和气魄。

[设计意图：这个问题是从写作手法的角度来设计的。讲文言文不只要讲出文义，也要对人物形象、主题思想、艺术手法进行赏析，让学生通过对比体会衬托手法的运用效果。]

6. 愚公移山的结果如何？有人说，这个故事到最后还是靠了神仙的力量才把这两座大山搬走，这样看来，愚公到底是无能的。你们同意这个观点吗？

明确：最后天帝命令夸娥氏的两个儿子背着两座山走了，一座移到了朔东，一座放在了雍南。移山成功。

“操蛇之神闻之，惧其不已也，告之于帝”，是从侧面表明愚公移山的决心和行动使山神都害怕了，不得不向天帝报告；“帝感其诚”，愚公精神使天帝都感动了。这不仅没有说明愚公的无能，相反，恰恰显示了愚公移山的力量之大和精神的感人之深。愚公千百年来被人称颂，正是由于他这种排除千难万险、不达目的不止的顽强精神。

这个神话结尾增强了故事的艺术效果，使愚公不畏艰险、坚持到底的形象更为高大、感人，同时也是对愚公移山巨大力量和伟大精神的肯定和歌颂，表达了古代人民借助想象、寄托于神话与自然做斗争并取得胜利的愿望。

[设计意图：这个问题是扣住本文的文体特征来设计的。《愚公移山》是个寓言故事，赋予它一定的神话色彩，是为了让故事有一个完美的结局，使大家从结局中体会故事的寓意。]

四、了解寓言的特点，总结升华

课件出示补充资料：

寓言是一种文学体裁。寓，寄托，就是用假托的故事或自然物的拟人手法来说明某个道理或教训的文学作品。它的特点为是寓一定的道理于简短的故事之中。好的寓言故事，往往给人以有益的启示和深刻的教育。

《愚公移山》是一篇寓言。故事以神话结尾，既说明这是一个虚拟的故事，更重要的是让故事有一个圆满的结果，从而引起大家的思考，使大家得到一定的启示。

1. 愚公移山的故事带给大家怎样的思考呢？

学生讨论交流，得出结论：

(1) 要克服困难，就必须下定决心，只要坚持不懈，成功终会属于我们。

(2) 做任何事都要有坚定的信念，要有恒心和毅力。

(3) 凡事预则立，不预则废。

(4) 大小、多少是相对的，都可以向自己的对立面转化，成功、失败亦如此。

2. 我们今天这个时代还需要愚公精神吗？

教师总结：愚公精神的实质是排除千难万险，不达目的决不罢休。毛泽东同志就曾多次提到愚公精神，著名画家徐悲鸿先生于抗日战争时期也画过一幅《愚公移山》的作品，希望全体中国人团结一心，坚持抗日。今天，我们这个时代仍然需要这种精神——遇到困难，迎难而上，坚持不懈，直至成功，这样，我们个人和国家就大有希望了。

[设计意图：学习愚公精神，就要了解其精神的核心实质。讨论的过程，就是对学生价值观、人生观的一次良好引导的过程。]

五、布置作业

1. 背诵全文。

2. 以《有志者，事竟成——读‘愚公移山’有感》为题，写一篇读后感。

六、板书设计

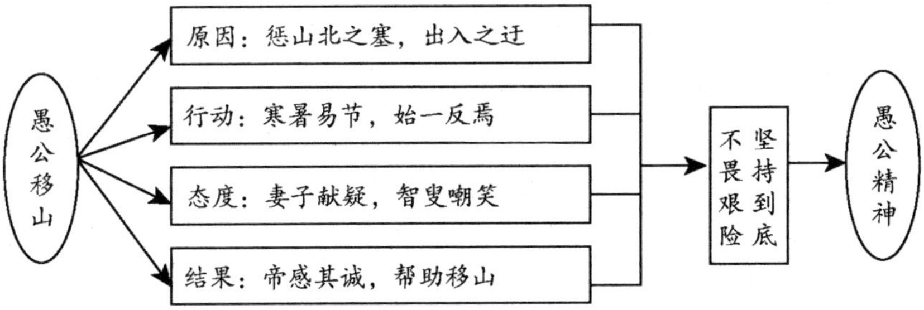

[设计意图：板书设计稍显繁复，主要是考虑到文章较长，学生背诵起来有难度，故理出故事情节，以帮助学生记忆；同时扣住愚公精神这个重点，强化了“不畏艰险、坚持到底”的核心内容。]

教学反思

《愚公移山》这篇课文的故事性强，学生也比较熟悉。因此，第一课时，我让学生自学，自查资料了解文义，重要字词则放在对课文的讲解中落实。第二课时的课堂上，主要是让学生反复诵读、品读，在辩论中思考愚公精神的实质，并了解寓言这种特殊文体的特点。

一、主问题推进，在解决问题中落实文言知识

我抓住“移山”这个关键词分别设计了移山的原因、移山的过程、众人的态度、移山的结果等问题，层层推进，让学生在诵读课文中领会文本

的寓意。同时，对每一个问题，我尽量让学生用原文回答，从而巧妙地落实了重要的文言实词、虚词等，避免了通常的文言文教学中因大段串讲文义而导致课堂枯燥乏味的不良教学效果。以问题推进学习内容的落实，让学生化被动接受为主动寻找，教学效果更好。

二、鼓励学生自己学习和归纳

课文较长，我安排了两课时。其中，第一课时主要为学生自学，通过反复朗读、查阅资料、同学对译等方式，让学生自己完成对课文内容的学习，提升阅读浅显文言文的能力。同时，对于重要的文言现象，先让学生自己归纳，然后在讲课中实时考查，既落到了实处，又培养了学生的能力。

三、学生在活动中完成对细节的品读

在教学之前，我反复阅读了钱梦龙老师讲授此课的课堂实录，他讲得非常细致生动，剖析得也很深刻。在教学中，我也尝试着让学生分角色朗读，反复品读愚公的妻子与智叟的语言，从而把握人物形象。在剖析愚公精神时，我还采取了课堂辩论的方式，既有趣又有效。学生自由形成两个阵营，既从文本出发，又巧妙地联系现实，唇枪舌剑，妙语连珠，参与度很高。道理愈辩愈明，在大胆的争辩中，学生抛出问题，又解决了问题，虽然大家对愚公的态度并不统一，但这不重要，重要的是学生的学习兴趣提升了，对文本内容的理解更深入了。

当然，本课教学也存在一些不足。主要还是学生平时过于依赖教师的讲解，自己对文言知识的积累不够深厚。今后，我还会继续解放学生，大胆地让学生自主学习，自己则主要引导学生对文本进行深度解读。

精彩链接

以下是钱梦龙先生执教《愚公移山》课堂实录片段。

师：好！愚公“遂率子孙荷担者三夫”，主语补出来，加上“遗男”，人数就很清楚了，一共五个人。（计算人数，既是了解文章内容的需要——人少而移山，更见任务之艰巨，也是为了落实古汉语“主语省略”的常识）我们把人物搞清楚了，下面再看看，这个寓言写了一件什么事？（由人及事。但事在人为，知事正是为了识人）

生：移山。

师：这件事做起来难吗？从文章里找出句子来说明。

生：很难。文章里有“方七百里”“高万仞”两句。“方七百里”就是方圆面积七百里，“高万仞”就是很高的意思。山又高又大，很难移走。

师：说得很好。移山的任务越艰巨，就越能显示出人们不同的精神面貌。（认识人们不同的精神面貌，是“轴心”所在，也是整个教学设计的“主心骨”）接下来让我们来看看人们对待移山这件事的不同态度。文章里有两个人讲的话差不多，这两个人是谁啊？

生：愚公妻和智叟，他们两人的态度差不多。

师：好，我们先把他们两个的话齐读一遍吧，比较比较，看看两人的态度究竟是不是一样。（“疑似之迹，不可不察”，教学中此类比较最易激活学生的思维）

（学生朗读。）

师：想一想，他们的态度一样吗？

生：智叟认为愚公很笨，说他太不聪明了。愚公妻没有讲。

师：你再说说看，智叟讲的这个句子是怎样组织的？

生：倒装的。

师：那么不倒装该怎么说呢？

生：汝之不惠甚矣。

师：你知道为什么要倒装吗？

生：强调愚公不聪明。

师：对，把“甚矣”提前，强调愚公不聪明到了极点。这句话愚公的妻子是不讲的。这是一点不同。（不同之一：对愚公的看法不同。落实倒装句知识）我们再来看一看称谓，愚公妻称愚公为什么？

生：君。

师：那么智叟称愚公为——

生：汝。

师：这两个词有区别吗？

生：“君”表示尊重，“汝”很不客气。

师：嗯，好！我再把这个“汝”简单地讲一讲。长辈对小辈，地位高的人对地位低的人，一般用“汝”。平辈之间用“汝”，就有些不尊重的意思。智叟称愚公为什么用“汝”啊?

生:智叟看不起愚公,因为他觉得愚公笨。

师:对,这又是一点不同。(不同之二:对愚公的称谓不同。落实古汉语中称谓的常识)还有什么不同吗?

生:还有两句讲得不一样。愚公妻说:“以君之力,曾不能损魁父之丘,如太行、王屋何?”智叟说:“以残年余力,曾不能毁山之一毛,其如土石何?”

师:不一样在什么地方?

生:愚公妻说愚公不能把小山怎么样;智叟说连山上一根毛都不能动,有点讽刺的意思。

师:啊,讲得好。这里的“毛”字是什么意思?

生:小草。

师:请你把这个解释用到句子里讲讲看。

生:“曾不能毁山之一毛”,就是不能毁掉山上的一棵小草。

师:对,一棵小草也毁不了,这是一种什么语气?

生:轻蔑。

师:对,这跟愚公的妻子一样吗?

生:不一样。

师:看,这里又有不同。(不同之三:对愚公的态度不同。落实“毛”字的含义)还有“如太行、王屋何”和“其如土石何”,同样是“如……何”的句式,可是智叟的话里多了一个“其”字,这有什么不同?

生:智叟用“其”字强调愚公没用。

师:讲得好。(不同之四:对愚公说话的语气不同。落实“其”字的用法)最后还有一点不一样,是哪一点啊?

生:愚公妻多问了一句:“且焉置土石?”

师:这句话怎么解释?

生:把土石放到哪里去?

师:“焉置”的“焉”字怎样解释?

生:疑问代词,哪里。

师:对,不过这句里的“哪里”放到“置”的前面去了,“焉置”就是“置焉”，放在哪里。愚公妻有这个问题没解决，后来这个问题解决了吗？

生：解决了。

师：怎么解决的？

生：大家说“投诸渤海之尾，隐土之北”。

师：愚公的妻子提出这个问题来说明她对愚公移山是什么态度？

生：关心。

生：担心。

师：既关心又担心，两人讲得都对。她关心这个技术问题怎么解决，还对自己的老头子有点担心，快九十的人了，去移那么大的山，能不叫人担心吗？智叟呢？“嘿，你这个笨老头，一根小草也毁不了的人，想去移山，瞧你有多笨！”两人一样吗？不一样。（不同之五：对愚公的心理不同。落实“焉置”的含义）现在请你们把两人的态度分别用一个字说明一下，在原文中找。先说愚公妻，好，你说！

生：献。

师：献什么？

生：疑。

师：对，献疑。她对能不能移山只是有疑问。那么智叟呢？

生：笑。

师：对！笑，“笑而止之”。一个“笑”字带有什么样的感情？大家想想看。

生：讽刺。

师：请在这个“笑”字前面加一个字，把这种感情表达出来。（不仅仅是组词训练）

生：讥笑。

师：对了。一个是“疑”，一个是“笑”。你们看，本来大家认为他们的态度差不多，但仔细比较、分析一下，就发现差别了。所以读书时要常把看起来差不多的词句拿来比较比较，这个很重要。不要粗粗一看，哦，一样的，就不看了，而要动动脑筋，多看看，多想想。（以“疑”“笑”总结两人态度，着眼于概括能力的培养）我们再来看看另外几个人的态度。

那个“遗男”对移山的态度怎样？

生：高兴。

师：怎么知道？

生：跳往助之。

师：对，蹦蹦跳跳地去移山，很高兴。他虽然年纪小，但是人小——

生：志气大。（体会“跳”字的感情色彩）

师：对，他跟愚公一老一小，都有志气。那么愚公子孙的态度怎么样？

生：赞许。

师：赞许，你是从那个“许”字上看出来的吧？再想想，当时大家表示赞许的场面是怎样的？

生：热闹。

师：你怎么知道？

生：杂然。

师：这两个字是什么意思？

生：纷纷，七嘴八舌的样子。

师：还有当愚公妻提出疑问的时候，子孙们怎样？

生：杂曰。

师：什么叫“杂曰”？

生：议论纷纷地说。

师：看，这个“杂”字很准确地写出了子孙们纷纷赞同的场面。（体会“杂然”“杂”对描绘气氛的作用）上面几个人，对移山有坚决拥护的，有表示疑问的，有反对的。请大家下课以后想一想：“愚公”就是“笨老头”的意思，他究竟笨不笨？

以“三排”法设计全篇教学

——《邹忌讽齐王纳谏》教学设计及反思

深圳市光明新区高级中学　李凤姣

教学目标

1. 反复诵读课文，疏通文义，培养文言语感。
2. 赏读，把握人物形象。
3. 解析类比，欣赏讽谏的艺术。
4. 赏析“三排”法的结构层次。

教学重难点

1. 反复诵读，培养文言语感。
2. 在赏读中把握邹忌睿智聪慧与忧国忧民的形象。
3. 鉴赏讽谏的艺术。

教学过程

一、讲述故事，趣味导入

甘罗是战国时期楚国人，他自幼机智聪敏，是少年政治家，12 岁就当上了丞相。甘罗有许多故事流传至今，甘罗救祖父就是其中的一个。

话说甘罗的祖父得罪了秦武王。一天，秦武王板着脸对甘罗的祖父说：“我命你三天之内给我送来三个公鸡蛋。”祖父知道秦武王想借此杀掉自己，回家便病倒了。

三天后，甘罗来到秦武王面前说：“尊敬的大王，我是甘茂的孙子甘罗，我爷爷在家里生孩子，没法见您。”秦武王一听这话，火冒三丈：“男人怎么会生孩子呢?”甘罗说：“那么，公鸡自然也不会下蛋。”秦武王无言以对，只好放过了甘罗的祖父。

提问：小甘罗是怎么让秦武王无言以对的呢?

明确：用了类比的说理方式，以子之矛，攻子之盾。今天我们要学习的这篇文章中的邹忌也是一位机智聪敏的人，他又是用什么方式说服齐王的呢？我们现在就来学习《邹忌讽齐王纳谏》一文。

[设计意图：以学生的同龄人——小甘罗的故事引入，既能激起学生的学习兴趣，同时故事中的类比说理方式也与邹忌的说理方式相同，提前做好铺垫，便于后面的学习。]

二、了解《战国策》

甘罗的故事来自民间传说，邹忌的故事却是被载入史册的。本文选自《战国策》。

提问：谁来说说“策”字的意思？

明确：“策”可理解为“策略”，战国时有一些专门为诸侯出计策、献谋略的人，叫策士，《战国策》主要记载的就是战国时策士们的言论和行动。另外，在战国时代，包括秦朝，人们在书写的时候是没有纸的，秦始皇办公的时候，每天都要读竹简。用细牛皮把一片片的竹简穿起来，就成了一个“册”字。这个“册”和“策”通用，所以，也可以将《战国策》理解为记录战国时代故事的文章。

[设计意图：从“策”字的本义来解释《战国策》这本书的主要内容是记录策士们的言论及行动的，再从通假义“册”来解释它是一本故事集，形象生动。]

三、释题

课件出示：

邹忌：齐国谋臣，历经三朝，以善谏闻名。

讽：讽喻，用委婉的方式劝说别人。

齐王：指齐威王。

释题：从题目中可以看出，邹忌向齐王讽谏是故事的中心内容，齐王纳谏是故事的结果。

[设计意图：重点解释“讽”的意思，以抓住文章的主要内容。]

四、诵读课文，整体感知故事内容

1. 自读课文，疏通文义。

(1) 学生自由朗读全文至少三遍，读准字音，读顺全文。

（2）解决难字读音。

昳丽　　　　朝服衣冠　　　　窥镜

期年　　　　朝于齐　　　　间进

2. 再读课文，同桌之间对译。教师巡视，答疑解惑。

（1）重点词语。

① 朝服衣冠　　　　② 吾妻之美我者，私我也。

③ 能面刺寡人之过者　　　　④ 闻寡人之耳者

⑤ 今齐地方千里　　　　⑥ 宫妇左右莫不私王

⑦ 能谤讥于市朝

（2）重要句子。

① 我孰与城北徐公美？（孰与……：固定句式，与……比，谁更……）

② 忌不自信。（否定句中宾语前置，正常的语序是“忌不信自”）

③ 此所谓战胜于朝廷。（判断句）

④ 王之蔽甚矣。（判断句）

3. 齐读课文，简要复述故事，概括内容。

提问：邹忌是如何向齐王进谏的？请用最简短的话概括出来。

明确：用自己与徐公比美得出的结论向齐王进谏。

[设计意图：诵读是文言文教学中非常重要的手段，此处安排了三次诵读：第一次为自由朗读，至少三遍，目的在于疏通文义；第二次为译读，同桌互诵互译，教师解惑答疑，更能针对学生学习中的实际问题开展教学，避免效果低下的串讲方式，使课堂更为高效；第三次为齐读，从齐读中既检测出学生对文章的理解程度，又提出问题，从而自然引入对课文的赏析。]

五、欣赏进谏的艺术，赏析“三排”结构

1. 邹忌讽谏齐王的起因是什么？

明确：窥。

窥，偷偷地看，带着点沾沾自喜，表现出邹忌爱美的特点。当然，战国时用的是铜镜，比较模糊，要仔细地看才行。一个“窥”字，很自然地引出了邹忌与徐公的比美，也引出了邹忌的思考，于是故事就开始了。

2. 邹忌“窥”镜自视后，是什么引起了他的思考？

明确：与妻、妾、客的三问三答。

三问三答非常精彩。妻、妾、客身份不同，想法不同，语气也各不相同。其妻由衷的爱恋之情，其妾的畏惧、拘谨之情，其客的阿谀奉承之情，都要引导学生读出来。

“我孰与城北徐公美?”“吾孰与徐公美?”“吾与徐公孰美?”三个问句，一问其妻，二问其妾，三问其客。三次提问，要引导学生读出邹忌窥镜后的自得而又不自信的矛盾心理。

“君美甚，徐公何能及君也?”妻之答，要读出融融的爱恋之情；“徐公何能及君也?”妾之答，要读出怯怯的拘谨之意；“徐公不若君之美也!”客之答，要读出阿谀奉承之情。

3. 妻、妾、客三答后，邹忌“暮寝而思之”，“之”指代什么？邹忌由此又想到了什么呢？

（可组织学生四人为一小组展开讨论，教师深入其中加以指导，最后师生达成共识。）

明确：“暮寝而思之”的“之”指代上文的三问三答，尤其是三答。邹忌在三问三答之后，经过“孰视”“自视”“暮寝而思”三思，知道自己明明不如徐公美，而妻、妾、客偏偏说自己比徐公美。“吾妻之美我者，私我也；妾之美我者，畏我也；客之美我者，欲有求于我也。”这是邹忌经过三思后得出的结论。至此他豁然顿悟，认识到凡是对自己有偏私、有畏惧、有所求的人，在自己面前都只会说些献媚讨好的假话。这从比美中悟出的道理为邹忌讽谏齐王埋下了伏笔，也凸显出邹忌自知的智慧。

[设计意图：以邹忌的“窥”与“思”作为问题，引出三问三答的内容，层层推进，效果很好。]

4. 邹忌是如何讽谏齐王的？

明确：以家事喻国事，以小见大。以“臣之妻私臣”与“宫妇左右莫不私王”相比，以“臣之妾畏臣”与“朝廷之臣莫不畏王”相比，以“臣之客欲有求于臣”与“四境之内莫不有求于王”相比，用自己的切身体验规劝齐王，设喻巧妙，这种委婉的劝说方式叫“讽”。

学生齐读第二段。

诵读指导：本段是邹忌现身说法，用亲身体验讽劝齐王。读来要娓娓动听，如与人细语叙家常。

“于是入朝见威王”句，要用中速较缓慢地读出。

“臣诚知不如徐公美”句，重音要放在“诚”字上面。

“臣之妻私臣，臣之妾畏臣，臣之客欲有求于臣”与“宫妇左右莫不私王，朝廷之臣莫不畏王，四境之内莫不有求于王”一一对应，两两相比。三比之中，道理自然而出，节奏感很强，读时要读出恳切、至诚之意。

“由此观之，王之蔽甚矣”句，既要读出诚恳之意，更要读出邹忌心中的忧国忧民之情，既要晓之以理，也要动之以情。

[设计意图：设计此问题的重点在于回答出“如何”二字，“如何”里既包括“谏”的方式，又包括“谏”的情感，使学生通过反复朗读体会邹忌讽谏的艺术。]

5. 邹忌讽谏的效果如何？为什么能达到这样的效果？

明确：一个“善”字是齐威王对邹忌讽谏的肯定和赞赏。邹忌由小及大、由近及远、由此及彼、由家事到国事进行讽谏，入情入理，态度诚恳，所以齐威王欣然接受了他的意见。

教师范读第三段后做诵读指导。

“善”，要读出齐威王的心悦诚服，音调适当拉长。

“群臣吏民能面刺寡人之过者，受上赏；上书谏寡人者，受中赏；能谤讥于市朝，闻寡人之耳者，受下赏”则是齐威王鼓励纳谏的“三赏”，要用中速读出真诚、恳切之意。

“此所谓战胜于朝廷”，句中的“此所谓”后要略作停顿，并读出一种豪情，读出一种大国的气势。

6. 齐威王是怎样纳谏的？纳谏的结果如何？

明确：齐威王下令按进谏的方式分三等悬赏群臣吏民：“能面刺寡人之过者，受上赏；上书谏寡人者，受中赏；能谤讥于市朝，闻寡人之耳者，受下赏。”如此不计较提意见的方式和态度，这在封建社会是罕见的，说明齐威王向来开明，也正是邹忌敢于进谏的原因。

臣民进谏分三个阶段，发生了三次变化：“令初下，群臣进谏，门庭若市；数月之后，时时而间进；期年之后，虽欲言，无可进者。”这“三变”生动地反映了这一重大举措的正确性。

纳谏结果是“燕、赵、韩、魏闻之，皆朝于齐。此所谓战胜于朝廷”。

[设计意图：教师范读，通过层层递进的语气，读出纳谏之成效。改讲为读，形式变化，效果更佳。]

7. 在课文中，出现了一个成语“门庭若市”。大家还知道哪个成语跟齐威王有关吗?

明确：与齐威王有关的成语还有“一鸣惊人”。齐威王刚即位时，沉溺酒色，不理朝政，齐国处于崩溃的边缘。有一个叫淳于髡的谋士，心里着急，他知道齐威王这个人喜欢隐语。什么叫隐语呢？就是用打比方的方式来说话。他见到齐威王，说：“大王，王宫里飞来了一只大鸟，这只大鸟在庭院里既不飞也不叫，这是一只什么样的鸟啊?”齐威王一听就明白了，他说：“你知道吗？这只鸟不飞则已，一飞冲天；不鸣则已，一鸣惊人。”然后他就开始管理朝政，齐国逐步强大了起来。这就是“一鸣惊人”这个成语的来历。

这说明齐威王是一个明达的君王。邹忌之所以能纳谏成功，一是因为他进谏的艺术性，二是因为他忠君爱民的情怀，还有一个最重要的原因是齐威王是一个开明的君王，他能够接受别人的意见，才有了治国的方略，才有了国家的兴旺，才使得各国“皆朝于齐”。

[设计意图：补充一则关于齐威王的资料，目的在于让学生更好地理解齐威王这个国君的形象，明白邹忌之所以能够讽谏成功，除了因邹忌的口才好，也因齐威王的贤明。]

8. 教师总结：我们不仅鉴赏了邹忌的讽谏艺术，更发现了一种充满智慧的结构手法——“三排”法。从邹忌的整个自省行为方式和过程情节看，由朝窥“三问”，引出“三答”，引起“三思”，引出“三比”，引出进谏的结果“三赏”“三变”。从头到尾，必以三排之，重叠套裹，实为罕见。形式上独具匠心，读起来酣畅生动、意味深长。

六、布置作业

1. 背诵课文。

2. 课外阅读《触龙说赵太后》，比较触龙与邹忌的讲话艺术。

七、板书设计

邹忌讽齐王纳谏

邹忌				讽（三比）	齐王	纳谏
窥	三问	妻	私	宫妇左右	善	三赏
	三答	妾	畏	朝廷之臣		三变
	三思	客	求	四境之内		

［设计意图：板书设计扣住“三”字。以“三”为规律描述故事，这是本文最大的亮点，板书不仅突出了文章的内容，也使文章的结构更为清晰，人物形象更为丰富。］

教学反思

《邹忌讽齐王纳谏》出自《战国策》，年代比较久远，因此学生对某些词语的意思理解较有难度。但全篇文章最大的特点就是“三排”法的结构。因此，我在设计此课教学时，就抓住“三排”法这一点来进行。

古人写文，常以“三”记之。“事不过三”，三为最好。但像本文这样通篇均以“三”来排之，实属难得。在教学中，我引导学生将“三问”“三答”“三思”“三比”“三赏”“三变”找出来，既加深了学生的印象，又通过朗读加强了背诵效果，更使学生在多个“三”中领悟了邹忌讽谏的艺术。

一、在“三问”“三答”“三思”中鉴赏邹忌的形象

“三问”“三答”是邹忌讽谏的缘起，也是学生在文本中第一次发现“三排”法。我让学生先把每一次提问和回答的内容找出来，引导他们去发现“三排”的行文特点。然后重点品读“妻”“妾”“客”的回答，体会出同样的内容表达的不同的情感，这恰是邹忌思之所在。通过一个日常的问答，邹忌就想到了国家大事，这种以小见大正是邹忌作为一名贤臣的智慧。

二、在“三比”中体会讽谏的艺术

向君王进谏是一件很有风险的事。邹忌进谏的内容，在前文的“三问”“三答”中已经包含。因此此处的重点要让学生掌握的就是“类比”这种讽谏艺术。“讽”，用委婉的方式劝说。邹忌的委婉就体现在类比上。

以“宫妇左右”类“妻”，以“朝廷之臣”类“妾”，以“四境之内”类“客”，一一对应，劝诫之理自然而出，可谓不着痕迹而又真心诚意。

三、在“三赏”“三变”中把握齐威王的形象

自古因进谏而留名，除了因臣子的贤德，也需要国君的贤明。本文中，齐威王虽然只说了一个“善”字，但一字千金。透过一个“善”字，我们看到的是他对邹忌的肯定、赞赏以及他“三赏”的实际行动，最后收获的是“三变”的成效，至“无可进者”，一代明君的形象就在“三赏”“三变”中呼之欲出。反复诵读后再补充齐威王的相关资料，不只加深了学生对人物的印象，更帮助学生了解了文章的主旨。

《战国策》记录的是战国时各国因战争而发生的重要事件。但这篇文章弘扬的，恰恰不是战争，而是不战而胜，胜在广开言路，胜在君臣贤明，这才是文章之要义，也是我们学习传统文化时应该思考并继承的。

精彩链接

以下是余映潮老师执教《邹忌讽齐王纳谏》的课堂实录片段。

师：你认为课文中哪几个关键的字引领着故事情节的发展、表现着人物的特点？

（学生自主思考两分钟。）

师：互相商量一下吧！

（学生商量一分钟。）

师：各抒己见，哪一位先来？

生：“吾妻之美我者，私我也；妾之美我者，畏我也；客之美我者，欲有求于我也。”这句话中的“私”“畏”“求”三个字写出了妻、妾、客因为某种原因赞美邹忌，邹忌却并不因为别人对他的赞美而失去自知之明，写出了邹忌善于思考、有自知之明的性格特点。

师：嗯，你再强调一下是哪几个字。

生：“私”“畏”“求”。

师：从这三个字可以看出来，邹忌没有听他们的话，没有沾沾自喜，这就表现出人物的特点了。

生：我感觉也是三个字。第一个字是第一段“朝服衣冠，窥镜”中的“窥”字，因为邹忌如果不“窥”的话，就不可能去问他的妻、妾和客。

师：这个“窥”字引出了一个故事。

生：第二个“暮寝而思之”的“思”，如果邹忌不“思”的话，就想不出这个道理，也就没有下面进谏齐威王的故事了。第三个是“王曰：‘善！’”的这个“善”字，如果齐威王不觉得这个道理非常好，就不会下令群臣进谏，不会有“门庭若市”现象，也不会使齐国走向繁荣昌盛。

师：你很能干，很善于抓关键字眼。

生：我也觉得是这个“善”字。单单一个“善”字就表明齐威王已经同意了邹忌的建议，同时也说明齐威王善于广开言路，能够察纳雅言，说明他是一个明君。

师：他品了一个“善”字，从这一字可以看出齐威王是个很贤明的国君。

生：第一段中“窥镜”的“窥”字，表现出邹忌爱美的特点。

师：这个“窥”字很有意思，它的含义比较丰富，有人说它是偷偷地看，有人说它是沾沾自喜地看，有人说它表现了邹忌比较爱美的特点。我们还可以从另外的角度来看，他们那个时候用的镜子不是我们现在用的很明亮的镜子，而是铜镜，比较模糊，所以要仔细地看。

生：我觉得第二段“臣诚知不如徐公美”中的“诚”字，也写出了邹忌有自知之明，非常了解自己，不夸大自己，不炫耀自己。

生：第一段中“暮寝而思之”的“思”字，从中我们可以看出邹忌是个善于思考、反思和自省的人。

师：好，我来小结一下。你们的发言真的很精彩，在这篇文章里，有两个字是最重要的，你们都说到了。看这个“思”字，“思”是对文章内容的升华，一件家中小事引发了一个充满了智慧的人的思考，他从一件家中小事想到了国家的事，因此就有了“讽”。这是文章行文的一大转折，凸显了邹忌的智者形象。刚才这位同学很会抓关节，什么关节呢？就是故事发展转折的几个字眼。“思”字抓得很好。从这个字我们可以看出作者运笔的高妙。

（课件出示：“思”是对文章内容的深化，正是有了“思”才有了“讽”，这是行文的一大转折——由家中小事转向了国家大事，从而突出了邹忌的智者形象。）

师：好，再看第二个字“善”。

（课件出示：“善”字是课文内容最为关键的深化，引出了全文的高潮，同时表现了齐威王的贤者形象。）

师：这是课文内容最为关键的深化，引出了全文的高潮，因为一个“善”字才引出了下一步的行为、举动，获得了国民的拥护，表现了齐威王的贤者形象。

师：所以这两个字是推动全文的关键字眼，同时也是表现人物形象的关键字眼。很感谢大家能够在阅读文章时比较准确地抓住关键字眼。

“思”“善”是《邹忌讽齐王纳谏》中的关键字，推动了故事情节的发展，表现了人物的性格特点。发现并挖掘这两个字的作用，引导学生探究这两个字的作用是余映潮老师执教这节课最闪亮的教学环节。

熟读深思，举一反三

——《惠子相梁》教学设计及反思

深圳市光明新区高级中学　王岩

教学目标

1. 有感情地诵读、品味，理解课文大意。

2. 欣赏故事的趣味性，把握寓言的深意。

3. 在把握故事内容的基础上，分析庄子这一艺术形象。

教学重难点

1. 理解寓言的深意，掌握故事的主旨。

2. 诵读、品味课文，认识庄子、惠子对待名利的不同态度，进而分析庄子这一艺术形象。

3. 感知惠子和庄子思想、性格上的差异，理解庄子的志趣。

教学过程

一、创设悬念，导入新课

师：春秋时期，百家争鸣，各个流派为我们带来了一场文化的盛宴。其中有一个特立独行的人，他代表了一个特殊的派别。他其貌不扬，脸色蜡黄，脖子较长，他也曾去见过几位国君，但是国君都被他吓跑了。这个人是谁？同学们知道吗？对，这个人就是庄子，那庄子是一个怎样的人？今天我们一起来学习庄子的一篇文章《惠子相梁》，一起走近庄子。

〔设计意图：从庄子其人入手，触发学生的好奇心，同时也呈现出本课需要探究的一个问题“庄子是一个怎样的人”，诱使学生产生自主探究文本的强烈欲望，产生与文本对话的强烈期待。〕

二、诵读感知，把握文本

1. 正读，读准字音。

学生自读，画出自己认为难读的字词，做好标注，可借助课本注释及工具书。

教师正字正音，课件出示：

南方有鸟，其名为鹓（yuān）鶵（chú）。

非醴（lǐ）泉不饮。

于是鸱（chī）得腐鼠。

仰而视之曰："吓（hè）！"今子欲以子之梁国而吓（xià）我邪？

2. 译读，读懂文义。

（1）小组合作学习，对照注释翻译全文。

（2）课件出示重点字词：

鹓鶵：古代传说中像凤凰一类的鸟。

练实：竹实，即竹子所结的子。

醴泉：甘泉，甜美的泉水。

鸱：猫头鹰。

（3）提示：本文中有两个特殊句式。

① 夫鹓鶵发于南海。（倒装句）译：鹓鶵从南海出发。

② 搜于国中三日三夜。（倒装句）译：在国都搜捕三天三夜。

（4）挑战：在读懂文义的基础上，请同学们挑战无句读朗读，看自己能否准确断句。

3. 演读，读出情感。

师：我们读准了字音，读清了节奏，读懂了文义，是不是还要读出情感？针对这篇文章的情感，请同学们合作交流，品味课文的语言和情感。

（1）惠子相梁，庄子往见之。（欣喜，读出轻松的语调）

（2）或谓惠子曰："庄子来，欲代子相。"（猜测、疑心，语速要慢）

（3）于是惠子恐，搜于国中三日三夜。（心急如焚，语速稍快，读出急于搜查的样子）

（4）南方有鸟，其名为鹓鶵，子知之乎？夫鹓鶵发于南海，而飞于北海，非梧桐不止，非练实不食，非醴泉不饮。（淡定、机智、从容，语速

稍缓）

（5）仰而视之曰：“吓！”今子欲以子之梁国而吓我邪？（蔑视，充满智慧，诙谐）

［设计意图：分三个层次朗读——一正读，二译读，三演读，层层推进。读文言文不但要读正确，读流利，还要读出节奏、情感，这样才有古文的韵味。同时，学生在反复朗读中也加深了对课文的理解。］

三、问题引路，走进文本

1. 齐读标题《惠子相梁》，从标题中可以知道惠子在梁国任什么官职？你是从哪个字判断出来的？

明确：做国相。从“相”字上判断出来的，“相”在这里指做国相，名词作动词。

（可以通过以下方法使学生掌握这个“相”字。（1）造字法：“相”的甲骨文为，属于会意造字，意为目观木材粗细、弯直、大小等情况，看是否可用；仔细看，观察。古代的国相即指为国家考察、选拔人才的人。（2）语法：标题《惠子相梁》中三个词“惠子”“相”“梁”都是名词，从语法的角度来说，这三个词哪个可以充当谓语呢？只有“相”，译为做国相，名词作动词。）

2. 那“国相”到底是一个什么样的官职？

明确：看来“国相”是一个一人之下、万人之上，位高权重的官职。

3. 惠子和庄子是好朋友，惠子做了国相，好朋友庄子来看望他，本应是一件非常开心的事，但惠子高兴不起来，为什么？

明确：因为听到有的人说庄子要来取代他的相位。

4. 当听到有的人说庄子要来取代惠子的相位时，作为老朋友，惠子本应该是力排众议相信庄子的，但他是怎样对待庄子的呢？

明确：“搜于国中三日三夜。”

追问：“国”是国家吗？“三日三夜”是三天三夜吗？

明确：国，国都；三日三夜，泛指很多天。

5. 把“搜”替换成“找”字，可以吗？为什么？

明确：（1）程度低，“搜”反映了惠子十分紧张；（2）“搜”字写出了惠子对庄子的不信任，且把庄子当犯人对待。

追问：“搜于国中三日三夜”，你能想象出是怎样的情景？

明确：（1）出动军队，挨家挨户搜查，老百姓家被搞得鸡飞狗跳；（2）惠子每天心急如焚，亲自出马，大有致庄子于死地之架势，庄子的处境似乎很危险。

6. 面对惠子的强势出击，庄子接下来采取了什么行动？一般人可能会做出怎样的选择？他有没有把自己藏匿起来？

明确：“庄子往见之。”

追问：此处的“往见之”与开篇“惠子相梁，庄子往见之”有区别吗？

提示：这两次“往见之”，庄子的心理都是怎样的？

明确：第一个“往见之”，庄子听说惠子做了宰相，是作为好朋友来看望他的，为他高兴；第二个“往见之”是庄子在惠子偏狭猜忌连搜多日的情况下去见的，有坦然、凛然、“清者自清”的味道，同时也表明自己的清高，无意于功名利禄。

7. 文章写到这里，大家觉得庄子是一个怎样的人？

明确：从他的选择中，我们看出在受到猜忌甚至威胁时，他是如此从容、淡定，这就是庄子。

[设计意图：设计问题引导学生感知文义，层层推进，在与惠子的对比中初步明确庄子的形象。]

四、研读赏析，探究寓意

师：庄子看到这样的情形主动找到惠子，给自己的好朋友讲了一个寓言故事。现在我们齐读一下这个小故事。

课件出示：

南方有鸟，其名为鹓鶵，子知之乎？夫鹓鶵发于南海，而飞于北海，非梧桐不止，非练实不食，非醴泉不饮。于是鸱得腐鼠，鹓鶵过之，仰而视之曰：“吓！”今子欲以子之梁国而吓我邪？

1. 这个故事中出现了哪两种动物？

明确：鹓鶵和鸱。

2. 故事中的鹓鶵有什么特点？你从哪里看出来的？

明确：高洁，从“非梧桐不止，非练实不食，非醴泉不饮”一句看出来的。

追问：这里庄子为什么用“非梧桐不止，非练实不食，非醴泉不饮”？（重点品析这一句话）

问题一：这里面有三个意象，请大家找出来。这三个意象分别是什么？都有什么特点？为什么要写这三个意象？

明确：“梧桐”“练实”“醴泉”。“梧桐”就是梧桐树，[课件出示：梧桐在古诗中有象征高洁美好品格之意。如“凤凰鸣矣，于彼高岗。梧桐生矣，于彼朝阳”。（《诗经·大雅·卷阿》）]“练实”是竹子的果实，“醴泉”是甜美的泉水。这三种都是美好的事物，这里其实是借梧桐、练实、醴泉来衬托鹓鶵坚定、高贵、贤德而又不同凡俗的高洁品质。

问题二：“非梧桐不止，非练实不食，非醴泉不饮”，如果换成“遇梧桐而止，遇练实而食，遇醴泉而饮”，这两种表达方式你更喜欢哪一种？为什么？

明确：更喜欢第一种，因为它用了双重否定的手法。双重否定句“非……不……”表达了作者的强调、坚定之意，强调鹓鶵的高洁品质。

3.“鸱”即猫头鹰，它在得到腐鼠之后看见鹓鶵飞过来有什么样的反应？文中哪个词最能形象地揭示出它此时的心理呢？从这个词中揣摩出猫头鹰当时是怎样的心理呢？

明确：“仰而视之曰：‘吓！’”“吓”字生动形象地写出了猫头鹰害怕失去的心理。

环节一：做做“鹰语”翻译。

请大家发挥想象力，说说鸱的“吓”有什么含义？

明确：走开，滚开，离远点，不要抢我的食物……

环节二：演一演。

发挥想象力，为猫头鹰说“吓”的时候加上动作和神态。

示例：

（1）神态：抬头看着鹓鶵愤怒地说/生气地说/害怕地说/惊恐地说……

（2）动作：抬头看着鹓鶵，急忙用翅膀挡住/护住腐鼠……

课件出示：

清代刘凤苞读到这里时曾说：“一吓字，且护且拒。如见其状，如闻其声，真传神之极笔。”

4. 庄子为什么要讲这个故事呢？这个故事中的鹓鶵和鸱、腐鼠有什么深意？

明确：庄子借这个寓言故事讽刺了惠子醉心于功名利禄的丑态。故事中的鹓鶵喻指庄子，鸱喻指惠子，腐鼠喻指做宰相（功名利禄）。这就是寓言故事经常使用的“言在此而意在彼”的手法。

总结：寓言故事往往是“言在此而意在彼”，也就是说，寓言故事里都蕴含着深刻的道理。庄子的文章经常不直言表露自己的想法，而是用这种“言在此而意在彼”的写作手法来揭示深刻的道理，使文章充满辛辣的讽刺意味。

5. 从这个小故事中，你读到了一个怎样的庄子？

明确：坚定、高贵、贤德、睿智、淡泊名利、视名利如腐鼠……

课件出示：

原文：庄子钓于濮水，楚王使大夫二人往先焉，曰：“愿以境内累矣！”庄子持竿不顾，曰：“吾闻楚有神龟，死已三千岁矣，王巾笥而藏之庙堂之上。此龟者，宁其死为留骨而贵乎？宁其生而曳尾于涂中乎？”二大夫曰：“宁生而曳尾涂中。”庄子曰：“往矣，吾将曳尾于涂中。”

译文：庄子在濮水边垂钓，楚王派遣两位大臣先行前往致意，说：“楚王愿将国内政事委托给你而劳累你了。”庄子手把钓竿头也不回地说：“我听说楚国有一神龟，已经死了三千年了，楚王用竹箱装着它，用巾饰覆盖着它，珍藏在宗庙里。这只神龟，是宁愿死去为了留下骨骸而显示尊贵呢，还是宁愿拖着尾巴在泥水里活着呢？”两位大臣说：“宁愿拖着尾巴活在泥水里。”庄子说：“你们走吧！我仍将拖着尾巴活在泥水里。”

[设计意图：庄子很少做抽象的说教，而常常借助形象的比喻、丰富的想象来抒情说理。因此让学生掌握这种比喻的手法，既能让学生领悟到课文的深层含义，同时对于学生以后再学习类似的文章有很大的启发性。]

6. 总结：庄子淡泊名利，视名利如腐鼠，即使生命受到威胁，依然如此坦然，如此从容，如此淡定。他以这种富有智慧的方式不仅对惠子的所作所为进行了巧妙的回击，而且对惠子的浅薄做了辛辣的讽刺。“天下熙熙，皆为利来；天下攘攘，皆为利往。”“名利”二字，自古以来都是世人难以舍弃的追求。然而，在庄子看来，这个世界中还有比这更为重要的追求，那就是自由的生命。本文仅仅用了一百余字，就为我们讲了一个出人意料的故事，比喻巧妙贴切，人物形象鲜活，这就是庄子的智慧。

五、作业布置，拓展延伸

1. 背诵《惠子相梁》。

2. 推荐阅读：庄子《逍遥游》。

六、板书设计

作品特色	惠子相梁		
故事出人意料	惠子 ⟶	相	⟵ 庄子
比喻巧妙贴切	（鸱）	（腐鼠）	（鹓鶵）
人物穷形尽相	醉心于功名利禄	功名利禄	淡泊名利

教学反思

在先秦诸子中，庄子是非常独特的一位，他对后世产生的影响也非常深远。《惠子相梁》是《庄子·秋水》中的一个小故事，在这则短小而富有趣味的故事中寄寓着庄子的人生态度和精神追求。对于这样经典的文章，引导学生通过触摸语言文字，理解文字背后深厚的文化内涵，理解故事背后的寓意，真正走进庄子的世界，理解庄子的形象，是本课教学的最终旨归。我在讲授完此课后，有如下反思。

一、在朗读中培养语感，见“言”知“意”，熟读成诵

读是教好文言文的重要形式，是增强语感的重要途径。在朗读的过程中，学生渐渐进入文言文所创造的意境中，提高了文言鉴赏的能力。为了达到这个目的，在“诵读感知，把握文本”环节中我设计了三个层次的朗读：一正读，二译读，三演读，层层推进，让学生在反复朗读的过程中读正确，读流利，读出节奏和情感，这样才有古文的韵味，才能为后面的教学做好铺垫。

二、在问题中理清情节，见“文”知“旨”，理解文章

我通过问题设计引导学生进行文本细读，拨开层层迷雾，让学生一步一步地走进文本。问题设计首先从标题入手，从标题《惠子相梁》的“相”字入手一步步引导学生，通过对比惠子和庄子二人对待相位的不同

态度，使学生看出惠子醉心于功名利禄的丑态，同时也感受到庄子淡泊名利的人生态度。

三、在探究中总结方法，见“章”知“法”，举一反三

语文学习海阔天空、漫无边际。要让学生能以课文为例子达到举一反三，最好的办法就是教规律、教方法。本文这种比喻手法的运用正是庄子文章的一大特点，即往往是“言在此而意在彼”，故事里常蕴含着深刻的道理。通过小组讨论，学生理清了本文的三个本体和三个喻体，掌握了庄子寓言故事的特点。

要立足文本，在朗读中理解，在理解中品析，在品析中体悟，做到把课堂还给学生，我深知这堂课离这个目标还差得很远。但我一定会在今后的文言文教学中积极改变理念和教法，激发学生学习文言文的兴趣，让学生不再惧怕文言文。

精彩链接

一、品味“文学的哲学，哲学的文学”

庄子的想象力极为丰富，语言运用自如、灵活多变，能把一些微妙难言的哲理说得引人入胜。鲁迅先生称赞“其文则汪洋辟阖，仪态万方，晚周诸子之作，莫能先也”。郭沫若也评价他说：“以思想家而兼文章家的人，在中国古代哲人中，实在是绝无仅有。”因而庄子的作品被人称之为“文学的哲学，哲学的文学”。

本文“文学的哲学，哲学的文学”之文学色彩包括以下几方面。

1. 出人意料的情节让人物一出场就具有鲜明的个性。朋友来贺，不喜却恐，大肆搜捕，表现了一个是利欲熏心，一个是淡泊坦然、清高自守。

2. 运用巧妙贴切的比喻将尖锐的批评、辛辣的讽刺委婉地表达出来。

3. 生动传神的描摹让人如见其形、如闻其声，如鸱卫护腐鼠之一“吓”，丑态十足。

二、受庄子影响的文人

从庄子的身上你是否在恍惚间好像想起其他的古代文人？他们是那么相似，只是生活在不同的年代，处于不同的背景下，表现形式各有千秋，但他们的风格和精神实质如出一辙。我们初中阶段都学过哪些风格受庄子影响的文人？

陶渊明（晋）《归园田居》《五柳先生传》：“少无适俗韵，性本爱丘山”“不戚戚于贫贱，不汲汲于富贵”的自我写照。

陶弘景（南北朝）《答谢中书书》：移情山水，聊以自慰。

柳宗元（唐）《小石潭记》《江雪》：“寂寥无人，凄神寒骨，悄怆幽邃”的孤独失意、“孤舟蓑笠翁，独钓寒江雪”的执着坚持。

刘禹锡（唐）《陋室铭》：“无丝竹之乱耳，无案牍之劳形”的怡然自在。

范仲淹（宋）《岳阳楼记》：“先天下之忧而忧，后天下之乐而乐”的积极入世、百折不挠。

苏轼（宋）《记承天寺夜游》：以闲情雅致来宽慰自己的郁郁不得志。

袁宏道（明）《满井游记》：脱离官场，脱笼之鹄般欢呼雀跃。

张岱（清）《湖心亭看雪》：午夜观雪景之痴人。

三、鲍鹏山品庄子

庄子：在我们无路可走的时候

当一种美，美得让我们无所适从时，我们就会意识到自身的局限。“山阴道上，目不暇接”之时，我们不就能体验到我们渺小的心智与有限的感官无福消受这天赐的过多福祉吗？读庄子，我们也往往被庄子拨弄得手足无措，有时只好手之舞之，足之蹈之。除此，我们还有什么方式来表达我们内心的感动？这位“天仙才子”他幻化无方，意出尘外，鬼话连篇，奇怪迭出。他总在一些地方吓着我们，而等我们惊魂甫定，便会发现：呈现在我们面前的，是朝暾夕月，落崖惊风。我们的视界为之一开，我们的俗情为之一扫。同时，他永远有着我们不懂的地方，山重水复，柳暗花明；永远有着我们不曾涉及的境界，仰之弥高，钻之弥坚。“造化钟神秀”，造化把何等样的神秀聚焦在这个“槁项黄馘”的哲人身上啊！

“庄子钓于濮水，楚王使大夫二人往先焉，曰：‘愿以境内累矣。’”

先秦诸子，谁不想做官？“一朝权在手，便把令来行。”“在其位，谋其政。”“君子之仕，行其义也。”谁不想通过世俗的权力，来杠杆天下，实现自己的乌托邦之梦？庄子的机会来了，但庄子的心已冷了。这是一个有趣的情景：一边是濮水边心如澄澈秋水、身如不系之舟的庄周先生，一边是身负楚王使命，恭敬不怠、颠沛以之的两大夫。两边谁更能享受生命的真乐趣？这可能是一个永远聚讼不已，不能有统一志趣的话题。对幸福的理解太多样了。我的看法是，庄周们一定能掂出各级官僚们“威福”的分量，而大小官僚们永远不可能理解庄周们的“闲福”对真正人生的意义。这有关对“自由”的价值评价。这也是一个似曾相识的情景——它使我们一下子就想到了距庄子约七百多年前渭水边上发生的一幕：八十多岁的姜太公用直钩钓鱼，用意却在钓文王。他成功了。而比姜太公年轻得多的庄子（他死时也大约只有六十来岁），此时是真心真意地在钓鱼。且可能毫无诗意——他可能真的需要一条鱼来充实他的辘辘饥肠。庄子此时面临着双重诱惑：他的前面是清波粼粼的濮水以及水中从容不迫的游鱼，他的背后则是楚国的相位——楚威王要把境内的国事交给他了。大概楚威王也知道庄子的脾气，所以用了一个“累”字，只是庄子要不要这种“累”？多少人在这种累赘中体味到权力给人的充实感及成就感？这是生命中不能承受之“重”。

“庄子持竿不顾。”

好一个“不顾”！濮水的清波吸引了他，他无暇回头看身后的权势。他那么不经意地推掉了在俗人看来千载难逢的发达机遇。他把这看成了无聊的打扰。如果他学许由，他该跳进濮水洗洗他干皱的耳朵了。大约怕惊走了在鱼钩边游荡试探的鱼，他没有这么做，从而也没有让这两位风尘仆仆的大夫太难堪。他只问了两位衣着锦绣的大夫一个似乎毫不相关的问题：楚国水田里的乌龟，它们是愿意到楚王那里，让楚王用精致的竹箱装着它，用丝绸的巾饰覆盖它，珍藏在宗庙里，用死来换取“留骨而贵”呢，还是愿意拖着尾巴在泥水里自由自在地活着？二位大夫此时倒很有一点正常人的心智，回答说：“宁愿拖着尾巴在泥水中活着。”

庄子曰：“往矣，吾将曳尾于涂中。”

你们走吧！我也是这样选择的。这则记载在《秋水》篇中的故事，不知会让多少人暗自惭愧汗颜。这是由超凡绝俗的大智慧中生长出来的清洁的精神，又由这种清洁的精神滋养出拒绝诱惑的惊人内力。当然，我们不能以此悬的，来要求心智不高内力不坚的芸芸众生，但我仍很高兴能看到在中国古代文人中有这样一个拒绝权势媒聘、坚决不合作的例子。是的，在一个文化屈从权势的传统中，庄子是一棵孤独的树，是一棵孤独地在深夜看守心灵月亮的树。当我们大都在黑夜里昧昧昏睡时，月亮为什么没有丢失？就是因为有了这样一两棵在清风夜唳的夜中独自看守月亮的树。

一轮孤月之下一株孤独的树，这是一种不可企及的妩媚。

一部《庄子》，一言以蔽之，就是对人类的怜悯！庄子似因无情而坚强，实则因最多情而最虚弱！庄子是人类最脆弱的心灵，最温柔的心灵，最敏感因而也最易受到伤害的心灵……

胡文英这样说庄子：

庄子眼极冷，心肠极热。眼冷，故是非不管；心肠热，故悲慨万端。虽知无用，而未能忘情，到底是热肠挂住；虽不能忘情，而终不下手，到底是冷眼看穿。

这是庄子自己的“哲学困境”。此时的庄子，徘徊两间，在内心的矛盾中作困兽之斗。他自己管不住自己，自己被自己纠缠而无计脱身，自己对自己无所适从无可奈何。他有蛇的冷酷犀利，更有鸽子的温柔宽仁。对人世间的种种荒唐与罪恶，他自知不能用书生的秃笔来与之叫阵，只好冷眼相看，但终于耿耿而不能释怀。于是，随着诸侯们的剑锋残忍到极致，他的笔锋也就荒唐到极致；因着世界黑暗到了极致，他的态度也就偏激到极致。天下污浊，不能用庄重正派的语言与之对话，只好以谬悠之说，荒唐之言，无端崖之辞来与之周旋。他好像在和这个世界比试谁更无赖，谁更无理，谁更无情，谁更无聊，谁更无所顾忌，谁更无所关爱，谁更赤条条来去无牵挂，从而谁更能破罐子破摔，谁更无正义无逻辑无方向无心肝——只是，有谁看不出他满纸荒唐言中的一把辛酸泪呢？对这种充满血泪的怪诞与孤傲，我们怎能不悚然面对，肃然起敬，油然生爱？

在诵读中感悟文言之美

——《马说》教学设计及反思

深圳市光明新区实验学校　陈唯

教学目标

1. 积累字词，读懂文义，初步感知骈文错落有致的语言风格。

2. 品味语言，探究写法，通过诵读体会本文蕴含的丰富情感。

3. 了解本文托物寓意、以事说理的议论方法。

教学重难点

1. 反复诵读，品味本文语言中蕴含的丰富情感。

2. 品味语言，读出语言气势，体会作者怀才不遇的愤懑之情。

教学过程

一、解题，明“说”

师：今天我们来学习韩愈的《马说》，谁来为大家解释一下课题？

明确：“说”是古代的一种议论体裁，用以陈述作者对社会上某些问题的看法，写法灵活，讲究文采，跟现在的杂文大致相似。“马说”即谈马，论马。

师：韩愈的这一篇《马说》称不称得上是“写法灵活，讲究文采”呢？我们一起来学习。

［设计意图：学生第一次接触“说”这种文体，有必要了解其特征。强调“写法灵活，讲究文采”是为后面的教学埋下伏笔。］

二、初读，疏“意”

1. 自由大声朗读课文两遍，结合注释，读准字音，读通句子。

（1）给下列加点字注音，并解释词义。

① 骈死于槽枥之间。（骈 pián：两马并驾，一起；槽 cáo 枥 lì：马槽）

② 一食或尽粟一石。（食 shí：吃一顿）

③ 食马者不知其能千里而食也。（食 sì：通“饲”，喂养）

④ 食之不能尽其材（材 cái：通“才”，才能）

⑤ 才美不外见（见 xiàn：通“现”，展现）

⑥ 其真无马邪？（邪 yé：通“耶”，语气词）

（2）读准节奏，指名领读以下几句话。

① 故/虽有名马，祇辱于/奴隶人之手，骈死于/槽枥之间。

② 且/欲与常马等/不可得，安求/其能千里也？

③ 食马者/不知其能千里/而食之。

④ 其/真无马邪？其/真不知马也。

2. 再读课文，疏通文义。

（1）学生再次自由朗读。

（2）结合注释，疏通文义，小组组内讨论解决字词障碍，给不懂的字词做上记号。

（3）提出疑难，全班交流。

（4）教师提示重要文言现象。

① 说说下列加点字的意思。

A. 祇辱于奴隶人之手。（只是）

B. 一食或尽粟一石。（有时）

C. 是马也，虽有千里之能。（这；即使）

D. 执策而临之。（鞭子）

E. 策之不以其道。（鞭打；正确的方法）

② 翻译下列句子。

A. 马之千里者。（日行千里的马。之：定语前置的标志）

B. 且欲与常马等不可得，安求其能千里也？（想与普通的马一样尚且办不到，怎么能要求它日行千里呢？）

C. 其真无马邪？其真不知马也。（难道真的没有千里马吗？大概是不识千里马吧！其：难道，大概）

3. 齐读课文，感知文义。

（1）说说这篇文章在句式上的特点。（骈文，长短句交错，对偶）

（2）本文讲述了一个怎样的故事？（本文讲了千里马被埋没的故事）

［设计意图：本文短小精练，文义并不深奥。教师鼓励学生独立思考、小组合作，然后全班共同交流探究，培养了学生的自学能力、合作能力和表达能力。］

三、诵读，悟“情”

师：本文标题为“马说”，其实也是“说马”。本文说的不只是马，还有与马息息相关的两类人，他们是谁？（伯乐、食马者）

1. 说“伯乐”。

课件出示“伯乐”的典故：

相传伯乐是春秋时代人，姓孙名阳。一次，有一匹千里马拉着沉重的盐车翻越太行山，在羊肠小道上，马蹄用力挣扎，膝盖跪屈，尾巴下垂，皮肤也受了伤，汗水淋漓，在山坡上艰难地挣扎还是拉不上去。伯乐见了，就下了自己的车，挽住千里马对它淌眼泪，并脱下自己的麻布衣服覆盖在千里马的身上。于是千里马低下头吐气，抬起头长鸣，嘶叫声直达云霄。这是它感激伯乐了解并且体贴它啊。

（1）伯乐是真正懂得千里马的人，文中是如何阐述千里马和伯乐的关系的？

明确：“世有伯乐，然后有千里马。千里马常有，而伯乐不常有。”

（2）你认同这句话吗？世上到底是先有马还是先有伯乐？明明应该是先有千里马，然后才有伯乐（相马），可是作者为什么要反过来说呢？

明确：无识马者则名马无名，作者是想强调伯乐的重要性。

（3）朗读：“世有伯乐，然后有千里马。千里马常有，而伯乐不常有。”

品味：对偶形式，节奏铿锵有力。“有”和“不常有”形成鲜明的对比，强调伯乐的重要性。“千里马常有”要读出充满希望的欢喜，“而伯乐不常有”要读出欢喜急转失望的惋惜、凄然。“不常有”语速慢，语调低沉。

2. 说“千里马”。

（1）没有伯乐，千里马的命运会怎样？

“祇辱于奴隶人之手，骈死于槽枥之间，不以千里称也。”（痛惜、惋惜）

“食不饱，力不足，才美不外见，且欲与常马等不可得，安求其能千里也?”（谴责、愤怒）

（2）千里马被埋没了，这两句话表达了作者怎样的感情？我们在读时该带着怎样的语气呢?

① 朗读：“祇辱于奴隶人之手，骈死于槽枥之间，不以千里称也。”

品味：可怜的千里马，空有一身才华却无人赏识，只能在仆从的手下庸庸碌碌，是何等屈辱，最终老死于马槽边，也没有人发现它是一匹日行千里的骏马，何等可惜！句式整齐又错落有致，朗读时，语速缓慢，尤其“不以千里称也”要读出痛惜、惋惜之情。

② 朗读：“食不饱，力不足，才美不外见，且欲与常马等不可得，安求其能千里也?”

品味：可怜的千里马，不仅才华被埋没，甚至连日常生活所需都不能被满足，连普通的马都不如，食不饱，力不足，一身的本领和英武的体态都不能表现出来，它的内心是何等煎熬、绝望！连作者也忍不住一腔悲愤！连用四个“不”字，痛惜之情不断升华，最后用反问将情感推向高潮，表达出极度悲愤。朗读时，“食不饱，力不足，才美不外见”要停顿铿锵，读出悲愤的控诉之感；“安求其能千里也”读出反问语气，读出强烈的谴责。

3. 说“食马者”。

（1）千里马悲惨的遭遇，罪魁祸首是谁?（食马者）这是一个怎样的形象?（愚妄）

（2）文章通过哪些动作行为和语言来表现食马者的形象?

“食马者不知其能千里而食也。”（谴责）

“策之不以其道，食之不能尽其材，鸣之而不能通其意，执策而临之，曰：‘天下无马!’”（嘲讽）

品味：连用三个“不”字，“策之不以其道，食之不能尽其材，鸣之而不能通其意”，什么都不懂的食马者，却煞有介事，拿着马鞭子站在千里马跟前大呼“天下无马”，食马者自以为是、不懂装懂、荒唐可笑的形象跃然纸上。这句话运用排比句式，气势恢宏，情感淋漓，深刻揭露了食马者的浅薄和平庸。朗读的时候，要读出嘲讽、谴责的语气。

(3) 面对食马者“天下无马”的呼喊，作者又发出了怎样的感叹？应该怎样朗读？

“呜呼！其真无马邪？其真不知马也。”

追问：这句话中“呜呼”可以替换成现代汉语中的哪个叹词？(唉)

品味：唉！难道真的没有千里马吗？大概他们真的不认识千里马吧！作者把食马者的最后一块遮羞布也撕了下来，把他们的丑恶面目完全展现在读者面前。而归结到一点，就是“不知”，无知的食马者不懂得识别千里马啊！所以，“其真不知马也”是全文中心句，揭示了千里马被埋没的根本原因，表达出作者深刻的讽刺和强烈的批判。这句话中的“呜呼”是沉重的叹息，要饱含感情地朗读，朗读后停顿长一点。“其真无马邪？其真不知马也”是设问，第一个“其”表示反问，要读出反诘的气势，第二个“其”表示推测，语速减慢，读出嘲讽、批判的语气。

4. 教师总结：本文是一篇议论文，以“马说”为题，其实说的是“千里马”“伯乐”和“食马者”，“说”中蕴含着作者丰富的情感：一说“伯乐不常有”的惋惜之情；二说千里马被摧残的痛惜之情；三说食马者愚昧无知的悲愤之情。

学生饱含感情地齐读课文，读出文中丰富的情感：惋惜、悲愤、谴责、嘲讽、批判……

[设计意图：这一环节以读贯穿始终，将品味语言与诵读课文相结合，使学生通过诵读感知错落有致的语言风格，体会字里行间蕴含的丰富情感。]

四、悟读，探“旨”

1. 本文通篇写马，其实也是通篇写人，运用的是比喻手法，说说千里马、伯乐和食马者分别比喻怎样的人。

千里马：怀才不遇的人才。

伯乐：识别人才的人。

食马者：埋没、摧残人才的人。

2. 是什么促使韩愈写了《马说》呢？说说作者借千里马不遇伯乐的遭遇，寄托了怎样的思想感情。

课件出示韩愈写作此文的背景：

《马说》大约写于贞元十一年至十六年间（795—800 年）。在此之前，胸怀经世之志的韩愈赴京师求仕，取得乡贡的资格。接着参加礼部的进士考试，连续三年皆未及第，直至贞元八年（792 年），才于第四次应试中擢进士第，时年韩愈二十五岁。唐律规定，登第进士还须经过吏部的考试并且通过方可获取官职。然而，此时几近没落的家族已不能为韩愈之“一登龙门”铺路，尽管他渴望为国分忧、为民谋福，满怀家国天下情怀，却只“三选于吏部，不得官”。

写作《马说》的时候，韩愈初登仕途，很不得志。他曾三次上书宰相求擢用，“而志不得通”，“足三及门，而阍人（守门人）辞焉”。尽管如此，他仍然声明自己“有忧天下之心”，不会遁迹山林。后相继依附于宣武节度使董晋、武宁节度使张建封幕下，郁郁不乐，所以发出“伯乐不常有”之叹。

明确：本文借千里马不遇伯乐的现象，比喻贤才难遇明主，揭露了统治者埋没、摧残人才的社会现实，也寄托了自己怀才不遇的愤懑之情。这种写法就叫作“托物寓意”。

[设计意图：此时补充写作背景，能更好地帮助学生了解作者的写作意图，理解作者的愤懑之情。]

五、研读，析“法”

师：唐代散文家皇甫湜在《谕业》中说：“韩吏部之文，如长江秋注，千里一道。”皇甫湜把韩愈的文章比作大江之水，赞誉其文章气势磅礴。在上一环节的品读中，我们已经有一些感知，下面来总结一下这磅礴的气势是怎样体现出来的。

1. 通过以上的品析，同学们有没有发现有一个字在文中反复出现？这个字是什么？（不）“不”字在文中出现了 11 次，与作者表达情感有没有什么关系？齐读以下几句。

（1）千里马常有，而伯乐不常有。

（2）祇辱于奴隶人之手，骈死于槽枥之间，不以千里称也。

（3）食不饱，力不足，才美不外见，且欲与常马等不可得。

（4）食马者不知其能千里而食也。

（5）策之不以其道，食之不能尽其材，鸣之而不能通其意，执策而临之，曰："天下无马！"

(6) 其真无马邪？其真不知马也。

明确：否定词本身带有一种否定、批判的意味，与本文要表达的情感相吻合，多次重复使用形成了一种铺排效果，使文章更有气势，为情感的表达推波助澜。

2. 带领学生分析本文通过灵活的语言形式和写作手法表达丰富的情感的特点。

教师总结：本文为骈文，多用对偶，长短句错落有致，读起来音韵和谐、铿锵有力，作者又多次运用铺陈、对比、排比、反问、设问等修辞手法，这些修辞一次次将情感推向高潮，使文章读起来气势磅礴。

[设计意图：阅读课教学，不仅要让学生知道文章写了什么，更要让学生知道作者是怎样写的。这一环节主要是对本文的写作特点进行总结，明确"写法灵活，讲究文采"的特点在文中的具体表现。]

六、迁移拓展

师：《马说》当中的这种怀才不遇、壮志难酬的情感，道出了封建社会中许多失意知识分子的内心感受，因此获得了广泛的共鸣。

1. 想一想，我们学过的古诗文中还有哪些怀才不遇的文人？他们面对困境又是怎么做的？

课件出示：

辛弃疾，空有一身武艺和一腔救国热情，只能借词抒怀——可怜白发生。

李白，文武双全，才华横溢，也只能寄情山水，借酒浇愁——人生在世不称意，明朝散发弄扁舟。

孟浩然，"风流天下闻"，隐居田园，却难忘仕途——欲济无舟楫，端居耻圣明。坐观垂钓者，徒有羡鱼情。

刘禹锡，虽一贬再贬，身居陋室，但他仍高唱"斯是陋室，惟吾德馨"，以金经素琴为乐，坚持理想，坚守自我，独善其身。

苏轼，仕途上屡遭挫折，一再南贬，政治抱负无法施展，却依然豪情万丈，乐观开朗，将满腹诗才寄情山水。被贬黄州，他寻友同游承天寺，悟出"何夜无月？何处无竹柏？但少闲人如吾两人者耳"；被贬密州，中秋之夜无法与亲人团聚，他却豁达地高唱“但愿人长久，千里共婵娟”；被贬广东，他也一样乐观地吟咏“日啖荔枝三百颗，不辞长作岭南人”。

2. 即使在今天，我们选拔人才的制度仍然需要完善。思考：当今社会需要什么样的人才？怎样才能做到多出人才、人尽其才？

3. 结束语：同学们，是金子总会发光的！真正有才识、有能力的人终不会被埋没。历史的发展证明，尽管陶渊明、刘禹锡、苏轼等当时没有被当朝统治者甚至同时代的人们认可，却以自己高尚的人格魅力和不朽的诗文创作永远定格在了我们的心中。所以，不管现在的你有没有遇上“伯乐”，只要你有自己的理想和追求，并为之努力奋斗，你就能找到一条通往成功的路，成为一匹驰骋千里的宝马。老师衷心地希望你们每一个人都能重视自己，把握机遇，努力寻得一个展示自己的舞台！

［设计意图：这一环节通过回顾古诗文中怀才不遇的文人，引导学生思考“人才观”的话题，拓展学生的思维。］

七、板书设计

马　说

（杂文，说“马”）　　韩愈

	伯乐	不常有	惋惜	对偶	对比	
说	千里马	不以千里称	痛惜	排比	反问	写法灵活 讲究文采
	食马者	不知马	悲愤	设问	讽刺	
	（识别人才的人）	（人才）	（埋没人才的人）	比喻	托物寓意	

［设计意图：此板书将课文脉络、作者情感、文章主旨和写作手法清晰地体现出来，再次突出强调“写法灵活，讲究文采”八个字，与导入部分呼应，强化文本特质。］

教学反思

《马说》是一篇经典的文言文，篇幅不长，字词的理解也比较容易。文章采用骈文的形式，情感的起伏蕴含在错落有致的字里行间，朗读起来铿锵有力、气势磅礴。因此，在教学过程中，我将通过诵读体会文章的情感作为教学重点。应该说，这节课以朗读贯穿始终，以读带品，以读悟情，比较好地实现了感知语言风格和体会情感的目标。反思这节课，有以下几点是值得进一步发扬的。

一是以评论“写法灵活，讲究文采”作为切入点，起到了提纲挈领的作用。在接下来的教学过程中，始终关注语言本身，探究为何说这篇文章“写法灵活，讲究文采”，如句式的长短、否定词的多次使用、四个“也”字的语气语调，都印证着这八个字。

二是在诵读中感悟。以读为本是学习语文的一条规律。初读课文，应根据自己的理解去读懂字面意思，所谓“书读百遍，其义自见”即是此理。品读环节，需要揣摩语言中的情感，探究这样写的作用，充分调动自己的内心情感去体味作者与作品，最终实现对作品的深刻感悟。

三是补充背景资料的时机把握得比较恰当。没有在课前直接补充伯乐的典故和《马说》的写作背景，是为了不给学生以先入为主的感觉。在疏通字词、读懂文义之后补充伯乐的典故，是为了帮助学生理解“千里马常有，而伯乐不常有”这一句是为了强调伯乐的重要性。第二次补充的是写作背景资料，在前面“诵读，悟‘情’”的铺垫后，提出“作者借千里马不遇伯乐的遭遇，寄托了怎样的思想感情”，再补充写作背景，主旨的挖掘就变得顺理成章。

教学是一门遗憾的艺术，本节课也有许多不足。比如，“初读，疏‘意’”环节采用学生质疑的方式，在时间的控制上有些偏差，以致最后“迁移拓展”环节的时间不够。另外，“诵读，悟‘情’”的环节中，问题比较零碎，如果通过主问题来带动朗读，效果会好很多。

精彩链接

以下是余映潮老师执教《马说》的课堂实录片段。

师：这节课我们学习《马说》。《马说》的学习要求是四个字：诵读、积累。我想先请同学们把课文读给我听一下，让我来感受感受同学们是怎样读课文的，开始。

（学生齐读课文。）

师：《马说》表现的是深沉的感叹。你们看作者笔下的千里马，它的遭遇是不幸的，因此我们要将对千里马的那种同情读出来。那么如何读出这种情感呢？抓住两个字“语气”。我们第一步学习用句子内部的停顿来表达语气。拿起笔，听老师读，做上记号。（范读课文）体会到老师读时句中的停顿了没有?

生：体会到了。

师：现在我们就来试一下，同学们自己朗读，大声点。

（学生齐读。）

师：读快了，再来一遍。

（学生再齐读。）

师：刚开始还可以，越往后就越快了。特别是“呜呼”的前面，要停顿一下，食马者的那种嘴脸和作者的愤慨不能连读。是“食（sì）马者”不是“食（shí）马者”，“策之不以其道，食之不能尽其材”，也读“食（sì）”，不卷舌。还有停顿的地方，“才/美/不外见”，才能和优劣显不出来；“且欲与常马等/不可得”，况且想和一般的马相同都不可能。第二步，我们学习通过句中关键的词语来表达语气。老师提示一下，《马说》里有一个很关键的词语，叫作“不”，你们数一下有多少个?

生：11个。

师：朗读《马说》，就要把这11个“不”字读好，它表现了千里马的遭遇，表现了作者的愤慨。下面就在掌握停顿的基础上，通过读好课文中的关键词语来表达文章的语气。读的时候，一定要读得慢一点，各读各的，要旁若无人地朗读。好，开始。

（学生朗读。）

师：有没有同学愿意把第一段读给我听一下?

（一名学生读第一段。）

师：读得好！那么第三步咱们学习什么呢?通过句末的叹词——三个“也”字来体会文章的语气。听老师读。（示读“祗辱于奴隶人之手，骈死于槽枥之间，不以千里称也”）这里要读出惋惜的意味。再看第二个“也”。（示读“且欲与常马等不可得，安求其能千里也?”）这个“也”表现出不平的语气。（示读“呜呼！其真无马邪?其真不知马也!”）这个“也”字要读出作者愤慨的语气。好，把上面三步结合起来：注意停顿，注意句中关键词的语气，注意句末虚词的语气。自己试着按这三种要求来朗读。

（学生按要求朗读。）

师：好，女生读第一段，男生读第二段，全班一起读第三段。要大声地朗读，要把握节奏，不要往前赶。

（学生再次按要求朗读。）

师：下面我们继续来学习。这一次学习，要重点体会重点段的语气。第三段写得非常好，它里面包含了多种语气。你们看，“策之”“食之”“鸣之”，这里是排比的语气；“执策而临之，曰：‘天下无马！’”这是对食马者嘴脸的勾画，要很好地表现出食马者认为“天下无马”的语气；然后停顿一下，表达作者的愤慨，到后来“其真不知马也！”好像是数着读出来的，一个字一个字地读。听老师读一下。（示读第三段）大家来学一遍。

（学生模仿教师朗读第三段。）

师：为了把这一段读好，我还要问一下大家，食马者是一副什么样的嘴脸？这么好的马在面前，他为何还说“天下无马”？你们能不能用你们自己的体会来模仿一下食马者说“天下无马”这几个字时的语调呢？或者是低沉的，或者是高昂的，总之，是瞧不起马、鄙视马的语气。它可以有很多种不同的表现方式，有没有同学来试一下？

（一学生举手朗读。）

师：你不像食马者！

（学生笑，又一学生举手朗读。）

师：读得好！还有谁来读？

（又一学生举手朗读。）

师：这是在叹气，食马者感叹世上没有好马了。读得很好！还能不能读出一种专横的语气呢？（示读“天下无马”）下面我们再来将最后一段读一遍。

（学生齐读。）

师：有一个小缺点，注意“天下无马”后面要停顿一拍，然后再“呜呼”，“天下无马呜呼”那就不好听了。再来读一遍。

（学生齐读。）

师：又有个缺点，“呜呼”一点劲也没有，再来。“呜呼”要感叹，既要停顿又要“呜呼”。

（学生齐读。）

师：这就可以了。下面要准备自己演读，过一会儿选三名同学出来在这里演读。

（学生准备。）

师：有没有同学自告奋勇？来，三个“小韩愈”来朗诵你自己的文章。

（三名学生上台，分别读第一、第二、第三段。）

师：读得很好！这使我想起一句名言：“花儿不敢开出自己的亮色，怎么能够立身于烂漫的春光中呢？”你们就是美丽的花朵，敢于开放出自己的亮色！好，“诵读”就到此为止，下面是“积累”。

以读为本，重视语用训练

——《伯牙绝弦》教学设计及反思

深圳市光明新区实验学校　朱晓玲

教学目标

1. 有感情地朗读课文，背诵课文，感受文言文的节奏感、音韵美。

2. 在自读自悟中根据注释理解课文大意，丰富对文言文的阅读体验。

3. 通过课外资料的拓展阅读，了解名曲《高山流水》，达成对“知音”内涵的理解，受到传统文化的熏陶。

教学重难点

1. 把握文言文朗读的节奏，感悟课文前后截然不同的情感。

2. 了解文言文的一般学习方法，通过注释、已有文言基础读懂文义，初步感受文言文简洁的语言特色。

3. 在反复诵读中理解文言文的内容，了解伯牙、子期的共同爱好和真挚友情，感悟艺术的魅力。

教学过程

一、聚焦“绝”字，质疑课题

师：今天，我们一起学习的课文是《伯牙绝弦》，它是一篇古文，也可以说是文言文。课题中的哪一个字吸引了你的眼球？

聚焦“绝”字：断绝。

师：这个字我们在生活中也常常遇到，你能说说它能组成哪些词语吗？

预设：绝交、绝笔、绝情……

师：仿佛“绝”字组的词的背后都有一个故事，课题“绝弦”背后是一个什么样的故事呢？请自由朗读课文，看看能读懂什么。

[设计意图：紧扣课题中的“绝”字，看似简单的组词却联系了学生的实际生活，使学生走进了流传千载的经典故事中，为后续教学活动打下基础、指明方向。]

二、读准读通，整体感知

1. 朗读课文，要求：读得正确、通顺，难读的语句多读两遍。

2. 初读反馈：哪些字词、句子难住你了？

预设：

(1)“善”：一字多义。

伯牙善鼓琴，钟子期善听。

钟子期曰：“善哉，峨峨兮若泰山！”

志在流水，钟子期曰：“善哉，洋洋兮若江河！”

引导学生发现其中的妙处：同是“善”字，意思并不完全相同。指导学生朗读其中的两个感叹句，读出文言文韵味。

总结：课文中多次出现“善”字，意思却不尽相同，第一句中的“善”表示“擅长”，后两句中的“善”则是语气词，表示“好”。这种现象在文言文中很常见，叫“一字多义”。文言文中，还有用不同的字表达同一个意思的情况，大家快速默读课文，看看能否发现。

(2)“志”：古今差异。

学生自由默读后，课件出示：志在高山、志在流水、伯牙所念。

总结：“志”与“念”在这里都指“心中所想”，“志”与现在的“志趣、志向”有明显区别。用不同的字来表达同一个意思，文言文的字词可真有意思！关注课后的注释、联系生活来理解都是学习文言文的好方法。

(3) 理解意思，读通句子。

子期死，伯牙谓世再无知音，乃破琴绝弦，终身不复鼓。

谓：认为，觉得；乃：于是。

总结：学习文言文，有时还要借助工具书，查清字词的意思，才能正确断句，读通读顺。

3. 再次自由读文，全班配乐齐读。

4. 整体把握课文，初识“知音”：读了这么多遍，谁来说说课文主要讲了什么内容？

[设计意图：教给学生理解文言文内容的常用方法，指导学生如何读出文言文的味道，培养学生的文言阅读能力是小学文言文教学的重要目的。在此基础上指导学生将课文读正确，读通顺，读出节奏，并配乐初步读出韵味，在反复朗读中引领学生感受文言文的语言之美。]

三、紧扣“知音”，品析“情深”

1. 结局引质疑，初悟“知音”。

师：“书读百遍，其义自见。”这篇短短的文言文，给我们留下了一个令人心痛的结局：“子期死，伯牙谓世再无知音，乃破琴绝弦，终身不复鼓。”你对这个结局有没有疑问？

预设：为什么子期死了，伯牙就觉得世上再无知音？就破琴绝弦？就终身不复鼓？

点拨：伯牙破琴绝弦、终身不复鼓，其实只有一个原因，谁发现了？（“世再无知音”）什么是知音呢？

学生自由说后，教师抓住关键词板书“知己、好朋友”。

2. 默读课文，领悟“知音”。

师：请同学们默读课文，勾画出你认为文中能体现伯牙、子期是知音的字词、语句。

学生读文，勾画批注。

全班交流，诵读品析以下句子。

伯牙鼓琴，志在高山，钟子期曰：“善哉，峨峨兮若泰山！”志在流水，钟子期曰：“善哉，洋洋兮若江河！”

师引：只要“伯牙所念”——

生接：“钟子期必得之。”

学生通过反复对话式朗读、人物模拟朗读，体会伯牙、子期的知音情深。

3. 理解“高山流水”，升华“知音”。

师：同学们，伯牙所鼓的定然不只是高山、流水，还可能会有什么呢？

学生自由说，教师出示图片和相应词语（悠悠白云、徐徐春风、依依杨柳），引导学生依照“泰山峨峨、江河洋洋”的样子仿写古文。

师：大家也来试着学做古人，说说他们说的话，写写他们写的文。

课件出示：

伯牙鼓琴，志在________，钟子期曰：“善哉，________若________！”志在________，钟子期曰：“善哉，________若________！”

师：伯牙还可能鼓了悠悠白云、徐徐春风、依依杨柳这些大自然中美丽的景物，可是，课文只选择写伯牙志在峨峨泰山、洋洋江河，谁知道为什么？

学生自由说。

师：志的本意是“内心追求的目标”。伯牙、子期内心追求的是什么？仅仅是这高山、这流水吗？孔子曰：“智者乐水，仁者乐山。”古人常常借高山流水寄托自己的志向和胸襟。

课件出示相关图片、诗文：

杜甫曾吟：“会当凌绝顶，一览众山小。”

李白面对逆境，高呼：“长风破浪会有时，直挂云帆济沧海。”

南唐后主李煜面对国破家亡，满腔悲情“恰似一江春水向东流”。

师：此时，我们再来读读这段话，看看你对这“高山流水”、对“知音”有什么新的理解。

学生读后，再次修正对“知音”的理解。教师选择关键词板书“志同道合、博大胸襟、高远志向”。

4. 总结：善鼓的伯牙无论弹什么，善听的子期都能听得懂。这就是文中所说的“伯牙所念，钟子期必得之”。两人志趣相同，胸襟皆博大，志向皆高远，这两人就叫作知音。

[设计意图：语文学习的落脚点是要让学生习得语文能力。语文教学不但不能忘言，更应辨言、悟言、得言。在听、说、读之后，在学生充分感受语言美、音韵美、人物形象之后，教师不着痕迹地引导学生进行语言运用，适时拓展“高山流水”的内涵，加深学生对“知音”的理解。]

四、拓展显文化，积累促传承

1. 资料拓展，彰显文化。

师：默读以下两则资料，相信你对“知音”还会有新的看法。

资料一：伯牙是宫廷乐师，被尊为“琴仙”，常苦恼于无人能听懂自己的曲子。后遇子期，结为生死之交。子期为山野樵夫，将世上难觅的乐谱分类整理成册。遇伯牙后，把自己毕生整理的音乐资料全赠送给伯牙。

资料二：一日，楚王宴请大臣，命伯牙弹琴助兴，伯牙一曲《水仙操》，把红日、云霞、山林、风雨、海浪等风光表现得淋漓尽致。楚王听了却说："嘈杂，嘈杂，乱七八糟，换！换！换！"

学生自由说，教师抓住关键词引导学生进一步理解"知音"。

学生再齐读："子期死，伯牙谓世再无知音，乃破琴绝弦，终身不复鼓。"

师：千百年来有许多古诗文也提及了这二人之间的深情厚谊，大家请看课后的"资料袋"。

学生看完后，读课件出示的诗句：

借问人间愁寂意，伯牙弦绝已无声。（唐·薛涛）

高山流水琴三弄，明月清风酒一樽。（唐·牟融）

师：你还知道哪些关于二人的古诗文？

师生交流后，课件出示：

伯牙之绝弦兮，无钟子期而听之。（汉·东方朔）

钟期久已没，世上无知音。（唐·李白）

伯牙山高水深深，万世丘垄一知音。（宋·苏轼）

山阳笛，伯牙琴，至今千载为知音。（明·张献翼）

子期竟早亡，牙琴从此绝。（现代·毛泽东）

总结：千百年来，伯牙和子期的故事代代传诵，这源自音乐的魅力，这是知音的魅力。

2. 回归文本，诵读积累。

师：当你一遍遍读这些句子的时候，你又想到了课文中的哪些语句？

引读："子期死，伯牙谓世再无知音，乃破琴绝弦，终身不复鼓。"

结束语：这个千古流传的感人故事，就因那一声琴弦的断绝声而成为绝响。但是，高山依旧，流水如昔，知音的故事在华夏大地上流传千古！孩子们，这伯牙绝弦，看似无情却有情啊！让我们一起再读读这个古老的故事！最后配着这千古绝唱《高山流水》齐背课文。

[设计意图：此环节主要是通过有关"知音"诗句的拓展、积累，将千百年来人们对伯牙、子期的态度一一呈现，激活学生心中的情感之弦，

使学生对“知音”产生更深的理解。]

五、板书设计

伯牙绝弦

伯牙　　知音（知己、好朋友）　　子期

《高山流水》　千古绝唱

志同道合　博大胸襟　高远志向

[设计意图：此板书简明扼要地体现了课文的主旨，并由此贯穿整个教学过程，起到了画龙点睛的作用。]

教学反思

《伯牙绝弦》是人教版小学语文六年级上册中的一篇课文。题目中一个“绝”字已说明了故事的基调，凸显了人物的决绝，也蕴藏了这对知己之间的情深义重。

六年级的学生已经学习并积累了一定的古诗词，虽然这是学生第二次接触文言文，但由于文言文的学习方法与诗词基本相同，加上《伯牙绝弦》不足百字，文本极其简约，所以要读懂大意并不难。难的是指导学生有滋有味地读出节奏感和音韵美；难的是不着痕迹地引导学生走进高雅的艺术世界，感受名曲《高山流水》的魅力，感悟伯牙和子期这对知己荡气回肠、耐人寻味的故事；难的是借助这简约的文本，成就丰厚的课堂。具体有以下几点值得思索。

一、以读为本

整节课将“读”的训练贯穿教学的全过程，使学生在反复朗读中读懂课文的主要内容。通过自由读、指名读、范读、师生合作读、创设情境读等多种形式的朗读，并紧抓住“兮”“善哉”等语气词读出文言文的韵味，这不仅让学生掌握了文言文朗读的技巧，能正确流利地朗读课文，更为对文字的理解、内化打下了基础。

二、授之以“渔”

“让学生了解文言文的学习方法”是本课教学的重要任务。在教学中，我特别注重对文言文学习方法的指导：选择课文中古今差异较大的词——“善”“志”，使学生习得“联系上下文”“结合注释”等常用的学习文言文的方法，并初步感受文言文和现代文最明显的不同之处，即古文中几乎每个字都完整地表达一个意思，也就是以单音节词为主。

三、重视“语用”训练

本文不足百字，其语言之简洁、文字之简练、描写之精妙是学生难以发现的。课堂中，我通过仿写、改变词序等方式，引导学生领悟文章句式表达的特点，进一步体会这样写的作用和效果，使学生在理解课文内容的同时，感受语言表达的魅力，学习语言的运用。

四、资料拓展助理解

课外资料和课后“资料袋”的结合出示，再次升华了学生对“知音”的理解，让人文与言语共进。

精彩链接

以下是赵志祥老师执教《伯牙绝弦》的课堂实录片段。

一、导入

（教师板书课题。）

师：如果按照正常的流程，我会问：小朋友们，“伯牙绝弦”的“绝”是什么意思呀？但老师觉得这个问题太简单了。我要问的问题是，谁能用“绝”字来组词呢？

生：绝技、绝望、绝唱……

（教师相机板书。）

二、找“绝技”

师：谁能从这篇课文中找到更多的“绝技”呢？

（学生自己批注，找“绝技”。）

生：伯牙善鼓琴、钟子期善听、志在高山、志在流水、若泰山、若江河、念得。

（由翻译“志在高山”引出其直译、意译。）

三、找“绝望”

师：谁能读出绝望的味道呢？先练练。

（学生练读，指名朗读。）

师：孩子们，你们读得真不错。但是，你们的感情始终只停留在表面，因为你们不知道伯牙在子期的坟前那悲怆的场面。

（出示伯牙弹奏《高山流水》图。）

师：他弹奏这首曲子时，有好多人来围观，他们认为好朋友死了不哭却弹琴非常好笑。子期的父亲也觉得奇怪，问伯牙，伯牙说："老伯，您别忙，我想对子期说的话，就在这里——

（教师配乐读"忆昔去年春，江边曾会君。今日重来访，不见知音人。但见一抔土，惨然伤我心！伤心伤心复伤心，不忍泪珠纷。来欢去何苦，江畔起愁云。子期子期兮，你我千金义，历尽天涯无足语，此曲终兮不复弹，三尺瑶琴为君死！"）

师：说说看，此时此景伯牙的心情如何呢？

生：绝望、悲痛欲绝。

师：如果此时此刻你带着这样的感情读，你还会微笑吗？

（学生再读。）

师：伯牙弹完了这段，拿起刀子就割断了琴弦，摔坏了琴。别人问："伯牙，你为什么要把这么宝贵的琴毁坏呢？"伯牙含着泪说："摔碎瑶琴凤尾寒，子期不在对谁弹。春风满面皆朋友，欲觅知音难上难。"为什么子期死了，伯牙要毁坏琴呢？此时此刻，说什么都是枉然，只有这首诗能表达伯牙的心情。

（学生背诵这首诗。）

四、找"绝唱"

师：我们已经读懂了伯牙的绝望。请问谁找到了"绝唱"？

（指名回答，师生共同欣赏《高山流水》曲。）

师：难道只有曲子才能叫"绝唱"吗？这篇文章也是"绝唱"。老师提议，我们在题目后写上"绝唱"，如果你觉得不过瘾，还可以写上"千古绝唱"。

五、总结全文

师：请在这优美的音乐声中背诵《伯牙绝弦》。

（配音背诵《伯牙绝弦》。）

以读促悟，以问促解

——《学弈》教学设计及反思

珠海市香洲区荣泰小学　刘小海

教学目标

1. 正确流利地朗读课文，背诵课文。

2. 根据课后注释联系上下文了解故事内容。

3. 从课文中体会到学习必须专心致志，不可三心二意的道理。

教学重难点

反复诵读，体会文章的内涵。

教学过程

一、谈话导入，揭示课题

成语导入："专心致志"这个成语你熟悉吗？谁能讲讲它的意思？"专心致志"这个成语源自《孟子·告子》中的一篇文言文——《学弈》。

介绍：孟子是谁？听过孟母三迁的故事吗？孟子就是孟母的儿子，原名孟轲，他的母亲为选择良好的环境教育他，多次迁居，煞费苦心。最终，孟子成为儒家学派仅次于孔子的代表人物。《孟子》是记录孟子及其弟子思想和言行的书。告子是孟子的弟子，《孟子·告子》记录的就是孟子和告子的思想和言行。

释题："弈"指什么？"学弈"又是什么意思呢？"弈"，本来专指下围棋，"学弈"就是学习下围棋。现在的"对弈"，就是下棋的意思，不限于下围棋。

[设计意图：从成语"专心致志"入手，再由"孟母三迁"引出孟子，追根溯源，不仅容易引发学生探究的兴趣，还使学生有熟悉的感觉，拉近了学生与文章之间的距离。]

二、反复诵读，读通课文

1. 自读课文，读准字音。

2. 正音，划分好节奏诵读。

（1）读准多音字：与、缴、为。

虽与（yǔ）之俱学

为（wèi）是其智弗若与（yú）

思援弓缴（zhuó）而射之

（2）读准生字。

弈（yì） 鸿鹄（hóng hú） 俱（jù） 弗（fú） 矣（yǐ） 曰（yuē）

（3）划分好节奏诵读。

弈秋，通国之/善弈者也。使弈秋/诲/二人弈，其一人/专心致志，惟/弈秋之为听；一人/虽听之，一心以为/有鸿鹄/将至，思/援弓缴/而射之。虽/与之俱学，弗若之矣。为是/其智/弗若与？曰：非然也。

[设计意图：古文的诵读至关重要，要引导学生结合注释划分好节奏诵读，并重点读好容易出错的那一两句，有主有次。]

三、结合注释，疏通文义

1. 结合注释理解每一句话。

（1）理解词语。

① 结合注释理解词语。（弈、援、缴、弗、与）

② 采用组词法理解词语。（善、诲、其、虽、为、智）

（2）着重理解以下句子。

① 一心以为有鸿鹄将至，思援弓缴而射之。

② 为是其智弗若与？

（3）联系上下文理解“之”字的不同用法。

① 一人虽听之。

② 思援弓缴而射之。

③ 虽与之俱学，弗若之矣。

2. 同桌互讲，相互纠正、补充。

3. 小组合作，疏通文义。

4. 指名说全文大意。

参考译文：弈秋是全国最会下棋的人。让弈秋教两个人下棋，其中一个人专心致志，只听弈秋的教导；而另一个人虽然在听着，可是他心里总以为有天鹅要飞过来，想拿弓箭去射它。这样，虽然他同前一个人一起学习，却学得不如前一个。能说这是他的聪明才智不如前一个人吗？我说：不是这样的。

[设计意图：本文相对浅显易懂，所以让学生先采用结合注释、组词、联系上下文等方法独立思考，然后小组合作探究，最后分享展示，层层递进，水到渠成。]

四、精读课文，感悟含义

1. 从题入手，谁学下棋？谁是教师？

答案：有两个人学下棋，教师是全国最善于下棋的弈秋。

2. 这两个人怎么学下棋？

答案："其一人专心致志，惟弈秋之为听"（板书"专心致志"）；"一人虽听之，一心以为有鸿鹄将至，思援弓缴而射之"（板书"三心二意"）。

过渡：文中仅写了"一人"一次的学习情景，我们还可以想象一下他平时学习的各种不同情景，如一只足球滚过、一只小狗经过等。

课件出示：

昨天：一心以为有鸿鹄将至，思援弓缴而射之。

今天：一心以为（即将下课），思（抱球而踢之）。

明天：一心以为（有小狗将至），思（抱犬而戏之）。

3. 学的结果怎么样？

答案："虽与之俱学，弗若之矣。"

追问：是什么原因使"虽与之俱学，弗若之矣"？

师生问答：

(1) 师："为是其（师）弗若与？"生："曰：非然也。"

(2) 师："为是其（智）弗若与？"生："曰：非然也。"

(3) 师："为是其（财）弗若与？"生："曰：非然也。"

(4) 师："为是其（心）弗若与？"生："曰：然也。"

[设计意图：抓关键句，换词体会，让学生明白学弈的关键不在于师、

智等，而在于心；通过换词反复诵读，增强语感，以达到熟读成诵。]

4. 学弈这个故事告诉我们一个什么道理？

引导：其实在原文《孟子·告子》中还有这样一句话："今夫弈之为数，小数也；不专心致志，则不得也。"（译：现在下棋作为技艺，是小技艺；不专心致志，就学不到手）这句话非常明确地讲出了其中的道理：学弈必须专心致志，不可三心二意。学习其他知识是不是一样的道理呢？仿照孟子的话可以怎么说？

学生仿说。

总结：不只是学弈，做任何事都必须专心致志，不可三心二意。（板书"做事"）

[设计意图：这一环节采用主问题推进，抓住学弈的过程和结果，引导学生追思其中的原因，与教师、智力等没有关系，主要在于学习是否专心致志。之后的拓展在于使学生举一反三，依此类推，懂得凡事都应专心致志，方可得也！]

五、板书设计

学弈（做事）

三心二意　　　　　　专心致志

[设计意图："弈"即对弈，一人"专心致志"，一人"三心二意"，结果截然不同，学弈如此，凡事皆如此。]

教学反思

小学阶段的学生已经学习了《杨氏之子》《伯牙绝弦》，对文言文有了初步的了解。因此，我在教学《学弈》这篇课文时，先让学生回顾学习方法：划分节奏朗读、结合注释并联系上下文理解句子。接下来让他们先自读，然后在教师的引导下赏读，抓住主问题理清文章脉络，反复诵读关键词句体会文章含义，取得了较好的教学效果。

一、以读为主，以读促悟

第一，以读为主，熟读成诵。采用自读、划分节奏读、范读、小组读、创设情境读等各种形式的读，先读准字音，再读通、读顺课文。对于个别难读的句子，如"思援弓缴而射之""为是其智弗若与"，引导学生结合注释理解，然后正确划分节奏读，再全文连读，一气呵成。

第二，注重赏读，以读促悟。为了让读更有趣味，在教学设计中我借助任务活动来引导学生边赏边读。如对于“这两个人怎么学下棋”这一问题，学生很容易找到“其一人专心致志，惟弈秋之为听”“一人虽听之，一心以为有鸿鹄将至，思援弓缴而射之”。因为文中仅举了“一人”“一心以为有鸿鹄将至，思援弓缴而射之”一例，所以我创设情境“一个足球滚过，一只小狗经过”，让学生依照例句来反复练读。赏读环节的设计、拓展，丰富了文章的厚度，让学生在理解文章时有了深度，在练读中熟读成诵，达到了一石三鸟的效果。

二、主问题层进，直击核心

在学生熟读成诵、读懂课文内容的基础上，从标题入手，围绕主问题层层深入：谁学—跟谁学—怎么学—结果怎样—蕴含什么道理。问题层层递进，环环相扣，从而使学生感悟到：两个人学下棋，由于学习态度不同，一个专心致志，一个三心二意，结果大相径庭。学弈如此，凡事亦如此！

这堂课的教学，没有烦琐的内容分析，没有深奥的语法知识学习，没有晦涩的大道理解读，学生在课堂上学得得心应手，学得轻松愉快。

精彩链接

以下是姚荣辉老师执教《学弈》的课堂实录片段。

师：今天，我们穿越时空，与两千多年前的一位教育家、思想家进行对话，他的名字叫——

生：孟子。

师：我们要与他对话的题目是《学奕》。哪位同学知道“学奕”是什么意思？

生：学下棋。

师：你是怎么知道的？

生：看课本上的注释。

师：看注释，是种很好的学习方法。理解了题目的意思，大家试着读读课文，假如有什么疑惑的地方，请在书上做小小的记号。

（学生自由朗读。）

师：刚才我们第一次读了课文，谁来说一说你对课文的第一印象？

生：不能够不认真。

师：看来你理解了课文的内容。

生：要读很多遍才能理解意思。

师：也就是说，文言文很难读懂。

生：可以根据注释来了解意思。

师：你告诉了大家一个学习的方法。刚才大家读课文时都发现了很多问题。有没有一看到这篇课文就很喜欢的同学？

生：我。因为我之前读过一些文言文，所以感觉这篇很容易理解，很喜欢。

师：看来你对这篇文言文一见钟情，不错。我想大多数同学很难有这种体会，不过这是很正常的。一开始接触文言文，的确会觉得很难读，很难懂，但是日久生情，相信你会喜欢的。下面跟老师一起来读一读。

（教师带领学生读课文。）

师：大家跟读得很起劲，是不是找到一点感觉了？那就带着这种感觉，去试着再读一遍课文吧！

（学生自由读课文。）

师：在读的过程中，发现了难懂的句子没有？

（学生回答。）

师：很多同学会关注这几句话，（课件出示文中的难句）这几句话确实难懂。我们先来看这句："为是其智弗若与？"刚才我们学过一种方法，那就是看注释。请你看注释自己理解这句话，好吗？

（学生独立思考。）

师：理解了的同学请举手，你说。

生：他的智力不如前面的一个人。

生：我觉得应该是"是后面这个人的智力不如前面那个人吗？"

师："吗"字哪里来的？

生：因为有个问号。

师：很好。这是一个问句，有问必有答。下面那句是——

生："曰：非然也。"

师：有一个字经常在文言文中出现，那就是“曰”。这个字和我们早就学过的一个字非常像。

生：日。

师：“曰”字，又矮又胖，“日”字，又高又瘦。你们看过《武林外传》吗？我看一次笑一次。我最喜欢里面的那个书生，他有一句经典台词，知道是什么吗？

生：子曾经曰过……

师：“子曾经曰过”是什么意思？

生：孔子曾经说过。

师：这个“子”是谁？

生：孔子。

师：这是电视剧为了搞笑编出来的，是半文半白的说法，我们千万不能学。那么如果是“孟子曰”，意思就是——

生：孟子说。

师：两个同学为一组，一问一答，读出问答的语气。

（学生练习，然后展示。）

师：注意，这个“曰”还要不要读？

生：不要。

师：这个“曰”不要说了，直接回答。下面老师问，你们答。为是其智弗若与？

生：非然也。

师：下面，你们问，老师答。

生：为是其智弗若与？

师：非然也。

师：是不是真的后一个人的智力不如前一个人呢？到底是怎么样的？我们再来默读课文，找到有关句子来仔细读一读，也可以把它画下来。

（学生默读，找句子。）

师：刚才老师看了几位同学找的，都找对了。（课件出示）看大屏幕，就是这几句话。你有没有忘记我们学文言文的方法？

生：看注释。

师：仅会这种方法就够了吗？还要会什么方法？你们学了六年的语文，别忘了一个最重要、最基本的学习方法，就一个字——

生：读。

师：对，就是读。下面我们看注释，同桌之间互读课文，开始。

（学生互读课文。）

读品演尚“智”，教与学有“趣”

——《杨氏之子》教学设计及反思

深圳市光明新区秋硕小学　高萍

教学目标

1. 认读本课字词，结合注释、联系上下文理解文章的意思。
2. 品味词句，感受杨氏子的聪明过人。
3. 感悟古文韵味，初步培养喜爱文言文的情感。

教学重难点

1. 朗读并读懂故事，了解学习文言文的基本方法，激发学习兴趣。
2. 理解杨氏子的回答妙在何处。

教学过程

一、揭题入文

引入：同学们，今天我们来学习一篇文言文。（板书课题）

解题：理解“氏”“子”，进一步解释“杨氏之子”。

运用：让学生用这种方法介绍自己。

[设计意图：揭题导入新课，通过引导学生对“氏”“子”两个字的理解，进一步破解课题的意思，让学生初步感受文言文和现代文词语精练程度的区别。]

二、熟读释义，初识“聪惠”

1. 初读课文，感受文言。

师：自由朗读全文，看看这篇课文和我们以往学习的文章有什么不同。

学生自由读，指名回答。

引导学生初步感受文言文较难读好、句子意思也较难理解等特点。

2. 指名读文，相机正音。

指导多音字“为”和“应”的正确读法。

3. 指导读文，读出节奏。

课件出示划分好节奏的课文，教师范读。

梁国/杨氏子/九岁，甚聪惠。孔君平/诣/其父，父/不在，乃/呼儿出。为/设果，果/有杨梅。孔/指以示儿/曰：“此/是君家果。”儿/应声答曰：“未闻/孔雀/是夫子家/禽。”

学生看大屏幕上划分好节奏的课文，自由练读。

指名比赛读。

女生读，男生读，全班齐读。

4. 合作学文，理解文义。

小组合作学习，学生借助课文注释读懂课文。

“开火车”翻译课文，教师相机指导重点词语：“惠”“诣”“乃”“家禽”“应声”“未闻”“夫子”。

学生连起来说说整篇课文的意思，先在四人小组里说，再指名说一说。

5. 对照朗读，加深理解。

出示本文的文言版本与白话版本，师生配合朗读。

6. 趣味朗读，积累背诵。

过渡：现在我们带着理解再来读课文，肯定能读得更流畅、更有滋味。

课文呈现方式一：（有节奏符号）

梁国/杨氏子/九岁，甚聪惠。孔君平/诣/其父，父/不在，乃/呼儿出。为/设果，果/有杨梅。孔/指以示儿/曰：“此/是君家果。”儿/应声答曰：“未闻/孔雀/是夫子家/禽。”

课文呈现方式二：（无节奏符号）

梁国杨氏子九岁，甚聪惠。孔君平诣其父，父不在，乃呼儿出。为设果，果有杨梅。孔指以示儿曰：“此是君家果。”儿应声答曰：“未闻孔雀是夫子家禽。”

课文呈现方式三：（无标点符号）

梁国杨氏子九岁甚聪惠孔君平诣其父父不在乃呼儿出为设果果有杨梅孔指以示儿曰此是君家果儿应声答曰未闻孔雀是夫子家禽

课文呈现方式三：（无标点符号，竖排）

梁国杨氏子九岁
甚聪惠孔君平诣
其父父不在乃呼
儿出为设果果有
杨梅孔指以示儿
曰此是君家果儿
应声答曰未闻孔
雀是夫子家禽

课文呈现方式四：（独留标题）

杨氏之子

教师引导学生在前面积累的基础上背诵出全文。

［设计意图：这个环节设计了读的三个层次。其一，学生自由读，读准字音，特别强调“为设果”的“为”和“应声答曰”的“应”的读音，然后请学生完整地读课文，巩固字音。其二，教师范读，强调文言文在朗读时的节奏感，课件出示正确的停顿方法，在此基础上让学生再读课文，读出句子的味道。其三，学生理解文本后朗读。通过多种形式呈现原文，逐步加大难度，激发学生的挑战欲望，使学生达到熟读成诵的地步，背诵任务在一遍遍挑战中完成了。］

三、读赏结合，感悟“聪惠”

过渡：文章的意思大家都明白了。那么文中的杨氏子又给我们留下了怎样的印象呢？

1. 交流讨论，引导学生抓中心句学习。

课件出示中心句：

梁国杨氏子九岁，甚聪惠。

2. 抓中心词品读：你从文中的哪些地方读出了他的“聪惠”？

引导学生在文中画出能体现杨氏子“聪惠”的句子，并用抓关键词学习的方式进行品读。

课件出示句子：

为设果，果有杨梅。

引导学生关注“为设果”这个词，得出：从这个词中感受到了杨氏子的懂礼、乖巧。

课件出示句组 1：

孔指以示儿曰："此是君家果。"

儿应声答曰："未闻孔雀是夫子家禽。"

过渡：孔君平和杨氏子的对话确实妙不可言，下面我们分别来看看。

课件出示句组 2：

孔指以示儿曰："此是君家果。"

孔指以示儿曰："此是汝（尔）家果。"

引导学生比较句组 2 中两种表述的区别。"君"和"汝（尔）"在古时候都表示"你"的意思，但是"君"是尊称，而"汝（尔）"有轻慢之意。很显然，孔君平对杨氏子"为设果"的行为非常赞赏，产生了逗逗杨氏子的想法，所以措辞用了敬语，对杨氏子是尊重的。

课件出示句组 3：

儿应声答曰："未闻孔雀是夫子家禽。"

儿答曰："未闻孔雀是夫子家禽。"

引导学生比较句组 3 中的两种表达方式，"应声"让人感受到杨氏子在孔君平话音一落就对答，说明他反应快，极其机敏。

课件出示句组 4：

儿应声答曰："未闻孔雀是夫子家禽。"

儿答曰："孔雀是夫子家禽。"

引导学生比较句组 4 中的两种表达方式，我们从"未闻"这个词感受到了杨氏子针对孔君平的谦逊有礼，采用了委婉的回应，可见他以礼还礼、进退得度的"聪惠"。

过渡：说到"以礼还礼"，我们再来看看他们的对话，你还能发现什么？

课件出示句组 5：

孔指以示儿曰："此是君家果。"

儿应声答曰："未闻孔雀是夫子家禽。"

引导学生关注"君""夫子"两个词都是敬语。"夫子"在古时候是对男子的尊称。孔君平用"君"表示对杨氏子的尊敬，杨氏子就尊孔君平为"夫子"，既说明杨氏子懂礼，又表现了他的"聪惠"。

3. 教师总结：刚才的学习过程中，我们抓住关键词“君”“夫子”“未闻”“应声”这四个词，采用换词法、去词法进行比较，感受到杨氏子不卑不亢、有礼有度、委婉巧妙地将孔君平在姓氏上做文章的说法轻巧地还至孔君平。在兵法上，这叫“以其人之道还治其人之身”。他没有生硬直白地反击：“孔雀是夫子家禽。”而是采用了否定的方式，说“未闻孔雀是夫子家禽”，既表现了应有的礼貌，又委婉地表达了“既然孔雀不是您家的鸟，那杨梅又岂是我家的果”这个意思，巧妙的回答体现了他的“聪惠”。抓关键词，用换词法、去词法比较体会词语表达的内涵，这些方法在文言文学习中是常用的，希望同学们能记住。

四、演说活动，实践“聪惠”

师：这么“聪惠”的孩子，你喜欢吗？你来演演这个“聪惠”的孩子吧！

第一场：师生合作演原文。

第二场：按照师生的姓氏修改原文表演。

第三场：随机指两位学生，要求他们根据对方的姓氏，即兴修改原文表演。

[设计意图：师生、生生合作表演，相机以学生的姓氏来让学生套着文章的格式即兴创作、表演，现场考验学生，加深学生对杨氏子机智语言的理解。]

五、课后作业，迁移“聪惠”

1. 延伸阅读，巩固学法。

课件出示：

谢太傅寒雪日内集，与儿女讲论文义。俄而雪骤，公欣然曰：“白雪纷纷何所似？”兄子胡儿曰：“撒盐空中差可拟。”兄女曰：“未若柳絮因风起。”公大笑乐。

问题：

(1) 给文章画上节奏，朗读并初步理解。

(2) 用学习《杨氏之子》的方法，借助注释边读边想想每句话的意思。

2. 拓展：阅读《世说新语》。

六、板书设计

杨氏之子

聪惠	言	说果	（智）
	行	设果	（礼）

［设计意图：板书设计遵从简洁的原则，紧扣杨氏子语言中蕴含的智慧，联系中国传统道德——“五常”的内容，从杨氏子的言（说果）、行（设果）两方面，对学生进行“智”“礼”要求的熏陶，实现由文本到生活的提升。］

教学反思

《杨氏之子》行文简洁，不足百字，却是小学阶段的第一篇文言文。学生初次学习文言文，畏惧其艰涩难懂。为了帮助学生掌握学习文言文的方法，培养学生学习文言文的兴趣，我在教学中抓住“聪惠”这个关键词，设计了以读、品、演为主线的课堂教学流程。在实际的教学流程中，重点落实了以下三个要点。

一、读，有“变”

依据教学目标，我确定“理解杨氏子的回答妙在何处”为教学重难点，以理解文言文为突破口。教学时，我先让学生自由朗读课文，初步感受文言文的语言习惯，然后指名大声朗读，再出示标注课文节奏的文本，通过范读引导学生读出文言文的节奏，注意停顿，紧跟着提示学生理解文言词语的方法，使学生在理解课文的基础上，带着理解再读课文，最后变换课文呈现方式让学生读，最后一种形式是只出示标题，学生经历了前面多次的读后，很顺利就能背诵出原文，实现课堂背诵的水到渠成。通过几次读的变化，学生从正音、节奏、译读、变读中走进了文本。

二、品，有“法”

根据“单元目标”——感受语言的魅力，我在设置教学目标时，把“品味词句，感受杨氏子的聪明过人”作为教学目标之一。感受语言的妙处，离不开品词析句，我让学生一开始就抓住中心句，以及中心句中的关键词，采用换词法、去词法，用课件把句子、句组直观地呈现在学生面前，引导学生比较，并得出结论。

正所谓“授之以鱼，不如授之以渔”。此时，我总结了本环节的学法。学习方法的提炼，让学生回顾学习过程，积累学习文言文的方法，为今后的文言文学习打下了基础。

三、演，有“味”

课堂表演这个环节的设置是为了让学生活学、活用语文知识，培养学生学语文、用语文的兴趣。课堂表演对于小学生并不新鲜，但是本课的表演因为要用文言文的句式，难度稍高，对学生来说有了挑战的乐趣。我在表演难度方面还设计了梯度——首先是师生合作演原文，然后是按照师生的姓氏修改原文表演，最后是随机指两位学生，要求他们根据对方的姓氏，即兴修改原文表演。这三个情景表演的难度逐层上升，极大考验了学生的随机应变能力，同时也使学生感受到中国语言的魅力。

精彩链接

以下是于永正老师执教《杨氏之子》的课堂实录片段。

（教师边做动作边背诵课文。）

师：老师背完了，谁来夸夸老师？

生：老师背得很有感情。

生：老师背的时候有动作。

……

师：有谁听出来老师背的哪个地方和你们的不一样？

（学生回答不上来。）

师：请刚才那位同学把最后一句再读一遍。

（学生读后，教师读：“儿应声答曰：‘未闻孔雀是夫子家/禽。’”）

师：同学们听出来了吗？

生：老师在读的时候，家和禽之间有停顿。

师：是啊，如果连起来就变成了家禽，而在这里说的是家里养的鸟。我们在学习的时候不光要学会观察，还要学会倾听。接着我们就来理解课文的意思，老师读一句，同学们说一句。

（师生合作，逐句理解。）

师：同学们理解了课文的意思，那么老师有个问题：孔君平为什么要说“此是君家果”呢？

生：他见水果里有杨梅，正好和杨氏子都有一个杨字。

师：那他为什么要这么说呢？他想做什么？

生：羞辱杨氏子。

生：嘲笑杨氏子。

师：是羞辱、嘲笑吗？同学们看“诣”，孔君平是去拜见他所尊敬的杨先生的，怎么可能嘲笑和羞辱他的儿子呢？那么应该是什么呢？

生：考考杨氏子。

生：听说杨氏子很聪明，所以想看看他是不是真的聪明。

师：那么杨氏子聪明在哪里呢？

生：孔君平说杨梅是你家的果子，杨氏之子就说没听说孔雀是夫子家的鸟啊！

师：对，那么他到底聪明在什么地方呢？请看老师表演。

（教师表演。）

生：会听。

生：听出孔君平话中有话。

生：反应快。

生：会说。

师：杨氏子除了聪明以外，还是个什么样的孩子？

生：有礼貌。

师：你是从哪些词看出他有礼貌的？

生：夫子。

生：未闻。

生：为设果。

江苏凤凰教育出版社
《行知工程》系列丛书目录

系列	序号	书　　名	主编	定价
创新教学探索系列	1	《把古文教活——激活文言文课堂的教学策略》	刘小华	35.00
	2	《做童年面前最合适的人——我和孩子们的“童化语文”》	曹丽秋	30.00
	3	《品世界名画，学精彩作文——特级教师的“名画”作文教学法》	李日芳	36.00
	4	《玩出精彩作文——张化万活动作文教学经典策略》	张化万	35.00
	5	《〈红楼梦〉里的语文课》	李日芳	30.00
	6	《让学生把母语用精彩——“语用课堂”的探索与实践》	佘小红	30.00
	7	《“备”出课堂精彩——备学式教学的课堂实践与思考》	张旭兰	30.00
	8	《神奇的阅读教室——带学生踏上美妙的阅读之旅》	李祖文	30.00
	9	《打造有生命力的课堂——“两步八环节”教学模式探索与实践》	查联智	30.00
	10	《最能培养学生探究能力的课堂——小学科学与信息技术单元整体课程实施与评价》	李怀源	30.00
	11	《最能激发学生运动天赋的课堂——小学体育单元整体课程实施与评价》	李怀源	30.00
	12	《最能提升学生艺术素养的课堂——小学艺术单元整体课程实施与评价》	李怀源	30.00
	13	《“生命语文”探索——焕发语文生命力的思考与实践》	王自成	30.00
	14	《粘连作文教学：让习作成为有个性的自我建构》	黄瑞夷	30.00
	15	《备学式教学——在体验中建构数学思维》	单广红　范雪梅	30.00
	16	《向着自主进发——自主教育的创新实施智慧》	朱亚红	30.00
	17	《写中学——让学习更有效的学科写作教学》	钟传祎	30.00
	18	《小学科学实验总动员——大科学课堂有效提升学生创新力》	江美华	30.00
	19	《小学语文单元整体课程实施与评价》	李怀源	30.00
	20	《小学英语单元整体课程实施与评价》	李怀源	30.00
	21	《小学数学单元整体课程实施与评价》	李怀源	30.00
	22	《让教学更能激发智慧——“思维碰撞”课堂的建构与实施》	程和方	30.00
教育求索系列	23	《学科建设与教师发展——中学数学》	杨志文	30.00
	24	《欣说教育那“一亩三分地”——一位一线教师的教育微思考》	王庆欣	30.00
	25	《爱的守望——一位一线教师对教育的坚守》	林卫红	30.00
	26	《思政教学的人文力量》	戴晓华	30.00
	27	《师道新说——给教育者的30条箴言》	徐　卫	30.00

系列	序号	书　　　名	主编	定价
精彩课堂系列	28	《中学生核心写作能力培养》	陶　波	36.00
	29	《给孩子更好的数学课堂》	易增加	30.00
	30	《小学生阅读素养的提升策略》	邵巧治	35.00
	31	《从语文素养走向生命成长 ——小学语文读写课堂教学密码》	曾海玲	30.00
	32	《真实的品德课》	朱淑秀	30.00
	33	《英语课堂学习共同体——新型的师生交互学习场》	杨延从	30.00
	34	《指导自主学习——初中数学学与教的研究与实践》	刘其武	30.00
	35	《玩出精彩的课堂 ——小学低年级教与学方式转变研究》	陶红松	30.00
	36	《让生命之花自主绽放——语文个性化教学建构策略》	商德远	30.00
	37	《让学生亲历知识——主体参与下体验式学习的实施策略》	何世祥	30.00
教育思想者系列	38	《为什么而出发——一位研究者对教育本质的沉思》	齐　健	35.00
	39	《高效教学的道与术——陶继新教育讲演录》	陶继新	30.00
	40	《铸造一流教育品质——陶继新区域教育巡礼》	陶继新	35.00
	41	《名校之道——陶继新对话名校长（1）》	陶继新	30.00
	42	《名校之道——陶继新对话名校长（2）》	陶继新	35.00
	43	《教育，一切从孩子出发》	黄　俭	30.00
名师成长系列	44	《情怀·智慧·境界——教育名家演讲录（1）》	钟惠河　李韫琬	30.00
校长领导力系列	45	《学校细节管理的执行力》	林文明　王林发	30.00
	46	《校长智慧统筹的领导力》	谢耀丰　蔡丽姗 王林发	30.00
	47	《学校持续发展的研究力》	林文智　宋佳敏 王林发	30.00
	48	《学校和谐融洽的协作力》	陈一平　郭雪莹 王林发	30.00
	49	《学校教育提升的引领力》	谢文东　关敏华 王林发	30.00
校长领导力系列	50	《学校团队成长的学习力》	黄纪　蔡美静 王林发	30.00
	51	《学校高效管理的创新力》	张旭	30.00
	52	《学校成功管理的决策力》	邱黎明	30.00
	53	《高品质学校生长要素》	王益民	30.00
	54	《校长高效教学领导力提升策略》	徐世贵　郭文帑	30.00
新思维系列	55	《让后进生学习有后劲之 36 计》	严育洪	30.00
	56	《教育中的“不一定”——打破教育的 19 种思维惯式》	严育洪	30.00

系列	序号	书名	主编	定价
教师修炼系列	57	《如何炼就课堂好声音——教师美嗓保健实用宝典》	薛建洲	30.00
	58	《与学生一起成长——90 后教师的心路反思》	王　晗	30.00
	59	《教育，爱与宽容——教师心灵礼仪修炼》	许力争	30.00
教育家核心思想系列	60	《叶圣陶论写作》	叶圣陶 著 李怀源 选编	30.00
	61	《叶圣陶谈阅读》	叶圣陶 著 李怀源 选编	30.00
	62	《多元智能理论的本土化应用》	刘治富	30.00
	63	《大教育家最具施教力的教学思想》	白刚勋	30.00
学生心理解码系列	64	《在人生的春天播种——十四岁，写给青春的一封信》	白宏宽	30.00
	65	《孩子问题行为一点通 ——只有好老师才知道的学生心理谜底》	严育洪	30.00
校本研修系列	66	《徜徉语文教研》	肖俊宇	35.00
	67	《校本研修资源的开发与利用》	陈朝林	30.00
	68	《校本研修与教师专业成长》	吴积军	30.00
	69	《卓越教师经典研修成长策略》	刘天宝等	30.00
	70	《特色校本课程开发范例解读》	刘永平　李秀伟 张雪梅	30.00
	71	《高效校本研修模型构建艺术》	刘素雁	30.00
	72	《走向实践的教研——中小学教育科研引领与应用》	江　敏	30.00
名校系列	73	《让每个孩子都成志 ——清华附小主题阅读课程的实施探索》	窦桂梅	30.00
	74	《让每个孩子都成志 ——清华附小主题实践课程的实施探索》	窦桂梅	35.00
	75	《向着朝阳走去——清华附小合作办学实践探索》	窦桂梅	30.00
教育管理力系列	76	《缔造唯美教育——延奎小学素质教育实施策略》	易增加	30.00
	77	《让普通学校崛起的 20 个细节——“生命为本”教育团队成长密码》	李其玉	30.00
	78	《“走”出教育的精彩：走动式学校管理文化构建》	罗　军	30.00
	79	《校长兵法：学校管理四十六计》	皮大鹏	30.00
班级文化系列	80	《活力班级的文化建设》	胡　珏	30.00
	81	《做幸福的班主任》	吕　丽	26.00

系列	序号	书　　名	主编	定价
高效能教学系列	82	《高效能教师的10个好习惯（中学卷）》	张　瑾	30.00
	83	《让作文落地生根——提高写作实效的教学策略》	黄桂林	30.00
	84	《高效能作文教学5项修炼》	陈步华	30.00
	85	《高效能校长的10个好习惯》	张　勤	30.00
	86	《高效能教师的10个好习惯（小学卷）》	谢　英	30.00
	87	《高效能语文教学5项修炼》	王其华	30.00
新课程探索系列	88	《语文新课程的批判与重建》	葛桂斌	30.00
美国名师教学译丛	89	《美国名师游戏教学本土化应用：幼儿园》	（美）玛西娅 L. 泰特 著 胡珍　瞿菁　编译	30.00
	90	《美国名师游戏教学本土化应用：小学英语》	（美）玛西娅 L. 泰特 著 杨永华　张心影　编译	30.00
	91	《美国名师游戏教学本土化应用：小学数学》	（美）玛西娅 L. 泰特 著 谢艳红　编译	30.00
	92	《美国名师游戏教学本土化应用：小学科学》	（美）玛西娅 L. 泰特 著 刘丽萍　编译	30.00
	93	《美国名师游戏教学本土化应用：小学社会》	（美）玛西娅 L. 泰特 著 姜梅芳　编译	30.00
	94	《美国名师游戏教学本土化应用：小学音体美》	（美）玛西娅 L. 泰特 著 尹立志　编译	30.00
鲁派名师名校·教育探索者系列	95	《悦读立人——校园阅读文化体系构建策略》	杨世臣	30.00
	96	《教育智慧何处来——一位特级教师的思考手记》	付立金	30.00
	97	《和雅文化——校本课程的创新构建》	汤善香	30.00
	98	《让个性绽放精彩——学校课程体系整合与创生》	谢建伟　徐淑萍	30.00
	99	《让每个学生都幸福——最能润泽生命的学校文化建设》	谢建伟　张新喜	30.00
生态化校园系列	100	《文化管理——构建生态和谐校园的必由之路》	付全新	30.00
	101	《点燃学习的激情——构建校园生态化学习型组织》	杨树岳	30.00
	102	《课改突围——构建学校生态化教学体系》	杨树岳	30.00
教育新思考系列	103	《语文教育向何处去》	王　丛	26.00
	104	《教育，就是做好普通的事》	孙志毅	27.00
	105	《走出语文的偏见——让学生体悟文本的原义》	丛智芳	30.00
	106	《让语文教学更高效——批注式阅读教学探索》	韩中凌	30.00
	107	《读写互促——探寻学以致用的语文教学》	曹　龙	30.00
	108	《跳出数学教数学——用文化融通数学教学》	马建秀	27.00

系列	序号	书　　名	主编	定价
名师感悟系列	109	《让心灵伴着歌声成长——22位音乐名师的教育智慧》	陈　璞	30.00
	110	《超越自我的教师——32位名师的成长感悟》	李卫东　李秀伟	35.00
	111	《心灵的守护者——19位名班主任的教育智慧》	王晓松　曲文弘	30.00
	112	《名师感悟班主任有效工作艺术90例》	符礼科	30.00
	113	《名师感悟有效教学90例》	林高明　徐玉烟	30.00
信息化教学系列	114	《巧用白板教语文——信息技术与语文教学操作指南》	蒋丽清	30.00
	115	《跨越式实现高效课堂 ——信息技术与课程整合高效教学方案评析》	陈　玲　刘　禹	30.00
教师必读系列	116	《教师必学的16堂修养课》	武宏伟	30.00
	117	《教师不可不知的教学心理效应》	叶勇军	30.00
	118	《班主任不可不知的管理效应》	奚一琴	30.00
	119	《教师不可不知的教育心理效应》	孙　媛	30.00
	120	《校长不可不知的管理效应》	谢申刚　张金豹	30.00
	121	《成为好教师的7项修炼》	王福强　李维华	30.00
	122	《如何让学生会学习》	龙　冰	30.00
	123	《如何让学生爱学习》	周震宇　许小燕	30.00
核心教学主张系列	124	《新生代语文名师核心教学主张》	许友兰	30.00
行思讲坛系列	125	《灵动而朴素地教语文——潘文彬的微格教育生活》	潘文彬	30.00
	126	《师爱无疆——润泽学生心灵的教育故事》	侯忠彦	30.00
	127	《怎样反思更有效 ——促进教师专业发展的反思策略》	诸贝贝	30.00
	128	《成为高度自觉的教育者——写给后课标时代的数学教师》	许卫兵	30.00
	129	《哲思数学课》	刘全祥	30.00
	130	《智慧数学课——黄爱华教学思维的实践策略》	黄爱华	30.00
	131	《童趣数学课》	徐　芳	30.00
	132	《把学生教聪明》	严育洪	30.00
	133	《教师最应该规避的教育误区》	杨坤道	30.00
	134	《用语文的方式教语文——潘文彬教学主张与实践智慧》	潘文彬	30.00
	135	《怎样让阅读教学更有效 ——提升教学能力的十种读诵模式》	汪秀梅	28.00

系列	序号	书名	主编	定价
行思讲坛系列	136	《让生命在润泽中起舞——当代小学生最需要的主题班会》	吴联星　罗　琳　冯卫东	30.00
	137	《让生命欢快拔节——当代中学生最需要的主题班会》	冯卫东　吴联星	30.00
	138	《课堂因生成而精彩——高效教学的生成智慧》	张文质	30.00
	139	《回到每一个人的生命化教育——张文质二甲中学教育行动录》	张文质	30.00
中国教育变革之路丛书	140	《百年树人师何为——教师队伍建设困顿与出路》	将丽珠　李玉向	30.00
	141	《入园何时不再难——学前教育困惑与抉择》	曾晓东　范　昕　周　慧	30.00
	142	《三尺书桌何处寻——流动人口子女教育困难与破解》	范先佐	30.00
	143	《苦旅何以得纾解——高考改革困境与突破》	郑若玲	30.00
	144	《择校纠结何时了——择校问题困局与治理》	曾晓东　周文海　曾娅琴	30.00
创新教学思想系列	145	《“大问题”教学的形与神》	黄爱华　张文质	30.00
教育漫笔系列	146	《课堂，诗意地栖居》	吴书华	30.00
教学提升系列	147	《有思想地教阅读——让学生学会品读文字真意》	王学东	30.00
教育艺术提升系列	148	《藏在师生体态语言里的教学智慧》	张　宇　廖生波	30.00
教学全手册系列	149	《小学习作教学全手册》	郭家海	30.00
	150	《中学写作教学全手册》	郭家海	30.00
	151	《情境教学操作全手册》	冯卫东	35.00
	152	《合作教学操作全手册》	李春华	35.00
	153	《探究教学操作全手册》	周新桂	35.00
	154	《自主教学操作全手册》	诸葛彪	35.00
	155	《创新教学操作全手册》	王　玮	35.00

系列	序号	书　　名	主编	定价
教学全手册系列	156	《班主任工作全手册》	刘沛华	35.00
	157	《新教师工作全手册》	周震宇	35.00
	158	《学生心理健康教育全手册》	刘海莉　刘春杰	35.00
	159	《高效教学操作全手册》	马友平	35.00
创新人才培养系列	160	《创新人才培养校园科普精品课程开发与指导——人大附中创新人才培养》	罗　滨	30.00
	161	《创新人才培养特色校本课程开发与创新人才培养——清华附中“国际安全下的科学技术”课程构建与实施》	王殿军　方　研　赵宏雁	30.00
	162	《创新人才培养：学校实验室建设与管理》	刘克文　杨发丽　杨　平	30.00
	163	《创新人才培养：数学探究活动开发与指导》	马云朋　韩继伟	30.00
	164	《创新人才培养：化学研究活动开发与指导》	王　磊	30.00
	165	《创新人才培养：物理探究活动开发与指导》	廖伯琴	30.00
	166	《创新人才培养：地理探究活动开发与指导》	张建珍　陈　澄	30.00
	167	《创新人才培养：生物探究活动开发与指导》	张迎春	30.00
	168	《创新人才培养：理念探索与思维突破》	王晶莹	30.00
新生代通派名师系列	169	《简约数学教学》	许卫兵	30.00
	170	《语文教学的本真——情意课堂展现母语之美》	吴建英	30.00
	171	《语文课堂的理想追求——欢快达成三维目标》	董一红	30.00
	172	《阅读教学的真髓——意象构建读出文学的真美》	祝　禧	30.00
	173	《美术教育的真谛——审美人生教育让生命绚丽成长》	陈铁梅	30.00
	174	《语文教学的理想境界——无痕教学润泽生命》	李　凤	30.00
	175	《儿童作文的本义——嬉乐作文让儿童乐并成长着》	王笑梅	30.00
	176	《名师是怎样炼成的》	王建明　王笑君	35.00
幼师成长系列	177	《幼儿行为背后——教师如何读懂幼儿的心思》	吴亚英	30.00
	178	《最具教育力的22种幼儿教育思想》	杨　达	30.00
	179	《幼儿教师必知的安全应急措施》	杨　达	30.00
	180	《幼儿教师必备的教育技能》	李　玲	30.00
	181	《卓越园长21条幼儿园管理策略》	周　丹　江东秋	30.00